本书受重庆市教委人文社会科学项目“《字溪集》巴渝诗文研究”（项目编号 16SKGH188）
重庆市社会科学规划年度项目“乌江流域全域旅游与精准扶贫协同路径研究”（2018YBGL061）
联合资助

# 乌江流域旅游资源概论

刘军林　白瑞芬　编著

西南交通大学出版社
·成　都·

**图书在版编目（CIP）数据**

乌江流域旅游资源概论 / 刘军林，白瑞芬编著. —
成都：西南交通大学出版社，2019.9
ISBN 978-7-5643-7142-5

Ⅰ. ①乌… Ⅱ. ①刘… ②白… Ⅲ. ①乌江 - 流域 -
旅游资源 - 概论 Ⅳ. ①F592.77

中国版本图书馆 CIP 数据核字（2019）第 205526 号

Wujiang Liuyu Lüyou Ziyuan Gailun

**乌江流域旅游资源概论**

刘军林　白瑞芬　**编著**

| | |
|---|---|
| 责任编辑 | 罗爱林 |
| 封面设计 | 原谋书装 |
| 出版发行 | 西南交通大学出版社<br>（四川省成都市二环路北一段 111 号<br>西南交通大学创新大厦 21 楼） |
| 发行部电话 | 028-87600564　028-87600533 |
| 邮政编码 | 610031 |
| 网　　址 | http://www.xnjdcbs.com |
| 印　　刷 | 成都蜀雅印务有限公司 |
| 成品尺寸 | 170 mm × 230 mm |
| 印　　张 | 13.5 |
| 字　　数 | 242 千 |
| 版　　次 | 2019 年 9 月第 1 版 |
| 印　　次 | 2019 年 9 月第 1 次 |
| 书　　号 | ISBN 978-7-5643-7142-5 |
| 定　　价 | 39.00 元 |

# 前　言

资源是旅游发展的基础，良好的资源为旅游产业发展提供基础性支撑。乌江流域资源丰富，山岳险峻、森林植被茂密、动植物种类繁多，拥有良好的自然、生态、水体条件，拥有中国南方喀斯特地貌等世界自然遗产。乌江流域史前文明丰富，古代遗产遗迹、古生物化石品级较高，具有良好的旅游开发价值。乌江流域古代文化特色鲜明，古城镇、村寨、民居等古代建筑保存相对完好，拥有海龙屯等中国重要的军事建筑遗址。巴国文明和夜郎古国的独特文化，以及在此基础上衍生出来的建筑风格、民俗风情、特产名吃等，为该区域发展全域旅游提供了良好的基础。

本书从乌江流域基础资源介绍赏析的角度，按照山岳峡谷自然风光、瀑布湖泊水体风光、森林草场等植被景观、遗址遗迹景观、建筑设施景观以及人文活动等旅游资源类别，将其分为六个章节进行介绍。加上乌江流域旅游概况部分，本书共七个章节。

本书作为乌江流域旅游景观资源的概要性介绍，在主要资源选择时做了取舍，同时存在统计方面的不足，无法对区域内所有的重要资源进行详尽介绍，不足之处还望补充斧正。

作　者

2019 年 5 月

# 目　录

# 第一章　乌江全域旅游发展概况

长江上游是我国重点打造的生态屏障区，上游的生态状况不仅直接影响自身经济发展，还影响长江中下游水体生态安全，影响南水北调工程等。党的十九大提出长江流域要“共抓大保护，不搞大开发”的基本发展思路，为长江上游经济社会环境发展奠定了基调。乌江是长江上游南岸最大的支流，横跨黔、渝、鄂、滇四省市 56 个区县 8.79 万平方千米的土地，流域涵盖武陵山区、乌蒙山区、滇桂黔石漠化区三个国家连片贫困区，以及少数民族聚居区、革命老区、重点生态功能区。乌江流域属于连片贫困、生态脆弱、旅游资源富集叠加的典型区域。因此，如何推进旅游资源富集扶贫问题突出的乌江发展是一个重点难点问题。

全域旅游是在资源富集区以旅游业统筹引领区域经济发展、持续增强综合竞争力的发展方式。发展全域旅游是探索乌江流域精准扶贫的核心路径之一，是打好精准脱贫、污染防治的攻坚战的核心手段之一。

## 第一节　全域旅游发展概况

### 一、全域旅游发展的背景

2016 年习近平总书记明确指出：“发展全域旅游，路子是对的，要坚持走下去。”李克强总理在首届世界旅游发展大会开幕式上的致辞《让旅游成为世界和平发展之舟》中指出，中国还将推进全域旅游和“旅游+”行动，大力发展乡村旅游、工业旅游、文化旅游、养老养生游，并与“互联网+”相结合，在促进旅游中实现一二三产业融合发展，以旅游业的升级换代促进国民经济的提质增效。2017 年李克强总理在政府工作报告中指出“完善旅游设施和服务，大力发展乡村、休闲、全域旅游”，这是将全域旅游首次写入政府工作报告。同时国务院发布的《“十三五”旅游业发展规划》明确了“以转型升级、提质增效为主题，以推动全域旅游发展为主线”。快速推动全域旅游成为我国旅游业发展的一项中长期战略，并上升为国家战略，成为一项国策，形成了社会参与、全民关注的良好格局。

2015 年国家旅游局出台关于开展“国家全域旅游示范区”创建工作的通知，2016 年 2 月国家旅游局公布首批 262 个“国家全域旅游示范区”名单，同年 11 月公布第二批 238 个“国家全域旅游示范区”创建名单。2017 年国家旅游局发布《全域旅游示范区创建工作导则》。国家旅游局在其发布的《中国旅游发展报告（2016）》中提出了对全域旅游示范区推出八项支持措施，具体包括：优先纳入中央和地方预算内投资支持对象；优先支持旅游基础设施建设；优先纳入旅游投资优选项目名录；优先安排旅游外交、宣传推广重点活动，纳入国家旅游宣传推广重点支持范围；优先纳入国家旅游改革创新试点示范领域；优先支持 A 级景区等国家重点旅游品牌创建；优先安排旅游人才培训；优先列入国家旅游局重点联系区域。

## 二、全域旅游的内涵及类型

### （一）全域旅游的内涵

Friesen（2009）认为，应着重促使旅游业提高质量并且能够提高游客对旅游产品的消费水平。Christophers Thompson（2009）指出，旅游的发展应该促使本地的传统文化与旅游融为一体，且需要让本地居民参与其中，做当地旅游发展的主人翁。吕俊芳（2013）研究辽宁沿海经济带“全域旅游”发展认为，全域旅游是旅游业的发展趋势和前景所在。郑耀星（2015）探讨全域旅游视角下永定区旅游发展认为，发展全域旅游可以推动县域经济健康可持续发展。刘玉春（2015）以旌德县为例探析全域旅游认为，旅游可以实现县域经济又好又快发展，全域旅游模式是推动县域旅游发展的新思路和新途径。陈国忠（2012）认为，旅游的全域发展是旅游发展的新路径。厉新建（2013）以北京为例分析世界一流旅游目的地的理念创新。樊文斌（2015）探究分析了大连旅游专项规划，对全域旅游有了全新的感知与认识。李红（2016）以安徽省霍山县为例，研究了全域旅游视阈下县域旅游发展，旗帜鲜明地指出发展全域旅游是助推县域经济发展的新路子。王莎莎（2016）研究全域旅游的发展策略指出，选择正确的策略有助于推动旅游业的发展。

全域旅游是指在一定区域内，以旅游业为优势产业，通过对区域内经济社会资源尤其是旅游资源、相关产业、生态环境、公共服务、体制机制、政策法规、文明素质等进行全方位、系统化的优化提升，实现区域资源有机整合、产业融合发展、社会共建共享，以旅游业带动和促进经济社会协调发展的一种新的区域协调发展理念和模式。全域旅游突破了景区界限，实现了旅游活动的全民化，实现了为游客提供全过程、全时空的体验产品，从而全面满足游客的全方位体验需求。全域旅游是在旅游发展阶段新形势下出现的全新发展理念和发展模式，它高度符合国家提出的五大发展战略定位。发展全域旅游可以有效解决当前旅游发展面临的困境，又可以促进县域经济健康可持续发展，进一步推动经济结构转型升级。全域旅游以新理念新模式，推动旅游从走马观花、拍照向参与性、体现性方式转变；从景区景点旅游向全境全景旅游方式转变；旅游产业由单一产业向全产业融合延伸拓展，促使旅游从简单的过境游向过夜游方式转变；努力打造特色旅游品牌形象。发展全域旅游有利于促进产业间融合发展，有利于促进经济发展方式的调整转变，有利于促进县域经济产业结构的优化。发展全域旅游将会成为目前进一步推动经济又好又快的发展理念，立足于全区域、全要素、全产业链、全景融合、全城全民参与和共享的发展思路，实现旅游业全域共建、全域共融、全域共享的发展模式。

### （二）全域旅游发展的类型

目前，我国很多城市或地区在探索实践全域旅游发展的过程中分别在空间构建、产业联动、管理创新等方面有比较突出的成果，相关实践经验可为其他市县全域旅游提供参考。

1. 空间构建型

苏州是首批国家历史文化名城，十大宜居城市，苏州园林被列为世界文化遗产，是中国私家园林的代表。2016 年，全市接待国内游客 11 241 万人次，实现旅游总收入 2 068 亿元。苏州通过“四个举措、三个创新、四大支撑”使旅游更优化，在全市推行全域旅游生活。苏州充分发挥旅游业作为实体经济和无边界产业所具有的带动性、开放性和包容性作用，实施整合旅游与城市资源、标准化管理涉旅业态、推进城乡一体化的旅游示范区建设三大创新措施，升级旅游行业的同时也使相关产业扩容和增值。一是创新整合旅游与民生资源。苏州将城市全域打造成为市民和旅游者“主客共享”的空间，成功创建了国家古城旅游示范区、国家商务旅游示范区，既是高品质的工作生活区，又是开放型、特色鲜明的旅游区。二是创新城市涉及旅游业态的标准化管理。苏州在创建全国旅游标准化示范区城市时，对近 40 个涉旅行业创新了十大标准化举措。三是创新城乡一体的旅游示范区建设。苏州将旅游业与古城保护和发展有机融合起来激发古城创新创业的活力，积极发挥乡村旅游综合发展试验区的示范作用，以推动城乡一体化发展，并做大做优。通过创新理念，打造“城市即旅游，旅游即生活”，把整个城市作为最大的景区来打造。市场开放支持各类社会资本进入旅游市场，鼓励国有旅游相关企业与民营企业相互持股，发展混合所有制旅游企业。另外，还重视服务，完善面向散客的旅游公共服务体系，构建了适应全域旅游的服务体系。

2. 产业联动型

据杭州市旅游工作报告，2016 年杭州接待中外游客 14 059 万人次，实现旅游总收入 2 572 亿元，同比增长 16.87%。杭州通过“五大转变、四大亮点”实践举措使城市更加开放，全域产业融合度得到强化，进而将自身打造成以休闲、度假旅游为特色的旅游城市：理念从游客出游到全民休闲，从局限于服务游客向全民休闲转变，并倡导包容游客与市民生活需求的大众全面休闲；产品从旅游城市到城市旅游，以大项目、大投资全面丰富城市旅游产品内容，采取与社会合作的方法，搭建新的服务体系；主体从政府办旅游到社会办旅游，主动全面深度利用社会资源；空间从城市独秀到城乡统筹，积极推进深化城乡一体化，创造新的旅游吸引力，完善并丰富新的生活内容。杭州以产业联动为切入口，构建旅游全域覆盖的空间发展新格局，注重旅游与其他产业的融合，注重丰富休闲产品，实现城市旅游的不断升级。

3. 管理创新型

琼海积极通过实施“345”战略，树立了一个全域旅游发展的样板。“三大创新”：一是理念的创新，以“全域 5A 级景区”理念规划琼海全域；二是方法的创新，通过城乡一体化建设全景打造度假天堂；三是路径的创新，政府积极推动社会各方资源和力量，集中打造示范区域。“四大支柱”：一是 12 个风情小镇；二是 1 857 个文明生态村；三是 3 个国家农业公园；四是 300 千米漫步跑道。“五大系统”分别是基础设施系统、生态保护系统、产业支撑系统、乡村休闲系统、社会管理系统。

## 三、全域旅游发展的作用

1. 发展全域旅游可以促进经济健康持续稳定增长

旅游业是未来县域经济的重要支撑，尤其是中西部县域，其自然资源以及人文资源丰富多样，发展旅游具有比较优势，助推经济健康持续稳定增长。目前旅游业发展增长强劲，旅游经济或将进一步巩固在经济发展进程中的重要地位。发展全域旅游是目前旅游业发展转型升级的重要方向，全域旅游更能促进县城经济健康持续稳定发展。

2. 发展全域旅游可以带动全产业发展

旅游业的形式除了传统的景区景点旅游外，还包括乡村旅游、农业观光、田园采摘体验、高山避暑等。将农业与旅游业发展相结合，鼓励资源丰富的农村开发乡村民俗，建立生态农业区，吸引城市居民周末去农村体验生活，放松休假，既可促进旅游业的多样化发展，也可带动农业的发展，实现互利双赢。旅游业的发展可以拉动相关服务业的发展，会产生一系列的连锁效应。

3. 发展全域旅游可以促进社会就业

旅游业是个综合性较强的行业，旅游业发展影响近 50 多个产业，关联度较高，发展潜力非常巨大，可以创造诸多就业机会。旅游业每增加 1 个就业岗位，就可以间接带动 5 个以上就业岗位，发展全域旅游是发展经济、促进就业稳定的必然选择。

4. 发展全域旅游可以促进精准扶贫

现阶段，国家正努力在 2020 年前全面建成小康社会，对边远贫困地区展开精准扶贫，各种扶贫措施相继出台，产业扶贫是精准扶贫的重要手段。产业扶贫离不开旅游业。旅游业是朝阳产业、民生产业和幸福产业，是正在培育的国民经济战略性支柱产业和人民群众更加满意的现代服务业。同时，加快旅游业发展，是适应人民群众消费升级和产业结构调整的必然要求，对于扩就业、增收入，推动贫困地区脱贫致富，促进经济平稳增长和生态环境改善都有重大意义，对农民脱贫致富也有重大意义。

## 第二节　乌江流域旅游发展简况

乌江流域喀斯特地貌突出，山体植被状况良好，流域旅游资源丰富，适合开发全季节、全要素、全景化的旅游产品。乌江流域拥有中国南方喀斯特自然遗产、播州海龙屯文化遗产等高品质旅游资源，拥有仙女山天生三桥、黄果树瀑布等一批世界级景区景点。多个区县均以旅游产为支柱产业升级打造产业结构，大力促进全域旅游的发展。

## 一、武隆旅游发展简况

武隆成功创建国家级旅游业改革创新先行区、国家体育旅游示范基地，荣获“全国通用航空旅游示范单位”等称号；完成《大溪河流域旅游发展总体规划》及15个乡村旅游示范点等规划；成功举办“申遗”10周年和仙女山度假区建设10周年等系列活动；正在加快建设懒坝国际文化艺术主题公园、阳光童年等项目。白马山度假区累计完成投资4.41亿元，成功引进东方明珠集团总投资50亿元的项目。7条乡村旅游精品线路有序推进，完成城区至杨叉岭路段绿化和房屋风貌升级改造，双河木根铺、土地犀牛寨、火炉凉水井、赵家白院子等一批乡村旅游示范点初具规模，新增农家乐320家，涉旅农户达到1.8万户。武隆依托当地“龙图腾文化”“乌江船帮号子文化”“民俗宗教文化”等文化资源，打造了《武隆印象》实景演出。《武隆印象》公演以来，已接待游客数百万人次，门票收入千万余元，成为重庆文化与旅游融合的一张名片。

## 二、彭水旅游发展简况

彭水县为中国特色旅游休闲度假胜地，获得过“中国最佳文化休闲旅游县”“中华蜜蜂之乡”“全国民间文化艺术之乡”等荣誉称号。2017年10月，被住房和城乡建设部命名为国家园林县城。彭水孕育了古老的“黔中文化”和辉煌的盐丹文化，是中国民间文化艺术之乡和少数民族银饰特色县。李白、杜甫、黄庭坚等文人墨客曾在这里泼墨挥毫留下千古佳作，刘伯承、邓小平等革命家曾在这里浴血奋战书写革命人生。彭水是美丽宜居之城。全县森林覆盖率近50%，县城空气质量优良天数约为350天，乌江、郁江等主要次级河流水质均达到国家标准。新城总体骨架基本成型，老城“六桥飞架南北”，竣工投用万米河堤、摩围山隧道、下塘至县城快速通道等重点工程，成功创建市级卫生县城、山水园林城市、环保模范县和2个市级旅游景观名镇、2个全国重点镇、4个全国传统村落。按照“建设具有民族特色的生态旅游中等城市”的战略定位，集中打造乌江画廊、摩围山等精品景区和鞍子苗寨、善感周家寨等15个乡村旅游示范点，阿依河成功创建国家4A级景区，蚩尤九黎城、郁山古镇即将开游，全县接待游客突破1 000万人次，先后获评“中国特色旅游休闲度假胜地”“美丽中国生态旅游十佳示范县”的殊荣。2016年，彭水县累计接待游客1 718万人次，比2015年增长35.3%，其中海外游客2.58万人次，增长330.0%；国内游客1 715万人次，增长35.0%；全年全县实现旅游综合收入 74.82 亿元，比 2015 年增长 42.2%；全县旅游景区接待游客 265 万人次，旅行社组团人数达 29.2 万人次，分别增长 65.0%、86.0%；实现景区门票收入 7349 万元，同比增长 39.0%；游客接待量增长 7.8 倍，旅游综合收入增长 14 倍。

## 三、酉阳旅游发展简况

提档升级核心景区，桃花源 5A 级景区的核心桃源世家、古桃源、百坊商街、桃源大舞台等 12 个重点项目建设推进顺利，以完成旅游基础设施重点项目投资 3.2 亿元。持续壮大乡村旅游，以休闲纳凉、消夏养生为主线，升级改造乡村旅游线路 7 条，建成乡村旅游景区景点 85 个、国家传统村落 23 个、特色民族村寨 21 个、避暑纳凉山庄 154 家、农家乐 786 家，现有接待床位 12 000 余张。包装研发旅游商品，完成茶叶、茶油、竹笋、麻旺鸭、花田贡米、食用菌等 34 种旅游商品研发，发展旅游专业合作社 1 280 家。依托五张“国家级名片”和“画廊乌江 · 山歌沿河”形象品牌，坚持山地旅游基本定位和全域旅游理念，围绕“一江两园三镇四区”旅游构架，加快旅游交通基础设施建设，建成一批旅游酒店、乡村客栈、星级乡村旅社，加大旅游商品开发促进旅游消费，加快游客接待中心和服务中心建设，推动旅游服务体系升级发展，着力打造“休闲型健康养生旅游目的地”和“生态旅游示范县”。到 2020 年，接待旅客 750 万人次，实现旅游综合收入 51 亿元。

## 四、德江旅游发展简况

德江是中国傩戏之乡、中国奇石之乡、中国天麻之乡，自然之美和文化之美让德江发展旅游底气十足。该县把旅游产业作为守住两条底线、推进绿色发展的战略重点来抓，文化和旅游深度融合，城市和乡村协同发展。德江将农旅融合发展乡村旅游作为旅游产业发展的重要板块，从规划、实施、项目、培训等方面实行一体化设计和政策倾斜。近年来采取产业生态化、园区景区化发展战略，因势利导、因地制宜，建立发展了 21 个农业园区，其中在建的国家级农业园区 1 个，省级农业示范园区 5 个，市级农业示范园区 10 个，实现了旅游景点从无到有。德江县把厚重的人文积淀与生态自然风光相融合，让旅游类型更加多元化。该县有五彩河——洋山河，集天坑、地缝、峡谷、溶洞等于一体，有泉口万亩草场和石林，有“骨灰级”的古老民俗文化、中国首批非物质文化遗产——德江傩戏，有省级非物质文化遗产土家舞龙、炸龙，千里乌江在德江境内孕育出乌江奇石。此外，还有以枫香溪黔东革命根据地为载体的红色文化，以扶阳古城为代表的历史古迹等文化元素，将创新发展文化与旅游相结合。德江县按照旅游新“六要素”和全域旅游要求，规划建设“一城一廊五园两区”，完善现代山地特色旅游基础网，构建洋山河、扶阳古城、乌江画廊、国家湿地公园、高家湾生态农业公园等全域旅游体系，切实把旅游业做大做强，促进旅游业井喷式增长。秉承“全域旅游”发展理念，德江坚持“旅游+”融合发展模式，在产品开发、业态创新、服务规范等方面持续发力。

## 五、思南旅游发展简况

思南素有“黔中首郡”“乌江明珠”之称，是贵州开发得最早的县份之一。思南旅游资源丰富独特，主要体现出“奇、新、全”3个特点。有神奇瑰丽的乌江山峡，有地球同纬度地区发育最好、生态保持最佳、保存最完整、出露面积最大的极具观赏性和科普价值的连片喀斯特石林，有精致奇特的峡谷、河谷、天生桥、多层溶洞、天坑、地下河、喀斯特泉等多种地质奇观，被专家誉为“天然的地质博物馆”，被国土资源部命名为“国土资源科普示范基地”“思南乌江喀斯特国家地质公园”“中国温泉之乡”。思南县依托丰富而独特的旅游资源，积极抢抓省委、省政府实施“旅游强省、生态立省”战略和5个100工程的重大发展机遇，深入推进省内100个重点旅游景区规划建设，以市委、市政府规划建设“环梵净山金三角文化旅游创新区”为契机，主动融入梵净山、凤凰、遵义、张家界、重庆大景区和贵州大公园发展之中，积极实施精品辐射战略，着力探索旅游综合改革创新发展路子，摸索出差异化、一体化、集群化、人本化的“四化”发展道路，形成全域化、特色化的“大旅游”格局。先后获国家地质公园、国家湿地公园、中国温泉之乡、中国民间艺术之乡、中国楠木之乡、全国地质科普示范基地、国家级古建筑群、美丽中国十佳旅游县、国家4A级景区。思南在着力打造乌江、石林、温泉、历史文化4张名片，全县共有5家旅游星级宾馆；15家旅游涉外酒店和100余家经济型酒店、宾馆，80家个体及乡村农家乐旅舍；10余家上规模的旅游商品生产厂家和20多家旅游商品民营小作坊。先后被推选评定为“2014美丽中国十佳旅游县”和“2015最美中国文化魅力•乡村旅游目的地城市”。

## 六、石阡旅游发展简况

石阡形成了政府牵头、部门联动、全社会参与的良好发展局面。旅游投入不断加大，重点景区建设不断推进，旅游基础设施和服务设施明显改善，旅游市场开发取得重大突破，实现了旅游业的快速发展，使石阡成为铜仁地区旅游发展的亮点和热点之一。依托温泉、佛顶山、鸳鸯湖、楼上古寨等独具特色、独具魅力的人文景观和民族文化，投入资金 110 亿元，成功打造夜郎古温泉和佛顶山 2 个 4A 级旅游景区。成功申报中国香果树之乡、小龙河省级湿地公园、五峰山省级城市森林公园；鸳鸯湖国家湿地公园建设通过验收，佛顶山升格为国家级自然保护区，荣获“贵州省绿化模范县”称号，森林覆盖率提高到 61.49%，开通“微石阡”“石阡旅游吧”等新媒体平台，在高速公路、高速铁路、车站码头等人群聚集地全方位、多角度宣传石阡，极大地提升了石阡的知名度和美誉度。“夏可养生、冬可避寒、四季休闲”的慢生活体验区初步成型，旅游业井喷式增长，实现旅游收入 78.74 亿元。

石阡旅游业发展具有以下特点：一是旅游交通基础设施明显改善；二是重视发挥规划在指导旅游发展中的重要作用；三是旅游产业要素配套不断加强，旅游产业体系初具雏形；四是旅游宣传促销取得重大突破；五是乡村旅游带动扶贫开发效果明显。

## 七、遵义旅游发展简况

遵义先后完成《遵义市“十三五”旅游专项规划》《遵义市旅游产业发展战略研究》《长征文化体验项目策划案》《长征文化体验项目可行性报告（咨询意见稿）》《“旅游+”三年行动计划》《遵义市乌江流域精准扶贫山地旅游发展战略研究》《遵义市“十百千”特色街区和文化展示工程实施方案》《桐梓县小水乡旅游扶贫规划》的编制，正在开展遵义会议会址、赤水丹霞旅游区创建国家 5A 级景区，赤水四洞沟、汇川海龙屯等 5 家景区创建国家 4A 景区。2016 年全市完成旅游固定资产投资 153.1 亿元，遵义红色旅游综合体、习水丹霞谷旅游景区、赤水旅游度假区、新蒲云门囤景区、务川仡佬文化旅游景区等 28 个“省 100 景区”投资 89.8 亿元。赤水河谷旅游公路和遵义市游客服务中心建成投用；湄凤余 106 千米木栈道建成。2016 年全市接待游客 8 430.7 万人次，实现旅游综合收入 792.73 亿元，旅游发展综合指数评分在全省位列第二。

## 八、镇远旅游发展简况

确立“文化旅游兴县”战略思路以来，镇远县大力实施“文化旅游兴县”战略，坚持“政府主导、市场运作、企业跟进、群众参与”的原则，把旅游业作为全县经济发展的主导产业进行培育，突出文化，注重特色，按照优秀旅游城市标准，努力打造休闲度假旅游目的地。在精品景点景区的建设打造上，重点对“一河两岸”的污水处理、房屋整治、古码头修复、河滨道改造、亭廊修建和灯光亮丽等进行精心建设和打造，使镇远古城的古风古韵和旅游景观得到了全面的丰富和展现。同时，以休闲度假为目的的高过河景区得到了有效开发和经营；为进一步提升铁溪全国农业旅游示范点的旅游景观，对古城至铁溪公路进行了油路改造和景观带建设；为丰富城区舞阳河参与性旅游活动项目，文化产业公司购买表演船、画舫船、品茗船以及小龙舟、小游船等，为游客夜游古城创造了良好的条件。镇远县的旅游接待人次和旅游社会综合效益，每年均以 25%～40%的速度增长，2017 年共接待游客 108.5 万人次，全县旅游产业呈现出一派蓬勃发展的趋势。

## 九、瓮安旅游发展简况

旅游设施建设逐步完善，依托“四高一铁一港口”，构建“快旅慢游”体系，完善提升旅游基础设施和配套服务功能。空间格局初步形成，产业融合不断深化，逐步形成“一心两带三区”（以瓮安县城为核心的游客集散中心，以建中—中坪—玉山—猴场为节点的茶旅产业经济带、以猴场-永和-岚关为节点的文农旅产业经济带、以猴场为核心的文化旅游创新区、以江界河风景名胜区为核心的生态休闲观光区、以朱家山国家森林公园为核心的生态旅游示范区）的旅游空间格局。大力推进旅游与文化、农业、体育等产业融合发展，培育一批融观光休闲度假体验为一体的旅游集聚区和旅游产品。引导单一的自然文化观光旅游产品向满足多元化需求的个性化旅游产品转变，形成文化创新旅游、生态科普旅游、都市休闲农业、时尚体育休闲等旅游产品。

## 十、开阳旅游发展简况

围绕“一环三核一心三带五区”的规划布局，按照“六全理念”，全面打响“水东硒州·诗画开阳”旅游品牌。大力推进将军谷、紫江地缝等 8 个新建景区景点建设。紧扣“喀斯特之环”，新推出精品旅游线路 16 条，建成“水东乡舍”民宿 300 套。举办贵阳市第五届农业嘉年华活动暨贵阳市第九届旅游产业发展大会，全年实现旅游收入 149.76 亿元，增长 30%，着力将开阳打造成以生态为特色的世界旅游名城北部支柱。完成南江水上乐园、南江大峡谷攀岩探险等旅游项目建设；推进和启动紫江地缝、将军谷度假区、水东乡舍、水东文化体验园等项目。2017年中国新型旅游产业发展大会上，荣获“中国最美生态文化旅游名县”“中国避暑养生休闲旅游最佳目的地”两项殊荣。其中，十里画廊荣获“国家级水利风景区”和“贵州十佳农业旅游景区”。

### 十一、黄平旅游发展简况

挖掘“北国南镇”资源，加快推进全县旅游业均衡发展，全力打造知名民族文化旅游目的地。以县城旧址为中心，连片野洞河、朱家山、舞阳河、浪洞森林温泉，旨在将黄平发展成为集历史文化、自然风光等多元素于一体的旅游地区。极力推进民族医药发展，将槐花工业区建设成大健康产业园；建设舞阳湖休闲度假养生基地，浪洞温泉、朱家山森林休闲度假区，金榜山公园、冷屏山露营基地。深度挖掘苗族文化、且兰文化等，用好民族文化，打造谷陇民族文化产业园；牢牢抓住黔东南苗族侗族自治州打造国内外知名民族文化旅游目的地、创建中国民族乡村旅游示范区的战略契机，谋划和建设一批旅游提升项目。

## 第三节　乌江流域区县旅游定位策略

### 一、区县旅游发展定位

从各个市区县旅游产业发展定位来看，各个区县均将旅游产业作为重要产业，多数区县将旅游产业作为区县经济发展的支柱产业或者战略支柱性产业。武隆、酉阳等区县将旅游产业作为区县经济发展的主导产业，全域旅游发展已经和乌江流域绝大多数区县的社会经济发展紧密相连，成为经济发展中的核心板块之一。

1. 涪陵旅游业发展定位

涪陵旅游业将以建成战略性支柱产业和长江上游知名旅游目的地为奋斗目标；以武陵山大裂谷创5A和涪陵创建国家旅游标准化示范区为抓手，全力实施三大旅游引擎工程，加快重点旅游产品项目和旅游配套服务项目建设，确保涪陵旅游业实现跨越式发展。填补涪陵没有国家5A级旅游景区的空白、国家级度假区的空白，重庆市没有区级建制的国家旅游标准化示范区的空白。加大对武陵山大裂谷5A提升、816地下核工程提档升级、涪陵1898榨菜文化小镇等七大旅游支撑项目的支持力度，增强旅游业发展后劲。

2. 武隆旅游产业发展定位

武隆旅游业围绕县委、县政府“1234”战略部署，以“五大经济区”为空间载体，通过突出一大主题（旅游“二次创业”主题），确立一个形象（美艳喀斯特风情•武隆地心之旅），实施一种战略（“1234”旅游业发展战略：明确“世遗圣地，武隆仙境”发展目标，强调“旅游富民”的经济发展构想，主打“世界自然遗产旅游”和“山地品质生活”两大品牌，实施“国际旅游目的地建设”“旅游产业支持体系构筑”和“规划实施机制保障”三大战略抓手，凸显“武隆区旅游接待中心”“喀斯特山地品质生活核心发展翼”“芙蓉江洞观光游憩重点发展翼”“乌江山水休闲观光后发展翼”四大板块），培育十三座特色旅游小城镇，最终将武隆建成一个“特色鲜明、文化突出、产品新颖、布局合理、服务到位、效益优良、产业繁荣、环境友好”的国际旅游目的地。

3. 彭水旅游产业发展定位

彭水以全面建成具有民族特色的旅游中等城市和中国民俗生态旅游目的地为目标，旅游开发始终坚持自然山水、历史文化、民俗风情三位一体，着力实施“大旅游、大产业、大市场、大形象”战略，突出“自然生态、民族风情、历史文化”三大特色，彰显“山、水、情、史、节”五大主题，构造以乌江画廊为主线，乌江画廊・阿依河旅游区、乌江画廊・水上休闲运动旅游区、摩围山旅游区、郁山古镇旅游区的“一线四区”旅游发展大格局，成功创建国家 5A 级景区，建成国际化水上运动赛场；挖掘“盐丹文化”，打造郁山传奇古镇；建设蚩尤・九黎城游客集散中心；提炼“娇阿依”精髓，打造印象彭水品牌。

4. 酉阳旅游产业发展定位

酉阳牢固树立“大旅游”观念，坚定不移地实施“旅游兴县”战略。全面贯彻旅游业作为酉阳自治县经济发展中的支柱产业的战略思想，围绕主题发展有地方旅游资源特色、参与性强，且具有多样性的旅游产品。酉阳以推进酉阳自治县“旅游兴县”战略为目标，挖掘提炼酉阳县浓郁的民族文化、红色文化、旅游文化；整理摆手舞、酉阳民歌等国家级非物质文化遗产；把桃花源、龚滩古镇、龙潭古镇等旅游景点有机整合起来；通过 3 ~ 5 年的时间把旅游业培育成为县域经济的战略性支柱产业，建成现代化、生态型、创新型、国际著名的土家文化生态体验旅游目的地和中国最佳旅游大县，建成国家级生态公园和全国低碳旅游示范县。建成一个拥有“养身之地•休闲之都”旅游主题形象的酉阳；一个拥有“土家摆手舞之乡、中国著名民歌之乡、中国土家文化发祥地、中国著名原生态旅游胜地”诸多盛誉的酉阳；一个拥有厚重历史文化积淀又充满着现代蓬勃生机的酉阳；一个拥有壮丽河山、灿烂文化、众多名胜古迹、多彩民俗风情的酉阳。

5. 德江旅游产业发展定位

德江作为黔东北旅游中心枢纽，打造区域性重要旅游集散地，重点发展红色旅游文化和乌江峡谷特色旅游文化旅游。依托交通区位条件和生态环境、乌江水域等优势，以突出“隋唐古邑、傩都德江”为特色，充分发挥旅游资源和旅游资源品牌优势，形成结构完整、布局合理、基础设施配套完善的黔东北旅游中心和国际傩文化旅游目的地。

6. 思南旅游产业发展定位

思南的旅游发展立足山地旅游，助推旅游产业升级，打造“贵州优秀滨江山水园林城市”，形成了江在城中、城在山中、山水城相映的壮美画卷。

7. 石阡旅游产业发展定位

石阡努力把旅游业培育发展成为重要的支柱产业，把石阡打造成为具有重要吸引力的休闲度假、康体养生、生态旅游和民族文化旅游目的地，全国著名的温泉旅游度假休闲中心和文化旅游产业基地，把石阡县城建设成旅游型历史文化名城和黔东重要的特色旅游城市。到 2020 年，全县旅游总收入达到 100 亿元以上，力争突破 120 亿元；接待国内外游客 600 万人次以上，力争突破 700 万人次；入境游客达到 10 万人次以上；旅游商品销售收入占旅游总收入的 30%以上，以把石阡建成全省旅游大县。

8. 遵义旅游产业发展定位

遵义实施精品景区、精品线路建设工程，倾力打造旅游精品。打造全国一流的山地特色旅游产品体系，建成国家 5A 级景区 2 个以上、国家 4A 级景区 15 个以上。全面构建全域旅游发展新格局，大幅提升省外境外游客比例，游客接待人次和综合收入年均分别增长 35%以上。加强旅游市场和服务质量体系建设，建成一批旅游交通和游客集散中心、数据中心、星级酒店、旅游公厕等服务设施，新增接待床位 5 万张以上，高标准建设具有国际品牌竞争力的精品酒庄、精品茶庄和精品驿站 100 个以上，建立覆盖国内外主要客源的旅游营销和配套服务体系。倾力推进融合示范，建成一批工旅、农旅、文旅融合发展示范基地、示范小镇和示范企业，培育和引进集团化、品牌化旅游企业，大力开发避暑养生、休闲养老、温泉度假、汽车露营、科普探险、研学影视等多种旅游新业态新产品，全面提升旅游产业规模化、精品化、市场化、国际化水平。

9. 息烽旅游产业发展定位

息烽努力把旅游业培育成国民经济的战略性支柱产业和人民群众更加满意的现代服务业，为推进贵阳市世界旅游名城、国家全域旅游示范市建设贡献力量。坚持以山地为特色，以温泉旅游为引领，以红色旅游为重点，全面推进“红”“绿”“蓝”特色旅游产品体系建设，加快构筑“一城二环三区四景”旅游产业发展格局，优化“一心、两廊、八团”旅游产业发展空间。促进旅游与农业、林业、文化、体育等融合发展，提升全域旅游基础设施配套水平和公共服务水平，推进旅游供给侧改革，将旅游业发展成为促进息烽经济结构转型升级的动力产业，促进息烽经济社会全面发展的关键产业。将息烽打造为以温泉疗养为依托的大健康养生度假产业集聚区和省内一流、国内知名的山地旅游目的地，贵阳国家全域旅游示范市建设先行区。

10. 施秉旅游产业发展定位

施秉旅游定位：世界遗产旅游地，国内知名、省内一流的观光体验休闲度假生态旅游胜地。抓住施秉喀斯特列入世界自然遗产名录的机遇，打造大精品、构建大旅游。树立生态文明引领发展，坚持“保护优先、合理开发”的原则，走资源永续利用、环境越发优美、后劲持续发力的生态旅游发展路子，打造生态休闲旅游产业带，涵盖一城（山水园林旅游服务城）、四景区（云台山景区，杉木河景区，上、下舞阳河景区）、六个旅游服务区（白坡至烂泥湾旅游服务区、云台山景区高粱山旅游服务区、杉木河景区黄建屯旅游服务区、黑冲景区旅游服务区、上舞阳景区小塘河至梨树坡旅游服务区、菜花湾休闲度假区）、一个文化产业园（云台山文化产业园）、两个现代农业高效示范园区（城关至甘溪望城精品水果示范园区、牛大场中药材现代农业扶贫产业示范园区）、两个特色小城镇（牛大场镇、加强与镇远古白垛乡），三十六个村庄的美丽乡村。

11. 镇远旅游产业发展定位

镇远以建设文化旅游大县为目标，以镇远古城创建国家 5A 级景区，舞阳河景区和高过河景区创建国家 4A 级景区为抓手，以实施古城景区提升等重大项目为支撑，整合各方资源，倾力将镇远打造成国内一流、国际知名的休闲旅游度假目的地。

12. 瓮安旅游产业发展定位

瓮安加快发展旅游支柱产业，深入实施“文旅产业化”，推动文旅大融合实现新跨越。着力构建现代旅游产业体系，深入实施“文旅产业化”，大力发展以山地为特色的生态旅游、文化旅游、休闲度假和乡村旅游，加快发展户外运动、健康养生、休闲农业、科普探险、演艺娱乐等新兴旅游业态，实现旅游与文化深度融合，努力建成旅游黔中文化旅游度假基地、国际山地户外运动基地和全省文化旅游创新示范区，把旅游业发展成为全县战略性支柱产业。力争到 2020 年，全县旅游总收入达 83.35 亿元，年均增长 30%以上；接待游客 500 万人次以上。

13. 开阳旅游产业发展定位

开阳旅游业定位“中国避暑之都皇冠上璀璨的明珠”“爽爽贵阳•醉美开阳，栖息人类心灵的地方”。将南江大峡谷打造为国家 4A 级景区，将十里画廊打造为“全国休闲农业与乡村旅游示范点”。

14. 黄平旅游产业发展定位

黄平以“神秘且兰 · 古韵旧州 · 养生黄平”为主题，全力构建以山水观光为基础，以文化体验、休闲度假、民俗体验旅游为导向的特色旅游产品体系，以“大旅游、大产业、大整合、泛资源”区域旅游发展理念全面盘活资源，逐步把黄平县建设成为旅游经济强县和“凝练古国风情、缩影贵州美景”的知名生态文化旅游目的地。

15. 贵阳旅游产业发展定位

贵阳以“爽爽贵阳、避暑休闲度假胜地”为旅游城市形象，努力将贵阳建设成为主题形象鲜明、旅游产品特色突出、旅游基础设施完善、旅游服务质量优良的世界旅游名城，全国山地旅游目的地，西南地区和全省旅游集散中心。高质量打造乡村旅游产品，充分发挥现代农业的旅游功能，加强当地乡土文化传承与保护，结合市场需求，大力培育开发乡村度假旅游、景观农业旅游、农业体验旅游，实施美丽乡村旅游度假区示范工程，高标准打造建设息烽美丽乡村示范带、修文桃源八寨乡村旅游示范区、乌当羊昌“周末花园”乡村旅游区等乡村旅游产品，进一步提升“蓬莱仙界”“泉城五韵”“十里画廊”等乡村旅游区旅游产品建设，引导和培育发展乡村精品民宿，真正实现“看得见山，望得见水，记得住乡愁”。

16. 清镇旅游产业发展定位

清镇按照“四带一地一心”旅游规划布局，依托国家级亚高原水上训练基地、省体育运动中心、全市地热资源及河湖资源优势，以美丽乡村和绿色小城镇建设为抓手，重点开发康养运动、高端休闲度假、都市现代高效农业、文化创意等旅游产业，实现旅游产业向深度和广度拓展，将清镇打造成有人文温度、文化厚度的康体运动休闲旅游城市。以“原乡原味·乐山乐水”为主题，以“放眼世界·乐享人生”为品牌形象，深度挖掘具有地域特色的会馆文化、饮食文化、军屯文化、民族文化、建筑文化、中医药文化，突显薪火贵州、食邑贵州、记忆贵州、美味贵州特色，打造“镇西古驿”农文旅综合体、都市滨湖大健康养生区和水西文化体验区。重点将“镇西古驿”打造成国家级特色小镇旅游示范点、省级全域旅游发展创新区、全省农业一二三产融合示范点，把戈家寨水库打造成“荆州湖”国家级水利风景名胜区。

17. 都匀旅游产业发展定位

都匀以“一轴三线”为发展思路，大力推动景区项目建设，抓好清水江国家级湿地公园、西山红枫公园等项目建设，办好都匀毛尖茶文化节、都匀毛尖国际茶人会、剑江旅游欢乐节。积极推进城市慢行系统建设，加强凤凰坝、茶都格尼斯等温泉项目建设，推动康体养生产业发展。重点打造“都匀南出口—墨冲—包阳”一线和“都匀西出口—螺蛳壳—摆忙”一线两条“大美农村”路线，推进墨冲镇“商贸布依城”、毛尖镇“茶旅风情小镇”项目建设，抓好都匀毛尖茶种植、加工和销售，提高茶叶产量和产值，做强做大都匀毛尖茶产业；继续抓好墨冲现代农业示范园区等五个省级农业示范园区建设；继续抓好小围寨、墨冲等乡镇 3.33 平方千米城市保供蔬菜基地建设；继续抓好万亩刺梨、万亩蓝莓等精品水果基地建设；继续推进农村电子商务。

18. 织金旅游产业发展定位

织金围绕“一核一带三区多点”建设思路，着力打造“一洞一寨一城”旅游目的地建设，着眼大旅游、挖掘大市场、开发大产业，构建“精品带动、多点支撑、产业融合、行业跟进”的现代旅游格局。重点打造织金洞、支嘎阿鲁湖、乌江源百里画廊、织金古城、营上古寨、织金瀑布、织金大峡谷、织金关等八大旅游区，加快织金古城文化旅游集聚区建设。抓好桂果、茶店、熊家场、龙场、三甲等乡村旅游试点工作，全力推动生态旅游观光农业样板区、少数民族工艺品生产基地、生态度假风情园、民族风情村打造进程，大力发展生态旅游、文化旅游、乡村旅游、自驾旅游、营地旅游。规范文化旅游管理服务，强化景区环境卫生综合整治，加快智慧景区建设，力争实现接待游客 800 万人（次）以上，获得旅游收入 68 亿元。

19. 毕节旅游产业发展定位

毕节立足于旅游目的地体系的构建，站在国家级创新扶贫示范区的高度，依托以山地和气候为特色的多元康养，以改革创新为统揽，以构建贵州山地旅游新高地为视角，将毕节市建设成为集生态休闲、避暑度假、文化体验、养生康体等为一体的国际知名山地康养度假旅游目的地，成为山地康养旅游样板区、国家旅游创新扶贫示范区、全域旅游示范区。

20. 六盘水旅游产业发展定位

六盘水市立足于“贵州屋脊·中国凉都”品牌，围绕“春踩水城春绿、夏来花海漫步、秋看杏黄果熟、冬在雪上飞舞”打造六盘水市特色旅游项目，加快构建现代服务业发展体系，以建设“中国避暑休闲城市、国家山地户外体育旅游休闲基地、山地康体养生度假胜地、国际标准旅游休闲度假城市”为目标，实施“顶层设计、产业联动、内强功能、外拓市场”发展战略，大力推进景区基础设施和配套服务设施建设，加快构造现代服务业发展体系，打造中国首选消夏避暑、休闲度假、康体养生胜地。

坚持发挥资源优势，把平坝逐步建成以城区为中心的贵州旅游西线游客集散地。大力推进旅游基础设施建设和旅游产品开发，加快白水龙、斯拉河等旅游项目建设，打造温泉酒店等特色旅游产品，培育“凤凰林场—大坡林场—石朱桥水库”低碳旅游线路。沿邢江河、羊昌河流域，打造生态长廊，构建“快旅慢游”体系。实现接待游客增长 35%以上，旅游总收入增长 40%以上。提升旅游服务水平，围绕“吃住行游购娱”6 大旅游要素，开通平坝南站至天龙景区、小河湾等旅游公交路线，以“平坝文旅”微信公众号和“i 平坝”手机 APP 等为平台，完善旅游信息服务。不断丰富旅游业态，支持旅游商品与乡村旅游有机结合，提升旅游附加值。加大旅游宣传营销力度，深入挖掘旅游文化内涵，运用新媒体开展省外市场营销，强化与省内外旅行社的合作，积极举办乡村民俗、“屯堡文化”等活动。

21. 普定旅游产业发展定位

普定全域优化配置经济社会发展资源，着力打造和谐旅游、开心旅游、舒适旅游。坚持“景城互动，产城融合，以产兴城，以城促产”，切实将旅游产业与新型城镇化和工业化、农业现代化、信息化统筹同步发展，充分发挥城市周边的自然和文化生态优势，推动产业园区、城镇社区和旅游景区有机融合。加大项目带动力度，突出健身游、体验游和乡村休闲游，全力打造普定乡村“慢旅游”品牌，推进产业集聚升级，加快旅游产业转型升级，把乡村旅游打造成为旅游精品。打造白岩温泉小镇、阿宝古镇、兴东民族大健康医药产业园等一批关联系数高、带动作用大的旅游小城镇和产业园区规划，全力打造具有地域文化特色、差异化的文化旅游品牌和产业，带动普定旅游产业转型升级发展。构建“快旅慢游”体系，加快酒店、餐饮、旅行社、游客集散中心、公共引导标识、旅游公厕等旅游配套设施建设和公共服务体系提档升级，提高旅游接待服务能力。深挖开发“朵贝贡茶”、西路花灯、高台地戏、穿洞遗址、布依族苗族等民族特色文化，构建具有普定地域文化特色的文化旅游产业，打造健康、可持续发展的文化旅游产业链条，打造“山水文城·浪漫花都”品牌。

## 二、区县旅游发展的策略

### （一）旅游供给侧结构性改革

旅游供给侧结构性改革需要紧扣社会主要矛盾变化，把“质量第一、效益优先”作为核心，统筹推进质量变革、效率变革、动力变革，打好精准脱贫、污染防治、防范化解重大风险“三大攻坚战”，努力实现“更高质量、更有效率、更加公平、更可持续”的发展目标。

#### 1. 旅游供给侧结构性改革坚持全面推进

改革是发展的最大红利，坚持把改革贯穿于发展全过程，奋力拓展经济社会发展新的更大空间。坚决打赢防范化解重大风险、精准脱贫、污染防治攻坚战，彰显“三大攻坚”新成效。坚持问题导向，以更加务实的举措、更加扎实的作风，加快补齐发展短板。推动旅游产品结构由以观光型为主向休闲度假、康体养生、文化体验、科普教育等各种旅游并重的复合型方向转变，实现旅游产业更高水平的供需平衡和速度、质量、效益的协调发展。推进旅游供给侧结构性改革，促进旅游提质升级，不断做大旅游供给总量，做精旅游供给质量，做优旅游供给结构，提升旅游供给效率推进旅游供给侧结构性改革，促进旅游提质升级，不断做大旅游供给总量，做精旅游供给质量，做优旅游供给结构，提升旅游供给效率。大力实施以供给侧结构性改革为主线的全面深化改革，增强改革发展新动能。

2. 旅游供给侧结构性改革坚持稳中求胜

牢固树立和贯彻落实新发展理念，适应把握引领经济发展新常态，坚持以提高发展质量和效益为中心，坚持以推进供给侧结构性改革为主线，牢牢守住发展和生态两条底线，坚持实施主基调主战略，坚持创新驱动开放带动，深入推进大扶贫、大数据两大战略行动，全面做好稳增长、促改革、调结构、惠民生、防风险各项工作。如毕节市争到 2020 年将构建完善“四季花海”“绝美洞天”“湖泊峡谷”“避暑度假”“康体养生”“特色文化”6 大系列产品体系，逐步形成龙头引领、精品带动、全域联动的融观光体验、休闲度假、科普教育、避暑养生的山地旅游产品体系，向广大游客提供全面化、多样化、特色化的旅游产品供给，让旅游业真正成为毕节未来发展的支柱产业之一。

3. 旅游供给侧结构性改革坚持全产业发展

充分发挥“旅游+”功能，大力推动“旅游+农业”，促进农旅融合，把美丽乡村、农业园区做成农业景区，把农特产品做成旅游商品，以体验农业、观光农业、旅游商品原材料供应带动第一产业发展；大力推动“旅游+工业”，促进新型工业发展，以旅游商品生产、工艺展示带动第二产业，依托近代工业遗址，打造工业博物馆，大力发展工业旅游；大力推动“旅游+城镇”，积极推进旅游业与新型城镇化有机结合，做强城市，做特城镇，做美乡村；大力推动“旅游+服务业”，加快建设智慧旅游城市，以游客消费带动交通运输、住宿餐饮、娱乐购物等第三产业。如贵定县正不断丰富和提升佛教文化、自然生态资源、民族民俗、康体养生等多元素融合的旅游内涵，加快完善“吃住行游购娱”传统旅游要素，大力培育“商养学闲情奇”新兴旅游要素，带给游客最美好的旅游体验，全面构建互联互通、“快进慢游”、“全域旅游”的发展格局。将阳宝山佛教文化旅游度假区打造成国内知名的禅修清修养生养心度假胜地，将“金海雪山”乡村旅游综合体打造成有影响力，反映“多彩贵州风景眼、民俗风”、四季赏花戏水、体验民族农耕的特色景区，将摆龙河湿地公园打造为全省温泉康体养生基地，将贵定打造成黔中重要的旅游集散中心。围绕大健康养老养生四大领域九大产业，以“旅游+农业”促进农旅一体化，以“旅游+工业”促进特色工业发展，以“旅游+城镇”促进产城景融合，以“旅游+服务业”促进服务业现代化，以“旅游+大数据”促进智慧旅游，以“旅游+扶贫”促进脱贫攻坚。到 2021 年年末，打造品牌性、特色性的养生度假基地 10 个以上，养生健康保健度假疗养中心 3 个以上。

4. 旅游供给侧结构性改革坚持全景式打造

加快实现处处都是风景，应制定全域旅游实施方案，构建全时间、全空间、全产业、全过程的旅游产业体系，推动产城景互动融合发展。如镇远以镇远古城为核心，大力实施古城景区提升工程，加快古城 5A 景区创建；加快构建古城周边旅游圈，大力挖掘风光风情风物，打造一批蕴含军旅、宗教、民俗、乡村等文化的新兴旅游业态；大手笔策划沿舞阳河农文旅融合观光产业带，打造休闲、观光、度假、体验式旅游目的地；以舞阳河为纽带，强化与上下游邻县合作，积极推进舞阳河流域旅游一体化发展，构建舞阳河旅游文化产业带，推出带动全域、延伸周边的精品线路。

5. 旅游供给侧结构性改革坚持全方位服务

加快旅游行业旅行社分会、酒店住宿业分会等旅游协会；开辟绿色通道引进高素质的规划创意、市场营销、酒店管理、导游讲解等紧缺人才；强化旅游行业职业培训，加强旅游企业主、导游等从业人员培训管理和加强对政务人员培训；加强旅游综合环境打造。紧紧围绕“吃、住、行、游、购、娱、商、养、学、闲、情、奇”等旅游 12 个要素，建立游客服务中心和星级酒店，加强旅游服务标准化建设和导游人员培训。贵定强化对旅游从业人员的职业培训，培养一批“金牌”导游队伍，讲出景区景点好故事，不断提高贵定旅游的知名度和美誉度。

### （二）生态旅游目的地

牢固树立绿色发展理念，坚持节约资源和保护环境并重，抢抓生态文明示范工程试点机遇，深入开展“绿色”行动，在生态保护修复、环境污染治理、节能减排等方面聚力突破。建成生态旅游目的地，产业融合引领作用明显提升。“旅游+”战略深入实施，“一线四区”旅游发展格局更加优化，成功创建市级全域旅游示范县，旅游产业增加值比重达到 10%。突出旅游产业化，坚持在绿色发展中做靓风情苗乡。依托民族、生态、文化优势，深化“旅游+”发展战略，做靓民俗生态文化旅游，不断提升彭水旅游的知名度、美誉度和影响力。龙里聚焦“贵州山地现代农业基地”，努力在构建循环生态农业上实现新突破。围绕国家现代农业示范区发展，坚持走高效、安全、生态的现代农业发展道路。因地制宜打造特色产业，围绕刺梨、蔬菜种植和生猪、肉羊养殖，打造洗马高效综合农业产业带；围绕精品果蔬种植和生态旅游，打造醒狮休闲观光农业产业带；围绕花卉苗木培育，打造龙架山花卉苗木观光农业产业带；围绕鲜销蔬菜、大米、茶叶种植和畜禽生态养殖、农俗体验观光，打造湾滩河生态观光农业产业带；依托莲花湿地公园和龙里大草原，打造龙山休闲观光农业和近郊旅游产业带；依托茶香刺梨园，打造谷脚至洗马“百里刺梨带”。全力推进刺梨良种繁育和标准化示范基地建设，到 2021 年，力争达到全县刺梨种植面积 20 万亩（133.33 平方千米）以上，鲜果年产量 20 万吨以上，产值 10 亿元以上，筹建刺梨研发加工聚集园区和批发市场，新增刺梨深加工企业 10 家，产值 50 亿元以上。因势利导实现“接二连三”，充分发挥特色刺梨、精品水果、花卉苗木、生态养殖、乡村旅游等优势产业，大力发展观光、休闲、体验农业，推进农产品种植、加工、销售一体化，促进三产融合发展。

### （三）景区提升策略

景区提升策略是各个区县旅游发展的基本策略，区县通过景区提档升级，打造 4A、5A 等高等级景区，提升区域旅游的吸引力和知名度。如彭水实施景区提升计划，推动阿依河、蚩尤九黎城创建国家 5A 级旅游景区，摩围山、乌江画廊创建国家 4A 级旅游景区，打造 4 个国家 3A 级旅游景区。加快推进摩围山旅游综合开发，做特做优旅游休闲地产，建成国家级旅游度假区。竣工蚩尤九黎城二期工程，挖掘展示苗族历史文化，打造全国知名民俗生态文化旅游目的地。加快郁山古镇开发，突出“盐丹古韵”主题，建设郁江盐丹文化生态景区。大力发展生态休闲度假旅游、水上运动体验旅游、民族特色文化旅游、乡村生态民俗旅游和红色文化旅游，构建“步步皆景、处处宜游”的全域旅游大格局。如：施秉按照“城景一体化”发展理念和 5A 级景区标准，规划建设城区水系系统、慢行系统和快速通道系统，把云台山、杉木河等主要景区串成精品旅游线路，推动产、城、景互动发展；贵定围绕打造集自行车骑行、徒步游、自驾游为一体的旅游慢行体系，加快推进“两核三带”乡村旅游、摆龙河国家湿地公园、云雾茶旅观光园等区域道路建设，建成云雾湖湿地体育公园（一期），不断提升旅游服务水平；加快“金海雪山”（匠人）小镇、“多彩贵州眼”大观园建设，打造 4A 级“金海雪山”乡村旅游综合体；启动阳宝山二期全域性开发各项基础性工作，打造 5A 级佛教文化旅游度假区，大力发展旅游手工艺品。

### （四）融合发展策略

促进融合发展，推动城旅融合，实现城景互动，突显城市特色和旅游功能，建设一批旅游景观名镇。推动农旅融合，围绕旅游景区和乡村旅游布局，大力发展休闲观光农业和现代设施农业，打造一批农旅融合示范点。推动商旅融合，开发系列旅游商品和特色美食，促进特色产品进景区、进超市、进车站码头。推动文旅融合，加强民族文化传承、保护与开发，着力打造具有彭水特色的系列文化旅游品牌。如都匀坚持精准治贫、精准扶贫、精准脱贫基本方略不动摇，紧紧抓住 2017 年全面减贫摘帽、2018 年全面建成小康关键节点，把脱贫攻坚作为头等大事和第一民生工程，坚持“六个精准”，以“五个一批”为突破口，深入实施精准扶贫、脱贫攻坚“十项行动”和“四在农家·美丽乡村”六项行动计划，整合资金，聚合力量，倾力构建专项扶贫、行业扶贫、社会扶贫“三位一体”大扶贫格局。确保在 2017 年年末，现行标准下 21 个贫困乡镇（街道）全部实现省级“减贫摘帽”，333 个贫困村出列，达到贫困县退出标准；2018 年年末，农民人均可支配收入达到 10 500 元以上，织金县小康实现程度 95%以上，提前全面建成小康社会。

### （五）智慧旅游发展策略

智慧旅游是加快偏远地区融合信息社会的有效方式。乌江流域旅游要全面融入全国旅游市场，发展智慧旅游，增强网络生存能力，增加网络旅游竞争力，提升旅游形象十分必要。加快推进“智慧旅游”建设，建成一批商务度假酒店、特色乡村民宿和星级农家乐，全面提升旅游综合接待能力。如施秉在民俗节日、生态旅游节，组织骑行、摄影、登山等丰富多彩的活动，邀请到国内外 50 多家媒体进行宣传报道，并与 21 家旅行社结成“欢乐假日”合作联盟。利用微博、微信、数字旅游等新技术建成“云上施秉智慧旅游”系统，形成旅游整体形象多渠道、高密度宣传的叠加效应。都匀积极推进旅游与互联网融合，大力发展智慧旅游。发展大数据产业，积极吸引百度、阿里、腾讯等互联网企业入驻都匀；创新思维发展传统 IT 产业，力争把小米、华为等企业引入都匀；加快以智慧城市为核心的大数据产业，重点推进“云上都匀”“双创服务平台”等项目建设，打造都匀新经济发展平台。重点发展智慧政务、智慧社区、智慧旅游、智慧医疗、智慧教育、智慧交通、智慧城管等应用平台。发展大服务产业，积极引进金融、咨询、电子商务等知名企业，发展楼宇经济。

### （六）完善区域旅游交通设施

交通是影响旅游格局的关键要素，也是改变旅游产业格局的核心力量。偏远地区要想将旅游产业融入区域市场，必须强化旅游交通基础设施建设。如：云南机场群建设彻底改变了偏远区域旅游交通不便状况，改变整个云南旅游产业布局；“贵广高铁”改变了贵州在华南旅游市场的格局和竞争力；贵州全域高速公路网建设完成，为自驾游发展提供了关键动力。酉阳自治县旅游门户与重庆市域交通的联系，引导火车站、汽车站的外来客流能够便捷地直达县域范围内的各个景点，在车站设置旅游接待服务中心。投资 8.72 亿元，全面完成 2 180 千米农村“组组通”公路建设。完成农村公路改造 30 千米，加快推进新客运站建设。积极推进三岔河、毛竹林等骨干水源工程建设，注重干线、环线、通组线的互联互通，强化道路与水利等基础设施的相互配套，加强与景区景点、园区、特色小镇、富美乡村的有机衔接，推动城乡一体化不断发展。黄平开展“旅游服务质量提升年”活动，加快推进国内外知名民族文化旅游目的地创建。实施旅游重大项目建设和基础配套攻坚。完成旅游建设投资 500 亿元、涉旅招商引资 200 亿元，重点实施 154 个观摩项目，建设游客服务中心 20 个，新建和改扩建旅游公路 149 千米，建成四星级酒店 8 个以上、五星级酒店 2 个以上、民宿客栈 1 万户以上，建成旅游公厕 200 个以上。

### （七）旅游行业企业发展策略

完善旅游协会的行会体制，充分发挥其行业组织的作用。协助市委、市政府和旅游主管部门做好超常规发展旅游产业的宣传调研、决策咨询、立项评估、外联交流、行业管理等工作；协调全市旅游行业内部之间及其与相关部门、行业之间等各种关系；促进海内外共同对旅游业的协作与互助；为经营旅游业提供系列化优质服务。健全和完善现有旅行社的组织机构及其设施。培育旅行社集团化和专业化经营，进行多元化经营，实现网络自动化管理与服务。加快培育龙头旅游企业，组建酉阳旅游营销集团。

#### 1. 全力抓好旅游经营主体培育

按照“引进一批、做优一批、打造一批、做精一批、催生一批”的要求，加快培育壮大旅游生产经营主体。将旅游业作为招商引资的重要领域，引进培育一批大型优强旅游企业集团。促进专业公司旅游商品生产的规模化，实现企业规模经济效益。依托“百千万”工程、“民营经济服务年”等活动，进一步提升服务质量，切实解决企业存在的困难和问题。

2. 鼓励成立各类旅游行业协会

按照“自主设立、自我管理、自律运行、自我发展”的原则，支持成立以县旅游协会为总会，以温泉协会、旅游村协会、农家乐协会、民宿协会等为分会的县级旅游行业协会体系，推进行业自我管理。

3. 推动农民乡村旅游合作示范社创建

依托农村集体经济组织，大力推动农村各类旅游合作社建设，创建一批以休闲农业与乡村旅游为主营业务的农民专业合作示范社，建立起村办农家乐、精品民宿，户办农家乐、精品民宿，公司经营农家乐、精品民宿 3 个层级的专业合作社，实现与市场的有效对接。结合全域旅游建设需求，推进旅游“1+3”体制建设，推动成立“局改委”，设立旅游行业综合性行政管理机构，探索设立旅游警察、旅游综合执法分局、市场监督分局，消除现有执法手段分割、多头管理、执法效率低下的体制弊端。

### （八）加强旅游娱乐活动项目建设

加强旅游娱乐活动项目建设，要注重突出地方特色，大力开展丰富多彩的文化娱乐活动，弘扬地方文化，促进酉阳自治县与外部的交流。挖掘酉阳自治县传统与现代特色产品，编写购物指南。在酒店、旅游点设立购物信息窗，建立电脑购物咨询网络，为消费者提供便利。围绕土特产品、民间工艺、民族文化开发 20 余种旅游商品，建成桃花源旅游商品集散中心、龙潭和龚滩古镇旅游商品一条街，形成重庆市最富特色的旅游商品生产流通市场，不断扩大旅游商品的生产规模和档次，逐步建成全国知名的商品集散中心。

### （九）强化人才培养

加强人才培养，提高旅游从业人员素质，以优质服务树立旅游品牌形象。在现有财力不足、宾馆设施不足的情况下，可大力发展“千家居”，为游客提供餐饮、住宿、游览、解说等服务。加大宣传的力度，开展多种形式的培训活动，引导农民塑造民俗旅游城市的新形象。结合实际情况，通过自主培养夯实基础，通过人才引进实现短期内的快速提高。

1. 组建旅游专家智库

该专家智库由本地专家和外地特聘专家两部分组成。专家以息烽县人民政府名义聘请，主要职能是对息烽县旅游业发展中的重大战略和政策进行咨询；对旅游业发展的重大问题开展研究；为息烽县旅游业的发展建言献策。

2. 实施旅游管理人员“挂职”计划

积极推动县级旅游管理人员向上到省市、向下到乡镇，乡级旅游管人员向上到市县，向下到村、景区的挂职模式，通过在上级部门的挂职，提升下一级部门管理人员的眼界、个人素质及管理水平；通过在下一级部门的挂职，促进对基层实际情况的深入了解，有利于上一级部门人员有针对性地制定相关管理措施，提高管理的效率。

3. 实施旅游经营者“留学”计划

资助重点景区、重点旅游村的经营者到国内及省内成功景区、旅游乡村任职，学习先进经验，届满回乡任职。同时实施旅游职业经理人引入计划，引入景区经营、乡村旅游、休闲农业、度假酒店的经营能人。

4. 实施旅游从业者“实训”计划

每年选出 5～10 个旅游企业、特色旅游村的负责人、从业者，到国内其他旅游发展较成熟的景区进行“实习”学习。对旅游景区、休闲农业园区、旅游村、农家乐一线服务人员进行现场观摩实训，“手把手”式教学，教会一批，上岗一批。

5. 实施杰出人才“创客”计划

鼓励乡贤、大学生、外出务工青年等人员回乡创业，为家乡的旅游发展贡献力量。制订旅游“创客”人才发展行动计划，通过拓展旅游“创客”实践空间、搭建旅游“创客”服务平台、打造“创客”服务品牌、进行“创客”人才培养等计划，推动乡村旅游创意创业，促进县域乡村旅游升级发展。

### （十）建立多元投入机制

以招商引资为重点，进一步创新旅游产业开发的投融资机制。旅游产业开发必须坚持政府主导、企业主体市场运作的原则，实施多元化发展战略，走改革旅游投融资体制，多渠道筹集旅游开发资金的路子。要增强宣传意识、市场意识和服务意识，为投资主体办实事，提供切实帮助，坚持“谁投资，谁管理，谁受益”的原则，让投资者有发展，能赚钱。为此，应把招商工作与旅游制度创新工作紧密结合起来，掌握投资主体的利益关注点，在政策许可的范围内，通过制度创新、机制创新、优惠建设、让利经营等，吸引投资者，加快招商工作。同时，加快旅游企业建立现代化企业制度改革步伐，积极探索旅行社产权改革路子，选择一批旅游景区、景点进行所有权和经营权分离的改革试点，鼓励外商收购旅游企业或参股、租赁经营，鼓励和支持私营企业兴办旅游企业或参与国有旅游企业改造。

1. 大力支持做大旅游投融资平台和旅游企业

帮助有条件的旅游企业，建立和完善现代企业制度，确保旅游企业和旅游业可持续发展。鼓励国际国内品牌酒店管理公司入驻，鼓励非旅游大型企业集团进入旅游业经营，鼓励国内大型旅游企业集团来酉阳发展，鼓励旅游企业通过收购、兼并、参股、控股等方式进行资本扩张。鼓励各种资本进入旅游业经营。放宽旅游市场准入，打破行业间的壁垒，简化行政审批手续，鼓励各种类型的资本共同参与旅游业发展，鼓励各种所有制企业依法投资旅游产业。鼓励利用外资发展旅游业，加强对旅游中小企业的扶持，探索更有效的奖励、免税和补贴措施。鼓励旅游创业，特别是对农民、城镇失业人员、大学生等群体给予更大力度的支持。

2. 建立旅游产业发展专项资金制度

财政每年安排旅游发展专项资金，依财政收入增长情况逐年增加，形成旅游产业发展专项资金，以贴息、奖励等形式对旅游重大项目建设进行补助，推动重大、重点项目落地建设；以规划经费支持等形式推进旅游规划工作；以奖励方式推动国家A级景区创建活动。

3. 鼓励民间社会资本参与旅游业投资

放宽旅游市场准入，打破行业、地区壁垒，简化审批手续，为民营资本参与旅游业发展营造公平的市场竞争环境。通过财政补贴、贷款贴息、奖励等方式，加大息烽县民营资本对旅游业的投资力度。通过积极引进民间资本，采用PPP模式以及产业基金等多元化资金支持旅游业发展。

4. 加大对小型微型旅游企业和乡村旅游的信贷支持

对符合条件的小型微型旅游企业实行差异化的信贷管理和考核办法，合理扩大基层机构审批权限。涉农金融机构要努力满足农村旅游业的资金需求，对于合理利用古村古镇、民族村寨、农村和农业景观资源发展观光、特色和休闲旅游的项目和企业，要积极采取多种有效信贷模式和服务方式予以支持。加快推进农户电子信用档案建设，鼓励通过农户小额信用贷款等形式支持乡村旅游发展，鼓励涉农担保资金为农家乐、精品民宿等乡村旅游项目提供担保。

## （十一）落实旅游用地制度

1. 建立旅游建设用地年度计划制度

旅游建设用地列入年度用地供应计划，纳入战略性产业用地优先保障和优先供应目录。旅游项目集中建设区用地、乡村旅游集中发展区用地以及旅游厕所保障用地应纳入县国有土地年度计划供给重点区域，确保旅游用地落实到位。同时，编制和调整县土地利用总体规划、城乡规划时，将乡村旅游建设用地、旅游重大项目开发用地和旅游公用设施建设用地纳入土地利用规划，建立旅游用地保障长效机制。

2. 有效落实旅游重点项目新增建设用地

根据《关于支持旅游业发展用地政策的意见》的规定，息烽县在“十三五”期间需增加旅游重大项目的建设用地，按照项目建设时序，及时安排新增建设用地计划指标，依法办理土地转用、征收或收回手续，积极组织实施土地供应。

3. 适当利用乡村未利用地建设旅游项目

在符合生态环境保护要求和相关规划的前提下，对乡村地区未利用的土地合理安排旅游建设项目，出让底价可按不低于土地取得成本、土地前期开发成本的原则确定。

4. 加大旅游厕所等公用设施用地保障力度

要高度重视旅游厕所在旅游业发展中的文明窗口地位和基本公共服务作用。新建、改建旅游厕所及相关粪便无害化处理设施需使用新增建设用地的地区，可在2018年前由旅游厕所建设单位集中申请，按照法定报批程序集中统一办理用地手续，专项安排新增建设用地计划指标。符合《划拨用地目录》的粪便处理设施，可以划拨方式供应。支持在其他项目中配套建设旅游厕所，可在供应其他项目建设用地时将配建要求纳入土地使用条件，土地供应后，由相关权利人依法明确旅游厕所产权关系。

# 第二章　乌江流域自然资源景观

乌江流域自然资源丰富，山体旅游资源特色突出，是中国南方喀斯特等世界自然遗产的核心区域，拥有武隆天生三桥、施秉云台山等喀斯特奇观，拥有芙蓉洞、织金洞等大量岩溶洞穴景观，拥有武陵山大峡谷、开阳南江大峡谷等峡谷地质景观。

## 第一节　喀斯特地貌景观

喀斯特指岩溶地貌以石灰岩和白云岩为主的碳酸盐岩发育地貌。中国喀斯特地貌具有面积大、地貌多、生物生态丰富、典型等特点。中国南方喀斯特的面积占整个中国喀斯特面积的 55%。我国申报世界自然遗产的喀斯特地貌有云南石林的剑状、柱状和塔状喀斯特，贵州荔波的森林喀斯特，重庆武隆以天生桥、地缝、天洞等为代表的立体喀斯特组成，总面积达 1 460 平方千米，其中提名地面积 480 平方千米，缓冲区面积 980 平方千米。南方喀斯特集中了中国最具代表性的喀斯特地形地貌区域，其中很多景点享誉国内外。云南石林以“雄、奇、险、秀、幽、奥”著称，被称为“世界喀斯特的精华”。中国南方喀斯特在地质地貌、生物生态、美学、民族文化等方面得到了国内外的广泛认同和重视。贵州荔波喀斯特、云南石林喀斯特、重庆武隆喀斯特具有整体“突出普遍价值”，各自为中国南方喀斯特类型的最好代表。中国南方喀斯特在统一连片地区形成了独特的喀斯特多样性，表现为高原地区的石林，高原和低地过渡地带的峰丛喀斯特，长江北部的深切峡谷喀斯特。

### 一、武隆中国南方喀斯特地貌

武隆喀斯特地貌位于重庆市武隆区，是中国南方喀斯特地貌的核心组成部分之一，是深切型峡谷的重要代表，它拥有 3 个独立的喀斯特地貌系统：芙蓉洞洞穴系统、天生三桥喀斯特系统以及后坪天坑喀斯特系统。芙蓉洞洞穴系统以中国最深的竖井群和潜水位洞穴为特征，天生三桥喀斯特系统以伏流洞穴和削顶洞穴为特色，后坪天坑喀斯特系统则以半覆盖型喀斯特发育的中国第二大型洞穴系统为特色。武隆喀斯特从芙蓉江边低于江面的潜流带洞穴，到三桥的老龙洞伏流洞穴，后坪包气带的大型洞穴系统和芙蓉江两岸竖井群，再回到三桥洞顶崩塌后形成的不连续洞穴系统，后进入洞顶完全崩塌后的三桥喀斯特峡谷，即削顶洞穴，最后是峡谷横向后退形成的空中洞穴，地貌形态特征显著，具有喀斯特地貌特征的典型意义。

1. 天生三桥

武隆天生三桥是世界规模最大、最高的串珠式天生桥群，世界自然遗产，国家5A风景名胜区。天生三桥的三座平均高度300米以上的天然石拱桥呈纵向排列，其规模宏大、气势磅礴，在不足1 200米的范围内平行横跨在羊水河峡谷之上，将两岸山体连在一起。三座天然石拱桥之间有青龙天坑、神鹰天坑两个天坑，形成了“三桥夹两坑”的世界奇特景观。武隆天生桥是全国罕见的地质奇观生态型旅游区，属典型的喀斯特地貌。景区以天龙桥、青龙桥、黑龙桥三座气势磅礴的石拱桥称奇于世，属亚洲最大的天生桥群。天生三桥地处仙女山南部，位居仙女山与武隆之间，景区内天生石桥气势磅礴，林森木秀，飞泉流瀑，包容了山、水、雾、泉、峡、峰、溪、瀑，是一处高品位的生态旅游区。

2. 芙蓉洞

芙蓉洞被誉为“世界三大洞穴”之一，世界自然遗产，国家5A风景名胜区。芙蓉洞位于武隆区江口镇的芙蓉江右岸，距城区21千米，属大型石灰岩洞穴。该洞大约形成于120万年前，发育在古老的寒武系白云质灰岩中。芙蓉洞主洞长 2 700 余米，底宽12～15米，最宽69米；一般洞高8～25米，最高48.3米；洞底总面积37 000平方米，其中辉煌大厅最为壮观，面积在1 000平方米以上，整个芙蓉洞的最大静态和容量为185 000人。洞内深部稳定气温为16℃，主要景点有金銮宝殿、雷峰宝塔、玉柱擎天、玉林琼花、海底龙宫、巨幕飞瀑、石田珍珠、生命之源、珊瑚瑶池。

3. 后坪天坑群

后坪天坑群是世界唯一的由地表水冲蚀而成的天坑群，是中国南方喀斯特联合申报世界自然遗产提名地。后坪天坑群位于武隆区后坪乡，形成时间在200万年至230万年之间，总面积15万平方米，共有5个天坑，地处海拔1 300米的分水岭地区的喀斯特台面。由于强烈的构造抬升，该台面上各种规模的喀斯特陷坑地貌发育充分，分布有众多的落水洞、竖井、塌陷漏斗（天坑）、峡谷、石柱、石林、溶洞等地质遗迹。其中，塌陷漏斗规模宏大，群状密集分布，形态典型，保存完好，世界罕见。

4. 武隆龙水峡地缝

武隆龙水峡地缝景区位于武隆仙女山南麓，与武隆天坑景区是同生在洋水河大峡谷上的姊妹景区，但风光迥然不同，属神秘难得可进入性且观赏性很强的地缝景观。景区玲珑剔透，精雕细琢，全长 2 000 米，最窄处仅 1 米，从谷顶到谷底高差可达 200 ~ 400 米。景区内游览线路全栈道设计，科学合理；谷顶谷底之间设有国内第一部 80 米室外景区观光电梯接送，可将外面的秀色尽收眼底；天然洞内碧潭中喷泉流水，栈道穿 30 米瀑布水帘。

## 二、施秉云台山喀斯特地貌

重庆金佛山、贵州施秉和广西桂林、环江等是中国南方喀斯特第二期世界遗产名录项目，与武隆等第一期遗产地组成了一个更加完整的中国南方喀斯特遗产系列。该系列包含从高原到低地平原最具代表性的喀斯特地貌，也展示了世界上最壮观、最多样的喀斯特景观。

施秉喀斯特在相对不可溶的白云岩基岩上发育了卓越的峰丛峡谷景观，展现了热带亚热带地区白云岩峰丛峡谷喀斯特的发育演化过程，展示了白云岩喀斯特独特的地貌类型和完整的生态系统，是研究白云岩喀斯特的模式地，使中国南方喀斯特成为完整的世界热带—亚热带喀斯特发育类型的杰出代表。施秉喀斯特则具有全球唯一性和不可比拟的自然美，从多个方面填补了中国南方喀斯特发育演化中的白云岩类型的空白。

1. 施秉云台山

云台山位于施秉县北部，距县城区 13 千米。云台山风景区是舞阳河国家级风景名胜区的主要组成部分，由云台山、外营台、轿顶山及大田垴等群峰组成。面积约 210 平方千米，主峰团仑岩海拔 1 066 米，突起于群山之间，因山形“四面削成，独出于云霄之半”，山巅如台，加之云雾缭绕，故名云台山。云台山以原始自然生态、天象奇观、奇峰丽水、佛教遗址、道教古刹等自然和人文景观为特色。山间珍稀等植物近 400 种，珍贵等动物近百种，被称为“植物宝盆、动物宝库”，是贵州东线探险寻幽的旅游宝地。施秉白云岩喀斯特处于黔中山地向湘西丘陵过渡的斜坡上，是深受河流切割的亚热带喀斯特高原。其核心景观由锥状喀斯、塔状喀斯组成。锥状喀斯特由两坡对称、平均 45°、相对高度十余米到百余米的锥状石峰组成；塔状喀斯特由坡度为接近 90°，相对高度 50～100 米的石峰组成；峡谷主要由两坡近垂直陡立的箱型谷及 V 型谷组成，景观十分罕见。

2. 施秉黑冲

黑冲位于地壳运动的断层边缘，强烈的地表切割形成峡谷、峰丛、窄巷、卡门、绝壁、冲坑、深潭等奇景，构成千山万壑的岩溶地貌。黑冲观云海、望日出、赏山花、俯瞰万壑千山，重要景点有轿顶山、大骆迦、小骆迦、大岩方、外营台以及红六军团黑冲战斗遗址等。内有喀斯特风景、山岳风景、森林风景、竹林风景、观鸟风景、观猴风景、天象风景、云海风景、峡谷风景、低山风景、江河风景、观鱼风景、瀑布风景等 20 多处。地形地貌多样，形成众多的天象景观，一日之中，四时演替，朝明暮昏，云海霭霁，变幻莫测。

3. 施秉上舞阳

上舞阳景区是国家级舞阳河风景名胜区十大景区之一，位于贵州省黔东南自治州施秉县西北部，距县城 8 千米。景区自然生态称绝于世，原始植被郁郁葱葱；两岸奇峰怪状万千；“太公钓鱼”老态龙钟，“仙人晒鞋”“一足撑天”个性特别，“宫门双厥”龙王神针天下一绝，“人面狮身”“八仙过海”“金猴望月”让游人目不暇接，27 个景点像翡翠明珠，镶嵌于上舞阳河两岸，青翠欲滴倒影涟涟，如天然盆景、如瑶池再现。整个景区层次分明、对比强烈、浓淡相间、疏密有序，构成一幅天然的绿色艺术长廊。景区上段以雄奇见长，中段舒缓平展，下段清幽神往，形成以天构地设山情水韵为特色的水上极乐公园。游览上舞阳景区，犹如来到梦幻般的童话世界，令人如醉如仙。

4. 施秉杉木河

施秉杉木河以山、水、云、雾、林为基本元素，山青翠妩媚、峰笔直陡峭、峦层层叠叠、水清澄透明、云一尘不染、雾缥缈虚无、林幽静深邃的山水相映、林水相亲，景色秀美、环境清新，集色美、形美、声美于一体，使综合美、原始美和谐统一；杉木河、瓦桥河的清澈晶亮的泉水、险峻嵯峨的峰丛，集齐“秀、幽、奇”的自然本色；喀斯特常见的奇峰、岩洞、巨石、天生桥、塔状群峰、裂谷、窄脊、石柱等在这里充分发育；崖如斧削，峰似剑立，姿态万千，造型奇特生动。杉木峰因水成景，形态婀娜多姿、轮廓清晰和谐。白云岩体经风雨千百万年的侵蚀，或直立千尺棱角分明，或层峦叠嶂延绵百里，能给人的视觉乃至灵魂造成强烈的冲击。

5. 施秉诸葛洞

施秉诸葛古名“瓮蓬洞”，后因诸葛亮南征开凿通航而更名为“诸葛洞”。该洞远看如山洞，近看则成谷，两岸悬崖峭壁，河中乱石嵯峨，水流湍急，汹涌澎湃，浪声如雷，很难通舟。紧连着两扇绝壁对峙而立，高耸入天，似企图将舞阳河水锁于山中。因诸葛洞滩急、湾多，自古很难通航，因此前人还修建了纤道通行。现诸葛洞纤道是贵州省省级文物保护单位。

## 三、乌江流域典型喀斯特地貌

石灰石溶积岩是乌江流域地貌的主要特点，流域内喀斯特溶洞遍布，可谓“无山不洞，无洞不奇”。喀斯特地质遗迹和地质景观碳酸盐岩溶地貌突出，溶洞、天坑、天生、竖井、峡谷、地缝、石林、石芽、峰丛等挺拔林立，千姿万态。

1. 彭水龙门峡

彭水龙门峡位于彭水县鹿角镇东南，处乌江中游、武陵山与大娄山系的褶皱地带，属于典型的喀斯特地形。景区内山岭连绵，重峦叠嶂，溶洞密布，清澈如画的诸佛江逶迤而至，两岸奇峰异石贯穿其间。“龙门”门高 25 米，宽 20 米，厚 12 米，门顶有“神足、蝙蝠、小龟”等形状各异的石钟乳。

2. 沿河县霸王谷景区

霸王谷景区位于贵州沿河思渠镇乌江西岸，与乌江黎芝峡紧依相邻。霸王谷里高耸入云，直指苍穹、千姿态百态的石笋、石岩、石壁和石林。纵深 1 000 多米的大峡谷里，100 多座大大小小的奇峰、危峦、连绵起伏，如竹笋般林立，山形奇异，酷似楚汉相争时期的历史人物，布局场景几乎包揽了楚汉相争时期发生的大事，巧合之极。西楚霸王、虞姬、范增、虞子期、桓楚、八千子弟、刘邦、张良、韩信、萧何、周勃、樊哙等人物形象栩栩如生，演绎楚汉相争时期追韩信、刘邦拜将、明修栈道、暗度陈仓、楚汉河界、四面楚歌、霸王别姬、乌江自刎等悲壮历史场景。霸王谷景区也是对喀斯特地貌进行科学考察的理想场所。

3. 思南石林

思南石林位于贵州思南县，是地球上同纬度地区迄今发现的发育最好、生态保持最佳、保存最完整、出露面积最大的极具科普性和观赏性的连片喀斯特石林。石林出露面积分别为 4.9 平方千米、2.3 平方千米，由于地表水沿可溶性碳酸盐岩的裂隙溶蚀和侵蚀，形成丛林状蚀余残留体，石林间有很深的石沟。石林空间上连片分布，类型众多，包含石芽发育从幼年到青年到老年的各种形态，有针状石林、剑状石林、塔状石林、柱状石林、城堡状石林，形成了许多惟妙惟肖的象形景观，如老虎石、雄鹰对峙、鬼脸石、四大金刚、三仙迎客等。思南石林以喀斯特地貌景观为主，兼有典型的乌江峡谷地貌，景区内石林、穿洞、天坑、残丘、喀斯特泉、洞穴堆积等喀斯特景观发育完备，组合奇特，与村落、农田等人文景观恰如其分地结合在一起，形象生动，对研究乌江河谷的演变和我国西南喀斯特区石漠化的预防有着重要意义，既有十分重要的科学考察价值，又有广阔的旅游欣赏价值。

4. 息烽多缤洞

多缤洞位于息烽县与修文接壤处，是我国目前发现最长的喀斯特地下溶洞，现探明洞长 21 千米，居亚洲第三，被誉为“地下长廊”。全洞景多而秀美，16 个洞内分布着 76 个洞厅、200 多处景点，多洞一体，各洞相通。洞内结构复杂，属多层滴溶型喀斯特水、旱溶洞系统。多缤洞内通道共五层：第一、二层为水道，全长 20 千米，宽 5 ~ 20 米，景致为中部流水，两侧遍布石乳石柱，形状独特，其中花朗伏流最具特色。第三、四、五层均为旱道，景观集中在第三层，分为左右两道，已铺设观赏道石。左道沿宽近 1 米，有“群雄听涛”“大龙宫”“石琴洞”“小龙宫”等，其间有“如来参禅”“宝莲灯”“古烛映钟”等 30 多处景点。右道“华盖”“莲花洞”“熊猫洞”“彩虹洞”“云霄洞”“群龙”，其间有“天鹅戏熊猫”“间歇泉”“悬空阁”等 20 多处景点。第四层有“古烛映钟”“鸵鸟洞”“地下秦俑”“龙门”“千佛朝圣”，其间有“连体观音”“琼台瑶阁”等 10 余处景观。第五层从“千佛朝圣”窄道进入，有“地下石林”等。

5. 开阳南江大峡谷

南江大峡谷距贵阳市 60 千米，以气势宏大的喀斯特峡谷风光和类型多样、姿态万千的瀑布群落为特色，峡谷全长 40 多千米，最深处达 398 米。南江峡谷地层古老，河谷深切，为典型的低中山峡谷地貌景观，十分壮丽优美。峡谷内有自然景观 40 余处，各种姿态瀑布 40 多条，最高落差达 250 米。旅游者可顺江在碧玉般的江水中进行惊险刺激的漂流，也可漫步于峭壁栈道，还可穿越典型的喀斯特原始森林。峭壁上有藏酋猴、猕猴，河中鸳鸯、野鸭畅游，鱼儿成群可见，江上鱼鹰白鹭小鸟飞翔，野趣盎然。

6. 开阳紫江地缝

紫江地缝位于贵阳市开阳县东南部，距贵阳65千米。景区内的地层古老，主要出露的地层为距今 5 亿年前形成的寒武纪早、中寒武世地层，主要为石灰岩和白云岩，地质构造复杂。景区主要为低中山峡谷地貌，由于第三世纪以来高原与盆地之间巨大落差和活跃的外力作用，地形切割强烈，形成峰奇谷深的自然地貌。大面积出露低碳酸盐具有良好的可溶性，造就了独特的喀斯特风光。紫江河谷长 14 千米，两岸山高 150 米左右，以紫江两岸的峡谷风光为主线，以珍贵奇特的钙化壳景观为特色，集瀑布泉井、奇峰异石、原始植被、布依风情等景物景观于一体。林古瀑布高 200 米，顶宽 6 米，气势恢宏。下段分成多束，气象万千，远视宛如白衣仙女处高峰岩壁间。水流下落中，形成多级石灰华，成厅堂、幕帘等形状，景色多，规模大。

7. 贵定杨家寨白龙宫

杨家寨白龙宫位于洛北河下游，距洛北河漂流终点红子岛 5 千米，距县城 15 千米。景区内山、水、林、洞、瀑、潭、壁、谷等异彩纷呈，奇特的喀斯特地貌，白龙文笔，白龙宝砚，白龙花瀑，石壁画廊，如镜龙潭，幽深龙宫，伏牛山形似天下第一牛受惊回首，江边窑象鼻搅水怡然自得。

8. 贵定金龙谷

金龙谷南北两支流在小岩轿子山脚下相汇，形成深切蜿蜒、深幽曲折的峡谷，地形地貌属黔中山原，表现为岩溶谷地、岩溶洼地、岩溶峡谷，称为中山岩溶地貌。主要岩层为薄层碳酸盐岩，以典型的人字形折曲构造为特色，是折曲地质构造中的一个特例，金龙谷由此而得名。在金龙谷这块喀斯特地段中，有正在演化的喀斯特河谷相互袭夺与被袭夺，可以实地观察喀斯特峡谷的过去、现在与将来，喀斯特地块的溶蚀、侵蚀、淘蚀、冲蚀、溶洞的形成与堆积等场景。

9. 都匀螺丝壳

螺丝壳位于都匀市西 15 千米。螺丝壳上分布关苗岭山区切割最深的峡谷和黔南落差最大的瀑布，其中天落水瀑布高 100 余米，瀑底河谷蜿蜒一线，林木苍郁；滚猪岩及杨家冲峡谷深近 300 米，崖壁如刀劈斧削。螺丝壳因地势高旷，气候变幻无常，自然景观极为壮丽。晴天丽日时会突然变成漫天浓雾，高峻的峰巅，也会在刹那间变为漂浮的岛屿，是集高山、峡谷、森林、草场、茶园于一体的喀斯特高原风景区。螺丝壳山体雄伟，林木繁茂，植被覆盖率近 100%，山顶台地平坦宽阔，有山巅草地 30 多平方千米，原始森林、原始次生林及竹林 10 余平方千米。山巅草地莽莽苍苍，草叶高近 2 米，草场幽深茂密，一望无际，在喀斯特山区极为罕见。

10. 都匀尧林溶洞

尧林溶洞位于城南部小围寨镇尧林村境内，距市中心约 5 千米。青山如螺，溪流环绕，尧林溶洞就隐藏于村西北两山夹峙的峡谷中。溶洞有三个洞口，长约 2 000 米，其中可供游览洞段约 1 600 米，共有大小洞厅 33 个，洞景 100 余处，较大景观有龙洞、群龙抢宝、尧林洞天、宝盖花厅、珠宝楼、千佛殿及海底龙宫。其中，龙洞洞顶有一条 40 余米长的龙脊，脊骨、鳞片清晰可见。千佛殿内一匹石幔从高处垂下，仿佛银河天落，洞壁钟乳石层层叠叠、千姿百态，酷似西天诸佛。珠宝楼内溶岩为乳黄色次生方解石，各种钟乳石如串串珍珠、金瓜倒挂、满楼珠玉，熠熠生辉。海底龙宫中一道银瀑自天而降，注入洞中，洞中暗河水面约 2 000 平方米，可供游人泛舟。洞内钟乳石栩栩如生，琳琅满目，令人目不暇接；而洞中曲折的廊道，陡峭的天梯、天桥，以及只闻其声，不见其形的暗河，又给人以幽深奇险、扑朔迷离之感。尧林溶洞离市区很近，溶洞景观独特奇巧，在喀斯特溶洞中别具一格。

## 第二节　乌江流域峡谷景观

### 一、乌江沿岸峡谷

千里乌江，百里画廊，美在山峡。重庆彭水至贵州沿河，高山深谷，峡滟相接，江中碧水奔流，两岸绿荫连绵，集“剑门之雄，三峡之壮，峨眉之秀”于一体，堪称乌江景致最精彩处。

#### （一）彭水乌江画廊

乌江画廊重庆彭水段，起于高谷镇，止于善感乡，全长约 66 千米。依次有高谷门闩峡、汉葭罗家沱峡、县坝温泉、摩围群峰、磨寨峡、马峰峡、万足新场镇、乌江彭水电站、庞滩峡、龙门峡等旅游景点。彭水段江纳郁江、诸佛、长溪诸水，岸成犀牛、马峰、庞公三峡，山造摩围雄姿、犀牛望月、黄岩绝壁、河门锁江景观，雄关漫道，美不胜收。

## （二）沿河乌江山峡

乌江三峡是国家级风景名胜区。有“千里画廊”之誉的乌江山峡，流经沿河 132 千米，形成 89 千米奇峡壮观，从南至北由夹石峡、黎芝峡、银童峡、土坨峡、王坨峡等 5 个峡段和百丝坨、洗心泉、珍珠洞、黄龙泉、飞龙过江等 30 余个主要景点组成。山峡北接重庆市乌江峡谷旅游线，南邻梵净山自然保护区。

### 1. 夹石峡

夹石峡为七里滩至淇滩峡段，长 43 千米，在夹石、土地坳、板场、甘溪、官舟、淇滩等 6 个乡镇境内。峡内有七里、扶搭、三堆子、老窍子、三颗桩、鸭滩子、野猪子、七夹子、丛滩、雷洞子等滩，有夹石、淇滩 2 个码头场镇。两岸多绝壁悬崖，高山齐云，蓝天一线，滩多流急，峡风呼啸，江涛激荡，喧哮山谷。清代一诗人游此峡时，赋诗“嶙嶙怪石满江盘，怒浪如花滚雪团。百尺游龙拖匹练，一群飞鸟过危滩”来描绘此情景。

### 2. 黎芝峡

黎芝峡为黑獭堡至思渠峡段，长 13.3 千米，在黑獭、黑水、思渠等乡镇境内。峡内有黎芝、梨扶子、碑磨子、折桅子等滩地，有黑獭堡、思渠两个码头场镇①。峡岸奇峰突起，蝗石壁立，怪石嶙峋，峡中滩多流急，狂澜滚滚，白浪滔滔，奇绝壮观。峡段有三星洞、白丝坨等景点。三星洞、在黑水乡境峡西岸岩壁上，由小穿洞、大穿洞、珍珠洞组成，洞内钟乳石千姿百态，状物类人，奇异妙绝，堪称洞之明星；白丝坨、在思渠镇境峡岸岩壁上，一洞泉飘逸而下，如束束银丝，终年不断，每当暴雨过后，泉水如注，形成瀑布直扑江心，人称“白龙过江”。

### 3. 银童峡

银童峡为暗溪河口至毛渡峡段，长 8.35 千米，在思渠镇和黄土乡境内。峡内有银童子和张公子两座滩。银童子滩江面窄狭，滩长流急，惊涛拍岸，声若雷鸣；张公子滩江面宽阔，江流曲折如弓，峰回岸转，有如银童与张公子迷藏嬉戏，奇绝壮观。民国县长扬化育由思渠乘船人峡经银童子、张公子二滩达毛渡时写下“洪流难禁水云忙，又转轻舟过峡乡。关塞重登毛渡口，银童应笑张公狂”诗句。初入峡，水流湍急，船行如箭，突然左岸现出一山

---

①《沿河土家族自治县概况》编写组：《沿河土家族自治县概况》，民族出版社 2007 年版，第 35 页。

横截江面，船到山前，航向一转，左岸豁然开朗，而右岸高山又横截江面，前眺疑江流已尽，后顾又不知船从何来，水复山重，时隐时现，如行迷宫之中。故前人留下“渡从流水梯云上，翠浪连翻卷入迷”的诗句。

4. 土坨峡

土坨峡为土坨子至洪渡峡段，长 16.75 千米，在思渠、新景、洪渡等乡镇境内。峡中有土坨子、鸡头子、龚滩、小银滩、大银滩等滩地。两岸峻峰绝壁对峙，山高、水深、谷幽、景奇，古木翠竹交织，群猴活跃其中。峡段有蛮王洞、龚滩等景点。蛮王洞，在新景乡境峡西岸半岩上，洞顶为齐云的峻岭，洞下是奔腾的乌江，洞外岩壁上书有“惊涛拍岸”四个大字，字迹苍健。相传孟获曾藏兵于此。蛮王洞对岸为重庆市龚滩古镇。

5. 王坨峡

王坨峡为王坨至小旁滩峡段，长 7.6 千米，在洪渡镇境内。峡中有温塘子、土地滩、锣鼓三滩、小旁滩等滩。峡段江面时宽时窄，水流时急时缓，两岸林木葱郁，山环若屏，绚丽多姿。峡段有温塘子温泉等景点。温塘子温泉在峡西岸，泉自岩洞涌出，清澈如玉，经岩缝乱石阻截分割，形成千支百线，曲折流入江中，在其流过的地方，白雾袅袅升起，随风飘逸，数里外可见雾气腾腾，白茫茫一片，极为壮观。峡尾与彭水自治县境乌江峡谷旅游线相接，可至重庆和长江三峡。

### （二）印江乌江腾龙峡

印江乌江腾龙峡地处贵州省思南县，总长度 6 千米，以思南乌江腾龙峡段独特的峡谷风光为依托，通过恢复和增加富有魅力的人文景观，打造千里乌江最具吸引力的旅游景点，包含白虎岩、千佛洞、镇江阁、水上世界等景点。建成后有望成为思南首个 5A 级旅游景区，从而吸引云贵渝川湘的旅游客群。

### （三）息烽乌江峡

乌江峡位于息烽县西北部，距县城约 50 千米，流经县内九庄、鹿窝、流长和养龙司四乡镇，境内江岸全长 62 千米，隔江与金沙县相望。乌江七峡分别是大坝峡、炼鹰峡、赤壁峡、猴愁峡、碧绿峡、叠翠峡和玉泉峡，七峡风光旖旎，奇雄险秀，秀色怡人。七峡之内又分布着众多景点，如厢子洞、骆驼峰、鲤鱼山、手爬岩、姊妹峰、观音渡、黄沙渡、玉龙山等。七峡风光中，姊妹峰最为壮观，且当年红军主力南渡的江口渡就位于姊妹峰脚下。

## 二、乌江流域喀斯特峡谷

乌江流域喀斯特地貌遍布，区域内峡谷沟壑众多，除了被认定为世界自然遗产中国喀斯特一期二期项目外，还有众多造型奇异、神斧鬼工的峡谷、裂谷地缝等资源。

### 1. 涪陵武陵山大裂谷

武陵山大裂谷景区山势奇峻多姿，原生植被丰富，种类繁多；空气清新宜人，生态环境极其优良，完全可以媲美陶渊明笔下的桃花源胜境。山、林、泉、洞、瀑、湖、潭、峡、坑一应俱全，旅游资源极为丰富。其中，旅游资源的奇特性和观赏性的价值极高，已经成为涪陵旅游的一张名片。青天峡地缝蜿蜒 1 600 多米的青天峡地缝冠绝天下，两壁峭崖仅隔数尺，直插云端。这个地缝最主要的就是它的奇特，世间少有，珍稀程度很高，值得游览观光，其天然形成的地缝的艺术价值对游客的吸引力很大。

### 2. 酉阳笋岩大峡谷

笋岩大峡谷位于酉阳龙潭镇，长 10 余千米。峡谷里曲径通幽、溪水潺潺，最宽处 8 ~ 10 米，最窄处仅有 2 ~ 3 米，峡谷垂直落差达 1 000 米以上。峡谷融“万亩杜鹃、千山红叶、百年古寨、八百奇峰、十里悠峡”于一体，以雄、奇、险、秀、峻、幽著称，景观十分独特，成为探险、体验、徒步以及峡谷旅游的新亮点。

### 3. 沿河石牌峡谷

沿河石牌峡谷位于麻阳河中下游，在两河至石牌之间，长约 3 千米。两岸有一级台阶，台阶以下坡度陡，多为悬崖峭壁，植被多为原生阔叶林、灌木林、灌丛。台阶以上坡度稍缓，峭壁间为原生灌丛植被覆盖。台阶到谷底相对高度为 150 ~ 300 米，由坡脊至谷底相对高度为 600 米左右。峡谷呈现惊险、壮观、幽深等特征，尤其是石牌下方峡谷段其惊险程度更为突出。还有老鹰岩峡谷，长 14 千米，峡两岸峭壁对峙，从台阶至谷底峭壁高为 100 ~ 250 米，谷宽 30 ~ 60 米，局部仅有 20 米左右，形成一线天山峡谷景观。在峡谷悬崖峭壁中部和下部分布着溶洞，峡谷两侧分布着阔叶林、灌木、灌丛混生的原生植被群落。峡谷气候凉爽，谷底水流平缓，风景险、奇、秀、幽，是保护区内的中心景区。岩头关峡谷长 20 千米，河谷深切，两岸峭壁陡崖高出谷底 100 米以上，分布着原生与次生灌丛混交的植被群落，具有险、壮、幽、秀等特点。天生桥峡谷长约 4 千米，两侧悬崖峭壁，高出水面 120～300 米，峭壁以上坡度稍缓，从谷底至坡脊高度多在 600 米左右，峡岸生长着茂密的灌木、灌丛和山竹，景致清幽。

4. 德江马耳河峡谷

德江马耳河峡谷全长 25 千米，距泉口乡所在地约 15 千米，西与务川县四合头峡谷风光相连，东与国家级自然保护区麻阳河风景区相接，山势之险峻、山貌之优美，形态之壮观，从山巅往下看，有的似竹笋露土，有的似水上航轮，有的似火箭头飞天，从谷底沿峡谷而观，东面似铜墙银壁、似炮弹林立。峡谷半山奇特无比，有的似佛塔高耸，有的似展翅飞鹰，有的似仙人提壶。走到峡谷底，昂首仰望，唯见一线蓝天，俯首脚下，清溪足下蜿蜒，水清见底，鱼儿犹似翱空而游。在两河口的下方黑鹰塘之上有高约 30 米、宽约 3 米的瀑布沿岩壁而下，直达龙潭，非常壮观。

5. 石阡情人谷

石阡情人谷坐落在汤山镇境内，距石阡县城 8 千米。景区内森林茂密，侗寨风情纯朴、溶洞奇妙莫测、山坡青草绿茵、山间公路崎岖、峡谷幽深、清溪浅流，是远离城市喧闹洗脑、洗心、洗肺，令人爽心明目的理想场所，是青年情侣流连忘返的伊甸园。景区内有情人坡、相思林、情人十八湾、神仙洞、侗寨翘角楼、逍遥谷、鸳鸯湖、神庙、情侣小农庄等多个迷人景点。

6. 黄平飞云大峡谷

飞云大峡谷位于黄平与施秉交界处黄平地界，大峡谷的主干流苗里河、抬拉河发源于黄平县顶冠山，流经黄平县城，在飞云崖古刹脚下，被深切为峡谷，故称为“飞云大峡谷”。峡谷深 200～300 米，峡谷最窄处不足 10 米，全长 18 000 米，两岸峭壁如削，古树参天，遮天蔽日，河谷迂回宛转，幽深迷离，变幻莫测，急流、迭水、滩濑、湾塘、深潭 100 余处。可谓步步有景、处处壮观。集幽深、奇特、雄峻、雅致风景之大成，漂游其间令游客体会到“两岸猿声啼不住”的自然神韵和“飞流直下三千尺”的飞瀑景致。难怪专家们考察后发出感慨：“进入飞云大峡谷，使你腾云驾雾，飘飘欲仙。”飞云大峡谷被认定为贵州旅游资源的“特级金矿”和一流奇观。

7. 福泉洒金谷

洒金谷景区是省政府首批公布的十大省级风景名胜区之一，国家 2A 级旅游区，整个景区集“古、幽、奇、险”为一体，景区三江口由鱼梁江、诸梁江、犀江三水会聚而得名，是贵州东线旅游的第一站和集散地，总面积 10 余平方千米。自然景观和人文景观交相辉映，自然景观有涌雪瀑、金龟戏瀑、将军过河、黑巷、鸭爪坝等；人文景观有豆腐桥、仙影岩、仙人洞等。

8. 贵阳情人谷

贵阳情人谷以前叫显字岩。传说这里的石壁有特殊功效，如有绝顶聪明的人来此，石壁上便会显现诗文，让其阅读品味，故名显字岩。因这里峡幽景美，历来能吸引很多游客、情侣到此观赏景色、野炊、游玩、登山、探险，游泳等。1942 年李四光来乌当考察第四纪冰川遗迹时，被这里的美景吸引而流连忘返。20 世纪 80 年代初，一些有识之士便开始策划将此开发为风景旅游区，以发展贵阳乌当旅游。经过很多人的努力，终于于 1996 年投入开发，并根据传说取名为“情人峡谷”。1997 年 6 月基础设施建成，并以“情人谷”为名正式向游客开放。

9. 龙里巫山大峡谷

巫山大峡谷是国家 4A 级景区，地处贵阳、龙里一体化发展主轴线上，距贵阳市 10 千米，距龙洞堡国际机场 6 千米，坐拥龙里北站和龙洞堡高铁站，贵龙大道、贵新高速穿境而过，是龙里融入贵阳城市经济圈的桥头堡，是贵州东线、南线旅游的第一站，是省会贵阳的国际会客厅。巫山峡谷全长 8.4 千米，呈东西走向、直线距离 6.2 千米。谷底深处垂直落差 100 米，峡谷内土地肥沃、植被茂盛，拥有得天独厚的田园风光；崖壁上有贵州规模最大的千年岩画群，历史悠久的古驿站、古驿道遗址。

10. 毕节溜洱河峡谷

溜洱河峡谷位于市东北 70 千米的普宜镇与大屯彝族乡交界处。溜耳河属赤水河上游支流，虽流程才将近 10 千米，但其景点之多，风光之妙，令游人乐而忘返。景区大（方）纳（溪）公路大屯、龙场交界处有天生桥，天生桥上又建有高 40 米、宽 9 米、横跨 30 余米的东风大桥，成为“桥上桥”的美景。景区半边山、半边岩、孤峰、石笋、石柱、令牌山、夫妻山、大银山、五子山、狮子山、童子拜观音等景点神奇秀丽，深山老林之中，巴茅、巴竹、岩柏、岩松等野生植物保存完好，堪为毕节旅游资源的天然宝库。

11. 镇宁犀牛潭峡谷

黄果树大瀑布前面是一个很深的箱形喀斯特地貌峡谷，峡谷之中有一连串跌水潭，依次为犀牛潭、三道滩，马蹄潭、冒水潭等。犀牛潭状若犀牛，活灵活现，最为出色，是喀斯特瀑布的一种地质形态，水漫其上，美妙异常。峡谷两侧，壁立苍翠，各类喜水植物，枝繁叶茂，各种山花野草，竞相开放，其间的望水厅、观瀑亭、茶楼、铁索桥、缆车等建筑物以及片片竹林，同大瀑布一起构成了一幅美妙绝伦的大自然立体山水画。

## 第三节　溶洞景观

乌江流域溶洞众多，造型奇异。溶洞是可溶性岩石中因喀斯特作用所形成的地下空间，溶洞的形成是石灰岩地区地下水长期溶蚀的结果，石灰岩里不溶性的碳酸钙受水和二氧化碳的作用转化为可溶性的碳酸氢钙。由于石灰岩层各部分含石灰质多少不同，被侵蚀的程度不同，就逐渐被溶解分割成互不相依、千姿百态、陡峭秀丽的山峰和奇异景观的溶洞。

### 一、酉阳大酉洞

大酉洞是一石灰岩溶洞，洞高三四十米，宽二三十米，长百余米，有溪水淙淙，秋冬不竭，沿洞右侧流出，注入酉阳河。溯溪入洞，两岸墙立，半里许，豁然开朗，别有一天地。其中田 10 余亩（1 亩≈666.67 平方米），四周环山，皆峭壁，仿佛与世隔绝。因此，清《酉阳州志》称此洞“与陶渊明桃花源者，毫厘不爽”。清《四川通志》:“酉阳汉属武陵郡之迁陵地，渔郎所问之津，安知不在于此？惟晋永嘉之后，地没蛮僚；自宋及明，又世为土司地，名儒硕彦，游迹罕至，故文献无征，不能正名为桃源耳。”大酉洞上穹下平，冬暖夏凉。洞顶，钟乳悬挂，错落有致，水落珠玑，叮咚有声。乳石形态各异，或人或物，亦禽亦兽，凭游人之兴，随形赋名。左右石壁上有许多篆刻题咏，皆因年代久远，蚀损莫辨。唯洞后左壁上，清季酉阳知州罗升梧手书的“太古藏书”四个斗大的楷体字，仍清晰可见；关于藏书一事，清《酉阳州志》载有一诗，说秦始皇焚书坑儒，咸阳书生背着书籍，逃进武陵山区，将所负之书尽藏于此洞中。

### 二、酉阳太古洞

太古洞又称“桃源秘径”，长约 3 千米，距今已经有 3 亿多年的历史，至今仍在不断生长发育。洞府体量庞大，气势磅礴，有宽敞的大厅、曲折的廊道，险峻的峡谷，幽深的地下河，还有五彩缤纷的钟乳石，景观秀丽。洞内钟乳挺拔，石笋丛生，石幔高挂，石柱巍峨，石帘低垂，石瀑飞流，地下河幽深。洞体规模巨大，可谓集洞穴岩溶景观之大成。经过灯饰点缀的溶洞，五彩缤纷，如梦似幻，堪称“地下桃花源”。世界著名岩溶洞穴学专家朱学稳教授评价该洞穴是我国已开发洞穴中科研价值最高、历史最悠久、最神奇的地下地质奇观，是大自然赋予的鬼斧神工的艺术宫殿。

## 三、沿河朱家洞

朱家洞又名“凉桥洞”，位于思渠镇，在思渠至大河坝公路 4.5 千米处下方，洞口距公路 150 米。溶洞中心部位处在马儿河伏流上层，洞口宽约 40 米，高约 30 米，主洞长约 5 千米，内有 18 洞天。第一洞天面积约 1 100 平方米，从洞口向下倾斜延伸，至台阶长 250 米，台阶处宽 40 ~ 60 米，高 70 ~ 90 米。从台阶处垂直向下 50 米为马儿河伏流；往右向前 200 米处为上小下大、直径 30 ~ 60 米、高约 120 米的圆形天窗“朝天洞”，天窗底部有一直径约 7 米的巨石“天外来石”；从天窗底部顺马儿河伏流方向为宽约 8 米、高约 110 米的缝隙“一线天”。进入洞中小洞，又见大洞，窟道甚多，洞内暗溪伏流，碧绿深潭，石壁嶙峋，石乳、石笋、石山如人、鸟兽、树木、花果、鱼虫，千姿百态。民国《沿河县志》载：“四面绝壁，天生桥梁，一径可通，形势扼要。洞长而广，容人甚众。内有十八洞天，一门一景，天然佳趣。曲折而人，可历十数重门，明暗各异，暗溪伏流其中，水声怒吼如万马奔腾，惊人欲绝。”朱家洞以其景致奇特，水洞相倚而闻名遐迩。

## 四、沿河萤火洞

萤火洞位于县南谯家镇境内龙潭沟。《沿河县志》载：“宽广约十余丈，深邃莫测。口则宏敞平坦，树木荫翳，景致极幽。曲折人行数十武，又忽宽敞，石碧色，成龙田数段（龙田四周田埂水常盈积，疑有神物附之，故名），塍埂宛然，塍旁有龟昂饮，石僧趺坐如罗汉、如观音、如旗幢、如钟鼓，奇形异状，不可胜纪。稍进，一岩壁立，高广数仞，以火烛之，石色青碧，莹洁可爱，壁上金星万点，如萤火、如聚星、如金沙、如珠花，光动则状如飞跃，时有蝙蝠群飞，与萤火相映射，顿成战况。又进，复有龙田数塍，成山成峡，形状不一。再进，则深邃难测，无敢进者。循塍右转至洞口侧，有口二，一大一小，大者暖而小者凉，凉者凛冽不可近，此亦造物之奇观也。”

## 五、沿河星洞

星洞位于黑水乡斜岩乌江西岸岩壁上，由大穿洞、小穿洞、珍珠洞组成。小穿洞高约 30 米、宽 20 米、长 300 米，顶呈拱形，两壁陡悬，底平坦，边有清泉，洞中透亮，冬暖夏凉。大穿洞离小穿洞约 50 米，洞口宽 30 米，高 80 米，石壁立其间，分为左右两门，内有两个大厅。第一厅可容千人，近顶处有天生桥一座，厅壁正中有一上粗下细的倒生石柱，柱顶分枝向两边弯曲延伸，形成奇特的双曲拱门。由拱门入第二厅，左壁上有一巨大石蕊，蕊顶石花满布，蕊身千吊百挂，右边为一形若梯、坝相间的农田。厅内有深远溶沟，水流不竭，晴浊雨清，变化异常。

## 六、猴窝子洞

猴窝子洞位于后坪乡丝茅坝村，分为上、中、下三部分，主洞绵延数千米。进洞数米，一石柱矗立直撑洞顶，石柱旁一清泉从洞顶飞泻而下，水珠四溅，铿然有声，犹如“大珠小珠落玉盘”。洞内怪石嶙峋，钟乳垂悬，奇形怪状，状物类人，如花草禽兽，形象各异，惟妙惟肖。拾级而上，一路流水潺潺，险象环生。在一绝陡险要处，有一石状牛角，人称“牛角石”，为进入主洞的必由之路，光滑陡峭的岩石仅容一人手抓岩壁侧身而过，稍有不慎便有坠入深渊之虞。过了牛角石，别有洞天，一座座瑰丽雄奇的石塔森然耸立。再进，为一道低矮狭长的通道，穿过通道，豁然开朗，进入可容纳万人之众的大厅，人称“万人坑”，极为壮观。

## 七、沿河龙青塘洞

龙青塘洞位于老鹰岩峡谷中段，距大河坝 9 千米。此洞有一奇特现象，当人们在洞口大声吼叫时，洞中即有水声，有水流出，当人们停止吼叫时，水流即止。清浊洞在老鹰岩下峡谷中，两洞相对，水出期间，一清一浊。

## 八、“蛮王”洞

“蛮王”洞洞口高 30 米、宽 12 米，从洞口子直至岩底为 15 米。在从外向里的 9 米处，是宽 3 米、高 15 米的“蛮王”像台。泥塑的“蛮王”像是站立的，金盔银甲，甚是威武。洞口是木石结构楼台，是主持的宿室和眺望乌江景色的茶座。这些建筑造型小巧精致，在“文化大革命”时期被毁，现仅存遗迹。现有一些碑刻，可以看到立庙塑像为明代，洞口左边，有一自然岩石竖立，高 3.2 米、宽 1.6 米，呈前宽后窄形。中间横裂的下半截石上，有高为 1 米、宽 0.7 米，周围刻花纹，里面刻字的摩崖。因长年的风雨侵蚀，大部分字迹模糊不清，只有右边立书“孟获之口像”几个字依稀可辨。正中书“蛮王洞”三字，比其余字要大一倍，较为明显。“蛮王”像台的基石上刻有展翅欲飞的雄鹰和盘子花图案，为明代的石刻艺术。

## 九、印江九皇洞

九皇洞位于梵净老山之下，洞口石墙依石壁而建的九皇洞由石门入门，见一方整齐的在天井，尔后伸入洞内。扉崖的石墙上，刻有“洞天福地”四个大字，笔锋隽秀。金顶的金刀峡上共建有三座飞桥相连，其中顶上的一座称为“天仙桥”，为明代所建，长 4 米、宽 1 米，是从 50 千米以外运来的块块巨石砌成的拱桥。在金刀峡左右两侧的金顶绝顶，曾建有庙宇，分别为“释迦殿”和“弥勒殿”。佛殿后的巨石，有的称之为“晒金台”，有的称之为“说法台”；金顶左侧有“拜佛台”；金顶半山是“舍身岩”；金顶半山还有观音洞，洞内有石雕佛像。

## 十、石阡太虚洞

太虚洞位于城西南 2 千米的燕子岩山腹中，主洞口即今后洞，高约 50 余米，高魁黄安有公路，3 千米直达。该洞高深宽广且洞中有洞（分上、中、下三洞，中、下洞深约 0.5 千米，通万安西侧崖间，三洞钟乳景观以上洞为佳）。洞内钟乳千奇内蕴，浑然天成。洞外则层峦叠翠，古木参天，有明建楼阁寺宇。后洞南向则光霞深锁、异光凝聚、恍如仙境，故又称“太虚仙洞”。洞中灵岩异石，绚丽多姿，“龙虎奇形”“钟鼓逸韵”“和尚拜观音”“万佛攒崖”“金沙灿地”“骊外井田”“漏莹仙室”是洞中奇景。该洞早在明代便被开发，建有亭、台、楼、阁供人游览，逢节日还演傩戏和说唱戏文，历代文人墨士尚留有摩崖石刻 40 余处，现代人每逢礼拜节假日便相携往游。

## 十一、遵义仙女洞

仙女洞位于自治县西北角，该溶洞群处于灰礦河西岸，分为上、中、下三大溶洞系列，景观各有千秋。下洞，海拔 650 米，濒临灰廉河，洞口宽敞，有一上粗下细的钟乳石柱，形似仙女，故而得名。中洞，海拔 770 米，洞口高 3 米，宽 6 米，主洞长 563 米，尾部为暗河，河水轰鸣，回响洞内。上洞，海拔 1 050 米，洞口位于山崖绝壁，洞道曲折迂回，景致更佳。

## 十二、遵义龙岩洞

龙岩洞位于遵义枫香镇青坑村九龙山上，距遵义市城区 50 千米，离遵仁公路 1 千米。溶洞发育于寒武系白云质灰岩山腹，造山运动中，地壳隆升，九龙山崛起，水位下切，形成高位溶洞，各种岩溶堆积物和洞厅结构复杂，集中展示了多层位、多类型、多格局的丰富景观。整个岩洞中到处是独立柱、复合柱、并列连生柱、寄生柱、滴水移位变形柱，柱上开花，柱顶戴帽，美不胜收；洞壁、坡面上，遍布石盔、石鼓、石盆、石窗、石兽；各种石瘤、石蛋、石菜花、石珊瑚、玉灵芝多有；洞中峡谷，竖井、直壁、悬台、大斜面、陷落洞、溶丘、石瀑布构成极其复杂的地貌和空间形态；岩溶天然色彩有乳白、金黄、墨绿、青灰、棕黄、土褐等色调，把洞厅装饰得金碧辉煌，异彩纷呈。这个还在强烈发育的年轻洞穴，是水经加工变形、未受污染破坏的原生处女洞。神奇水流在绝对在山腹中默默创造，不施斧凿的作品巧夺天工，未经设计的景观造型万变。这里是奇境、梦境、幻境、仙境。

## 十三、黑洞溶洞群

黑洞溶洞群距市区约 10 千米，位于遵瓮公路左侧约 1 千米处，距杨粲墓约 2.5 千米。该处有大小 9 个溶洞，洞洞相通，洞内石奇景秀，其中两洞终年有清泉流出，年平均流量为每小时 460 立方米，其水形成溪流，称黑洞河，在杨粲墓地区汇入湘江。

## 十四、息烽溶洞群景观

息烽是典型的溶洞之乡，境内有长 20 多千米，被誉为“亚洲第一地下长廊”的多缤洞；洞中有水、水上有滩、滩下有瀑，有可开发地下探险漂流的龙滩洞；地处县城附近，洞内有古市场等多种古人类活动遗迹的息烽洞等。

## 十五、镇远新桥聋子河大溶洞

新桥聋子河大溶洞在镇远县，距青龙洞约 4 千米。洞长 20 千米，已开辟部分，有高 2～20 米的大厅 3 个。钟乳石倒垂如冰凌，直立如石林，气象万千，烟霞缥缈。举凡花草虫鱼，飞禽走兽，山川田园，亭台楼阁，日用器皿，人物图像，琳琅满目，应有尽有。溶洞所在地，山清水秀，风景优美。附近有犀牛出洞、象鼻汲水、仙人爬崖、老鹰展翅、十人打伞诸景，令人流连忘返。

## 十六、瓮安老鹰洞

老鹰洞位于草塘镇 9 千米的红灯堡，距县城 9 千米，溶洞长约 2.5 千米，溶洞内有几处大厅，其下有暗河。洞内钟乳石千姿百态，惟妙惟肖，栩栩如生。

## 十七、黄平太平洞

贵州省黄平县太平洞被苗族同胞称为“嘎架略往”。黄平洞位于黄平至谷陇镇公路旁，属谷陇镇山坪村，在黄飘大捷遗址下方（团仓村鸡冠坡脚），距黄飘大捷遗址 1.5 千米，距县城约 15 千米。太平洞是一个天然大溶洞，洞长 3 千米，洞中有洞，洞有岔洞，有多处出气孔。距洞数百米的西山悬崖上，有一块大田，大田的底层是一个能容纳数百人的溶洞，是苗族起义军坚持斗争，烧火煮饭之处。此处地势居高险要，起义军专门在此设瞭望台监视敌人。

## 十八、黄平槽龙宫溶洞

槽龙宫是一个水洞、旱洞交错组成的溶洞系统，洞口宽敞恢宏，拾级而上有大厅，右侧是深 50 余米、平均宽 20 余米的天然洞厅，洞顶钟乳石垂吊，形态万千，有的似朵朵莲花，有的如宫灯盏盏，置身洞厅就像进入古代的宫殿。左侧为水洞，深约 1.2 千米，现已开发 500 余米，沿水洞向里行进，有似如万里长城、延安宝塔、梁祝墓、送子观音、宫廷蚊帐、万水千山、石琴等景象景观。槽龙宫是舞阳河上游重要的溶洞景点。

## 十九、松桃九龙洞

九龙洞是贵州省首批确定的十大风景名胜之一，位于铜仁城东 17 千米的观音山山腰，其山峭壁嶙峋、雄奇险峻、漫山翠竹，绿意森然，它背靠更高的“六龙山”，面临秀丽的锦江河，为九龙洞铺设了一幅壮丽的外景。相传六龙山上有六条黄龙，相邀锦江中的三条青龙来洞中相聚，九龙来到洞中，见这蓬莱仙境般的洞府，顿时私欲大发，都想将洞府据为己有，相争不休。待到鸡鸣天亮时，谁也无法返回原来的居所，只得盘踞在洞内深处的一巨型彩柱上，再也不能脱身。山下有条小溪，因九龙争洞相闹，人们不得安宁，就骂龙不止，遂有“九龙盘柱”“骂龙溪”之名。“九龙洞”由此而得名。

## 二十、松桃潜龙洞

潜龙洞位于松桃县乌罗镇境内，距县城70千米，距松桃火车站35千米、大兴机场100千米，海拔1 000米左右，是典型的高山溶洞。溶洞外植被良好，溶洞尚在发育之中，洞中冰花玉柱，飞瀑悬挂，流水潺潺，石笋密度居亚洲第一，被法国洞穴专家誉为“地下桂林”。

## 二十一、德江仙人洞

德江仙人洞位于洋山河峡谷东岸，梨子水西侧，洞口面向西，洞口高约5米，宽3米，内有5个洞厅，4个条岔道。据探测，洞厅面积在2 000平方米至20 000平方米之间不等，厅内石花面积约3 000平方米，红水河长约400米，宽3米有余，深0.5～10米，白水河长100米左右，宽2米有余，深0.2～1.5米，黑水河长不过30米，宽不过1.3米，深不过0.8米。洞内处处有景，环境优美，灵秀典雅，景多集中；洞内钟乳石琳琅满目、形态各异，绚丽多姿，红色河水、乳白河水瀑布、黑色河水、梯田石幔美不胜收；红白黑三色石花似如天女散花；石禽、石兽、石佛、石猴惟妙惟肖；晶莹透亮的石花、石果、石蘑菇、石葡萄令人垂涎欲滴；大小洞厅景物光怪陆离，典雅秀丽，如同大雄宝殿，宛若苏州园林。博大精深的大自然艺术宫殿令人惊叹不已。

## 二十二、贵阳仙人洞

贵阳仙人洞位于贵阳市仙人洞路和水口寺路之间的山上，是贵阳著名的道教圣地，现为市级文物保护单位。仙人洞是诸葛亮部南征时藏铜鼓之地，故名铜鼓洞。因该洞通风较好，空气对流，在洞口可听到嗡嗡声，好像是铜鼓声，故误为诸葛亮部在此藏有铜鼓。明正德三年（1508年），王阳明贬贵州龙场驿时，曾应邀来贵阳书院讲学，王到此洞游览，留有《来仙洞》：“古洞生寒客到稀，绿苔荒径草菲菲。书悬绝壁留僧偈，花发层萝绣佛衣。壶口远从童冠集，枝藜随处宦情微。石门遥锁阳明鹤，应笑山入久不归。”王阳明的诗使“仙人洞”传遍神州。清康熙年间（1662—1722年），仙人洞为道教宫观。

仙人洞由三洞组成，仙人洞在山腹，仙灯洞在山顶，八仙洞在仙灯洞之上，洞内塑有张果老、吕洞宾等八仙神像。传说八仙在洞中下棋，山下南明河中有巨石与巨龟相斗，八仙中的吕洞宾掷棋子一颗下来，巨龟逃遁，巨石震裂成船形，俗称“船石”。船石位于水口寺小学附近的南明河边，是一块如船形状的天然巨石，高出水面，为仙人洞下一景。

## 二十三、麒麟洞

麒麟洞因洞内有一巨型钟乳状似麒麟，古而称为“麒麟洞”。早在 1530 年，洞前已建有庙宇“白衣庵”。与对面咫尺之远处的“檀泉”为昔日的一大景胜。1941 和 1949 年，爱国将领张学良和杨虎城将军先后被蒋介石囚禁于此。1996 年政府拨出专款建张、杨将军纪念馆，现为省级文物保护单位和市级爱国主义教育基地。

## 二十四、贵定德新镇燕子洞

燕子洞距县城 15 千米，位于德新镇风景村，上洞由两个不相连通的洞组成，故称双洞，融雄、奇、险、秀于一体。洞中各式各样的钟乳石，令人目不暇接，美不胜收，数不尽的石笋、石花、石松、石柱，似鱼、似象、似牛、似马，形态各异，栩栩如生。其中尤以中洞蔚为壮观，高处有三四十米，宽处有二三十米，窄矮处仅容一人匍匐而入，有两处需攀绳而下，该洞有多长，至今无人走完。下洞洞高约 30 ~ 50 米，宽约 20 米，有暗溪经过，清明节后，成千上万只燕子聚栖于此，十分壮观，故名燕子洞。

## 二十五、天生穿心桥水帘洞瀑

天生穿心桥水帘洞瀑奇妙旅游景区总面积约 20 平方千米，集百米落差瀑布、120 多米，长天生桥洞、原始森林于一体，景区内山泉树石，幽谷溪涧，曲径通幽，渐入仙境，龙虎镇大门，鬼斧显神功，雄奇磅礴，天下少有，令人赞绝。附近配套景点奇妙，有两山名为猪王山，一前一后形如两头巨猪，形态逼真，惟妙惟肖；清纯恬静的莲花冲，宛如一首田园诗；叠瀑飞湍的簸箕冲，美不胜收。山水之奇，风物之妙，地设天造，叹为观止。这里与洛北河漂流中段景区相沟通，距白龙宫景区 10 千米，是省会贵阳附近一组高品位、高质量的奇妙自然景观组合。

## 二十六、毕节八仙洞

八仙洞位于贵州黔西县乌江源百里画廊，地处六冲河、三岔河、鸭池河三江交汇处，这里山势险峻、雄关漫漫、碧水绵延、一泻千里，自古为一夫当关，万夫难敌之险。

## 二十七、清虚洞

清虚洞原名穿洞，又名大洞或千虚洞，位于大方县城南面，在羊场镇陇公境内，距县城 10 千米，距清毕公路 1.5 千米。洞内由几块砂坝和草坪组成，面积约 5 000 平方米，洞口与陇公田坝相连。田坝中小溪贯穿其洞，洞内外足有上万平方米的开阔地。

## 二十八、九洞天

九洞天风景区位于距大方县城 54 千米的猫场镇五丫村，景区内的河谷两岸自然植被非常丰富，有众多野生群猴。坐船而下，可观赏到千姿百态、气势磅礴的自然景观。下游约 2 千米处，有九个伏流“洞口”，称“九洞天”。每个“洞口”周围都有奇特的熔岩景观，形成了风格迥异的伏流洞口风光。景区经常开展芦笙舞活动，若想了解一下当地的风土人情，遇上芦笙舞不可不看。

## 二十九、刺猪洞

刺猪洞位于黔西县素朴镇塘山村营盘坡观音岩半山腰，相传早年猎人们到此打猎，被猎犬追逐的刺猪潜入洞中躲藏，故称刺猪洞。刺猪洞就在悬崖峭壁底层，洞门两侧怪石峥嵘，奇峰突兀，箐木蔽日。洞口不大，洞内广阔，入口处发现一古代留下的军事防御工事，营地内大约可以容纳 200 人，经过营地，即抵达五彩缤纷的熬硝洞厅，处处可见当年熬硝人留下的硝砂土堆，熬硝炉灶。

## 三十、石缸洞

石缸洞泉眼看上去只有斗碗大小，泉水周围形成的天然“石缸”也不过三五平方米，但洞泉流经百余千米抵达六枝龙场时江面已有百米，水深处逾两米，流经 1 070 千米抵重庆涪陵扑入长江怀抱时已江波浩小渺。尚未从有关资料中查出他一路到底汇入了多少支流，但此“乌江行”走过的江段几乎每千米都有溪泉与之相汇，半数支流源自祟山峻岭中的伏流。包括源头石缸洞在内的多数伏流长年有水，其余的支流一般为季节河。

## 三十一、织金洞

织金洞风景名胜区以织金洞为主体，包括织金洞景区、织金古城区、洪家渡高原平湖景区、裸结河景区，总面积 307 平方千米，是 1988 年国务院审定公布的第二批国家级重点风景名胜区之一。织金洞原名打鸡洞，位于织金县城东北 23 千米处的官寨乡，距省城贵阳 120 千米。它是一个多层次、多类型的溶洞，洞长 6.6 千米，最宽处 175 米，相对高差 150 多米，全洞容积达 500 万立方米，空间宽阔，有上、中、下三层，洞内有 40 多种岩溶堆积物，显示了溶洞的一些主要形态类别。根据不同的景观和特点，分为迎宾厅、讲经堂、雪香宫、寿星宫、广寒宫、灵霄殿、十万大山、塔林洞、金鼠宫、望山湖、水乡泽国等景区，有 47 个厅堂、150 多个景点。最大的洞厅面积达 3 万多平方米。

## 三十二、补洞

补洞形如卧虎仰天长啸，位于百兴镇东的垭口村石垭口。原是火著则溪与陇垮则溪的分界，陇垮有一支系住在洞的右侧，遗址尚存。这里群山起伏，重峦叠嶂，悬岩绝壁，乱石嶙峋。大中坡，海拔 2 152 米，是百兴境内高峰，横断东北的观音山蜿蜒南下至蒋家岩，全长 10 千米。古时，这一带森林覆盖，山路崎岖，虎、豹、豺、狼出没，獐、鸡、兔、鹿群聚。若不是亲身到过，谁也不会相信在白云生处的高山之巅会有这样一个奇特的洞穴。

## 三十三、平坝桃花溶洞群

桃花溶洞群位于齐伯镇内的桃花湖村，由以桃花洞为主的多个溶洞组成，其中有旱洞、水洞，旱洞中钟乳石大小不一，形态各异，漂亮至极；水洞中潺潺流水，壁上不小心滑下的水滴触摸到流水的叮咚声不绝于耳。整个洞群有曲折蜿蜒的长廊，有宽阔空旷的殿堂，由百年乘积的岩浆水形成的钟乳石形态不一，千姿百态，共同构成了独特的地下世界。

## 三十四、安顺水帘洞

安顺水帘洞位于黄果树瀑布后，像横卧在大瀑布背后的一条长龙。这是黄果树瀑布最大的卖点，让游人近距离接触瀑布，从后方感受瀑布的壮阔，还可以用手接到瀑布流下来的水。洞内因为长期雨水冲刷和侵染，非常潮湿，还有不少钟乳石在滴着水。岩壁上倒挂着仙人掌、榕树、灌木和无数藤萝，自然形成了一道屏障。

## 三十五、安顺夜郎洞

夜郎洞因夜郎王曾居住于此而得名。景区位于贵州省镇宁县境内，与黄果树风景名胜区、石头寨景区紧紧相连，是世界上喀斯特地貌最集中的溶洞群景区，也是一个水旱相结合的溶洞。景区是由神奇壮观的夜郎洞、石花洞、蜂子岩洞等大大小小溶洞组成的溶洞群，以及天坑、燕峰斜崖等独特的喀斯特地貌共同组成，总面积为 48.6 平方千米。

## 三十六、镇宁黄果树瀑布水帘洞

黄果树大瀑布的独特之处就在它的地面、地下、水上、水中有一连串丰姿俊采的景致，其中最神奇的就是隐在大瀑布半腰上长达 134 米的瀑布水帘溶洞。水帘洞由 6 个洞窗、5 个洞厅、3 股洞泉和 6 个通道组成，从游道入洞，置身其中，水帘漫顶而下，隔着玉洁晶莹的飞瀑水流向外眺望，瀑布对面的青山、绿树、游人、茶楼……迷离恍惚，若隐若现，如置人间仙境之中，情趣无穷，穿越水帘洞，除了观赏以上奇景外，最令人叫绝的是从水帘洞的各个洞窗看犀牛潭的彩虹。这里看到的彩虹，不仅是双道彩虹，而且是动态彩虹（随人移动），实属自然奇观。

## 三十七、犀牛洞

镇宁犀牛洞，位于镇宁布依族苗族自治县城东面东坡山（又名镇宁山）麓，离县城 1 千米，距黄果树瀑布 15 千米。汽车可直达洞口。1978 年因洞中发掘出两具牛化石，将原“火牛洞”改名“犀牛洞”。犀牛洞，全长约 500 米，是一古老的溶洞。为了游客方便，已将洞中窄小难行的地方改成水泥路面。洞壁岩溶如琼枝、银花。入洞不远有左右两个洞口，名“小十字”。右洞叫“银河”，可通洞外东坡山上。左洞内有一石台，高 10 余米，宽约 5 米。台上一石龛，石浆凝结如帐幔，上有“璎珞”。石龛中岩溶形如一观音，名“观音殿”；两旁岩浆凝结如竹，名“紫竹林”；对面有“罗汉堂”；有一巨大石柱，为洞中奇景，他处罕见。

## 第四节　山体地貌

乌江流域主要以山地为主，分布着武陵山、大娄山、乌蒙山以及苗岭等 4 个山系。区域内山体、山峰等山地旅游资源众多，资源丰富，具体如下：

### 一、涪陵雨台山

雨台山紧邻涪陵城区，南起乌江，西北起长江，东临紫炉溪，三川汇聚。三面都是悬崖峭壁，只在南端有一山脊与外相通，史称走马岭，是历史上有名的彭涪驿道。地势平缓，苍松蔽日，翠竹遍野，动植物种类繁多，植被覆盖率 96%以上。山顶上 12 个山头围着一近百亩的仙鹤湖，常年湖水澄澈，已开放竹筏、天然浴场及湖边露营。

### 二、武隆白马山

白马山位于武隆境内中南部，与仙女山遥相呼应，原 319 线蜿蜒其间，海拔为 1 100～1 951 米，面积 454 平方千米。远望白马山，恰似一匹飞驰蓝天的骏马。山上清泉四溢，冈峦连绵，古树老藤满目，青树翠蔓遍野。松衫森林面积 17 万亩（113.33 平方千米），各种植物千余种，原始森林古木参天，遮天蔽日。

### 三、酉阳一品丹霞

一品丹霞景区位于酉阳小河镇，总面积 20 平方千米。景区内山峰连绵、河谷幽深，构成了依山傍水的田园风光。奇特的丹霞地貌，以其褐红的丹霞赤壁，拔地而起的孤峰窄脊，仪态万千的奇山异石与绿色森林、飞瀑、流泉相映成趣，具很高的旅游观赏价值。沿河而进，“赤壁丹崖”绵延十里，叹为观止；两岸翠竹连绵、茂林修竹，形成了“万马归槽”“和尚岩”“轿子顶”等独特的丹霞地貌景观。整个景区青山叠翠、小桥流水、民居错落、民风独特，仿佛世外桃源，让人流连忘返。

## 四、沿河猫山

沿河猫山位于县城南1千米处的石家坨后山乌江西岸，为一片天然石林，其间怪石嶙峋，奇形异状，或如石狮，或似石印，或如醉人横卧，或似怪兽奔驰。石林前矗立一座三块岩石迭砌的高30多米的巨石，巍峨似卧虎，头东尾西，俯瞰乌江，名石猫，故这片石林称猫山，石林下乌江江面的险滩叫猫滩。猫滩滩险流急，昔日木船常在此撞滩翻船。

## 五、高锡峰

高锡峰位于沿河县城西北5千米处的杨家坪后，形如削笔，奇峰岌嶫，秀插入云。明嘉靖《思南府志》谓："壁立云表，久雨云出则晴，久晴云出则雨，居人常以云出为验。"当地人以峰顶云雾出没情况，预测天气晴雨变化。民国《沿河县志》云"高峰挺秀，矗立云霄，含云喷雾，气壮山河"，曰"锡顶撑云"。山下突起一峰，名洞灵山，石壁峻峭，崔奉标奇，苍松虬结，林壑深翠，风景极佳。

## 六、珠瑙岩

珠瑙岩位于沿河县城东2千米处，山岭南北卷伏延伸，壁立如屏障，岩壁色彩斑斓，状若珍珠玛瑙。山顶海拔974米，高出县城650多米，每到严冬，山顶积雪不融，日"珠岩积雪"，每当雪后转晴，朝阳与山岭积雪交相辉映，如玉龙腾空，上接茫茫云天，下榻斑斓岩壁，形成壮景奇观。

## 七、镜山

镜山位于沿河县城东1千米的月亮岩后，山高约150米，山势陡峭，山腰有约20平方米的白色岩壁，状似圆月，明亮如镜。明嘉靖《思南府志》谓："有石如镜，里人每当八月十五夜半窥，石镜中隐隐见名山之影依次而过。"民国《沿河县志》云"月亮岩寨后，一岩壁立，中捧一轮，相传中秋夜，晶莹如镜，远吞岳影"，曰"月镜高悬"。

## 八、印江兽王山

兽王山原名白虎岩，因虎为王，所以更名为兽王山。走进兽王山公园，首先看到的是一座具有土家特色的公园大门，瓦檐、吊脚、花格窗等装饰无不与周围环境形成特有的风格，增加了土家文化的韵味又恰如其分地体现出历史的厚重。随着公园大道一路向上，一个占地 12 000 多平方米的山顶土家文化主题广场出现在面前。广场按照土家族建筑风格，青石板铺路，兰竹当扶栏，三角梅点缀，乌江奇石与参天大树巧妙地融为一体，古色古香，浑然天成，从山顶广场小走几步，穿过观光长廊，来到望江阁，从望江阁俯视，美丽的乌江以及思南县城全景，一切美景尽收眼底，美不胜收。

## 九、石阡佛顶山

佛顶山自然保护区位于石阡县甘溪乡南端，与施秉、余庆两县交界，方圆 25 余千米，总面积 140.32 平方千米，最高峰海拔 1 869.3 米，距县城 30 千米，有公路直达。它是贵州东部仅次于梵净山的第二大高山，有“梵净山的姊妹山”之称。佛顶山旅游景观类型多样，包括山地、河谷、森林植被、宗教文化、自然及人文景观类型，具有较高的旅游价值，是一处科考探险与登高览胜的好去处，2005 年被批准为省级自然保护区。

## 十、遵义尧龙山

天坪乡地处桐梓县北端，与重庆市綦江接壤，素有“黔北门户”之称。天坪地理位置优越，自然条件独特，区位优势明显，交通十分便利。210 国道和遵崇高速公路贯通乡境，距重庆 140 千米，车程约 1.5 小时，至遵义 120 千米，车程 1.2 小时。离桐梓县城 70 千米，车程约 50 分钟。全乡平均海拔约 1 100 米，森林覆盖率 50%以上，山清水秀，气候凉爽，物产丰饶。

## 十一、息烽西望山

西望山又名西山，位于息烽县中部，距县城 13 千米，南至贵阳 85 千米，北到遵义 90 千米，贵遵高等级公路、川黔铁路和 210 国道依山而过。西望山总面积 94 平方千米，海拔高度在 1 220 米以上，其中团山岩 1 616.2 米，为息烽第二高峰。西望山山势峻峭挺拔，异峰突起，山间幽壑深谷，古木参天，怪石突兀，清泉飞瀑，竹海茫茫，庙宇林立，景点密布，传说奇谲。山上木本植物有 77 科 220 多种，有国家二级保护树种鹅掌楸、杜仲，三级保护树种银杏树、楠木、紫荆等，还有珍稀植物三尖杉、南方红豆杉、四方竹等。西望山有著名的“八大景、二十四小景”，更有明清僧人修建的“八大庙”和明永乐五年的“盟誓碑”等景观，是明清以至民国时期西南佛教圣地，其影响远播川、湘、鄂、江、浙诸省。

## 十二、施秉金钟山

金钟山位于施秉县南面的清水江北岸，即今马号乡的巴团、江元哨、龙间，距县城 47 千米，交通便利。金钟山，峭壁撑天，奇峰拔地，主峰海拔 977 米。犹如一尊巨石矗立天际，全由石沙结成，上削下广，形圆肖钟，如刀凿，如斧削，无泥土，无草木，可谓“通体无毛”。主峰左右各有三峰，挨次低小排列如儿孙。故民间相传，金钟山与香炉山，本是一对恩爱夫妻，从东方迁徙而至，香炉山是丈夫，行动利索，赶路在先；金钟山是妻子，拖儿携女，行走在后。因闻鸡鸣而止，后化为石，从此两地分立，遥遥相望，时逢云雾缭绕，便是夫妻带儿女团聚。主峰顶上有平台约 1 亩（666.67 平方米），“其上有土可以艺蔬，有泉可以煮茗，花竹草木无一不备”。前人依山就势，凿石掘蹬为径，旋绕攀登面壁而上。山巅平地建有庙宇供奉神灵，原有正殿一栋 3 间，后殿一栋 2 间。房顶有钟楼，悬挂大钟一口，正殿左殿有一栋僧房，屋外气有大小石井两口。半山之腰，有泉水一股冒出，粗如刀把，四季无消涨。

## 十三、镇远雨台山

雨台山南起乌江，西北起长江，东临紫炉溪，三川汇聚。三面都是悬崖峭壁，只在南端有一山脊与外相通，史称走马岭，是历史上有名的彭涪驿道。地势平缓，苍松蔽日，翠竹遍野，动植物种类繁多，植被覆盖率 96%以上。山顶上 12 个山头围着近百亩的仙鹤湖，常年湖水澄澈，已开放竹筏、天然浴场及湖边露营。

## 十四、黄平冷屏山

距县城 8 千米的冷屏山是人们休闲、放松心情的好去处。在这里，万亩草场尽显草原风光，夏天，一望无际的绿草，不知名的野花让人们赏心悦目，置身于这碧草蓝天下会使游客的忧愁与烦恼荡然无存；冷屏山的另外一个景色就是占地 400 多亩（0.266 7 平方千米）的天然石林，一个个天然巨石像牛、像象、像狮、像虎，或立或卧，情态万千，栩栩如生。走在石林之间，无不感叹大自然的鬼斧神工。

## 十五、修文教子山

猫跳河畔的教子山一带流传着阳明教子的故事。王阳明时常深入乡里，访问农户，每走一地，都与农户相处甚好。百姓得知阳明先生即是龙场驿丞，又是教书先生，便请求阳明教一教村里的子弟，阳明先生欣然答应。村里没有教室，王阳明便在农户的院落里开课，以八仙桌代教桌，用当地农家自造的土纸凭默记的功夫抄下最早的《百家姓》《千字文》和部分《五经》警句，教授村民。本地百姓是用土音方言，语言沟通多有不便，阳明便采用越曲歌咏的方式唱《百家姓》《千字文》等，让村民易懂易记。当地人把阳明落轿即兴讲学的地方，称为教子山，亦称轿子山。

## 十六、贵定斗篷山

斗蓬山旅游景区位于贵定、都匀、麻江三县（市）交界处的斗蓬山旅游景区，已被命名为国家级风景名胜区，其主峰和“天池”位于贵定境内，海拔 1 961 米，拔地通天，众山拱卫雄距于苗岭之中。因其海拔在黔南境内最高，因而被誉为黔南第一山。山雄、谷幽、林美、水秀，良好的生态环境，形成了一座巨大的野生物基因库。按照景物景观和美学价值，斗篷山景区划分为斗篷山主峰风光、胡广河峡谷风光、马腰河峡谷风光和谷江风光。斗篷山景区风景资源的观赏价值、旅游价值、科研价值极高，为贵州都匀斗篷山——剑江风景名胜区最为瑰丽的组成部分。斗篷山蕴藏着极其丰富的生物资源，保存着原始生态环境，具有神秘探奇性。斗蓬山巍峨雄峻，大气磅礴，竹林苍莽，山野深幽，苔藓裹树，树根缠石，天池绝妙，景观奇特，是贵州不可多见的名山，具有重要的旅游开发价值。

## 十七、归兰山

归兰山位于东南部阳和水族乡境内，距离市区 44 千米。归兰山景区深受广大徒步旅游者喜爱，2009 年在中国国家地理“寻找中国十大非著名山峰”活动中入选为“贵州十大非著名山峰”。境内清溪横流，瀑群各异，奇峰怪石林立，山上坡缓草密、山谷清幽、溪水清澈，宛若世外桃源。

## 十八、平坝天台山

天台山位于县城西南 13 千米，天台山风景区方圆约 2 平方千米，地理气候、生态环境得天独厚，自然天成。春夏凉爽，微风徐来；秋冬温暖，毫无寒意。那种夏无暑热冬无凉冷的生态环境，真正让游客感受到四季如春、温暖惬意的亲和与舒心，天台山及四周丘陵地带，得益于远离城镇的喧嚣和污染。千百年来形成良好的生态环境，因亚热带气候的滋润、久远的人为呵护，地质植被在这里得以旺盛地生长，一派盎然生机，一片葳蕤绿野。

### 十九、高峰山

高峰山属典型的峰丛地段，峰巅为一片凹地，四周峰林碧翠，古树参天，万华禅院坐落于凹地之中，三层佛殿金碧辉煌，气势宏大。可游塔林和观赏“独印把关”“古柏参天”“乌鸦早朝”“平地烟霞”“怪石蟠龙”“玉屏夹道”“殿阁双流”“西来面壁”等景观。

### 二十、普定龙头山

龙头山位于贵州省普定县猫洞乡柯拖村和大关口处，此地周围峰峦雄伟，连绵不绝，山峰直插云间，长达 2 000 多米，山顶到地面海拔 1 000 多米。中间是村庄。这里的人们常年住于此地，并命名为龙头山。至因这座山峰像是一条巨龙，把村民的家园都包围起来，似乎在保护他们，像是他们的守护神一样。登上龙头山山顶，可以看到与之相邻的很多村庄，放眼望去，风景明媚，那一座座重岩叠嶂的山脉，姿态万千。

## 第五节　其他自然景区景观

### 一、石林景观

1. 德江艺术石林

德江县泉口乡万亩石林，以其规模宏大、造型奇特引起省内外广泛关注，被称之为神奇石林。石林位于泉口乡隆兴村九龙山 303 省道两侧，呈九面斜坡，总面积 1.6 万余亩（10.666 7 平方千米），整片石林露出腐殖泥高约 1～12 米不等，挖去腐殖泥后高度可增加 2～4 米。该石林不仅遍布几道山梁、数面山坡、雄伟高大，更为引人注目的是神奇俊秀，让人过目难忘，浮想联翩。其神态如人工雕琢打磨过一般，如狮身人面、少女沐浴、大象漫步、卧龙下山、群英聚会、夹道欢迎、莲花初绽、天门洞开等，各种形态千奇百怪，实属大自然的杰作，世上罕见。

2. 德江梅林寺火山溶石石林

梅林寺火山溶石石林地处美丽的田园风光与古老村寨之间，占地面积约2平方千米。该区为火山爆发，喷岩浆所致，石林呈环状分布，奇石林立，目不暇接，有的连成一片，绵延数百米，有的孤峰独立，自成一景，千姿百态，妙趣横生。远观之似天女散花，闪闪金光，给人如痴如梦的感觉。四周奇石林立，目不暇接，有的连成一片，绵延数百米；有的孤峰独立，自成一景。石中有松，松中有竹，景观甚多，有如定海神针，有如敦实魁伟的将军，有如慈祥的老人，有超度众生的佛陀，有翩翩起舞的少女，有活泼的神童，有直刺天宫的宝剑，有高约30米的一线天。一幅幅画面活跃、栩栩如生、千姿百态，令人陶醉。

3. 平坝水上石林

水上石林是天星桥景区的一个组成部分。相对于云南石林，天星桥的水上石林以“水”见长，“石上流水，水上有石，石上长树”，是水上石林的真实写照。景区内的水位固定不变，石林内的石块天然形成，经过加工后铺成道路，露出水面供游人行走。水上石林景区的主要景观有银链坠潭瀑布、星峡飞瀑等。这里河床成扇形，上宽下窄，上高下低，落差20余米。

4. 瓮安下司石林

下司石林位于距瓮安县城15千米的草塘镇境内，离草塘镇5千米处。石林长约2千米，宽约0.5千米，石高约在6~15米，为组合式布局。石林分为若干小单元，每个单元，宛似大型盆景，一排排，一组组，令人仿佛置身大型盆景园中，单组结构十分严谨，各组间又顾盼生姿，疏密有致。石林造型鬼斧神工，千奇百怪，令人目不暇接。

5. 黄平石笋沟

石笋沟距野洞河东侧1千米，沟长5千米，宽10~100米不等，两岸山山对峙，林木荫翳，溪水潆洄，路由溪流浅沙上行，迂回曲折，两山上的山石像一棵棵巨大的竹笋，因此而得名。石笋沟中有的山峰奇石形如人或动物，惟妙惟肖。沟内悬壁多生蜡梅，腊月开放，冬游至此，鹅黄满月；春夏之季，林木苍翠，藤萝纠缠，步游其间，酷暑不知。石笋沟是有待开发利用的天然生态石林公园，是贵州高原上的天然石林生态园，黄平老县志曾对此景有过专门论述。

6. 修文绿色石林

修文绿色石林位于修文县大石布依族自治乡境内，距贵阳市区 41 千米，由回水石林和高枧石仓两部分组成，被称为“南北双雄”，有自然景观 11 处。回水石林位于回水村，因有百亩回水湖而得名。石林占地面积约 2 平方千米，有回水湖、将军峰、双洞天、穿洞三仙、绿荫石林等自然景观。石林高 4 ~ 30 米，石林内怪石嶙峋，形态万千，具有大、绿、怪、曲、动植物丰富等特点。可划分为天生桥林、剑林、迷宫林、蟒林、鲸林、纸洞等 6 片 40 景。枧石仓位于高枧村，占地面积 0.2667 平方千米。该景点石林较集中，因犹如存放奇石的仓库而得名。该石林形态小巧玲珑，几乎无石不成景，以奇峰异石著称，以洞壑幽曲取胜，具有绿、奇、幽、迷、趣、怪等特点。

7. 福泉仙桥石林

石林景区有大小 18 座山峰，俗称“十八闹”。奇石林立，穷极万状，有“石王点兵过仙桥”的传说，是风景与传说巧妙的结合。以“石王”为中心，布阵 18 营，点兵过仙桥。“前哨营”石林后，有两墩巨石，左右排开，叫“石门”。进入石门，有一巨石，高 19 米，昂然屹立，称“石将军”。石将军后的牛角坡，是石王布阵的中心。棵棵石笋，有的形如人，有的形如马，叫“牧马宿营”。旁有一巨石如虎，称“老虎扑猎”。石板路左右各有一巨石，形状如狮，称“二狮把门”。往后是石王总兵营，屹立山顶的“石王”统帅上下左右 18 个山头的“兵马”，握剑指挥，冲锋陷阵。在斜坡处有一巨大石柱，似身着袍服的“军师”，为石王出谋划策。进入第二道石门，有一群 10 余米高的石柱，犹如赳赳武士，为石王的“前卫营”。营后的轿子山，有一前一后的两墩巨石，高 20 余米，称“石大王”“石二王”。山后为“石王宫殿”，殿前有一大象鼻子形成一道门，称“象鼻宫门”。进入王宫要经过 4 道石门，石桌、凳、碗、盘、床，一应俱全。王宫后是“御花园”，长满石白菜、石豇豆、石牡丹、石芍药等瓜果蔬菜、奇花异草，美不胜收。石林前有一深涧，一巨石横跨其上，形成一座天然石桥。桥高约 130 米，长 50 余米，宽 20 余米，雄伟壮观。桥面一断裂窟窿，将石桥分为大桥和小桥。深涧两岸悬崖绝壁，陡不可攀，从涧底沿 492 级石梯，方到达山顶。

## 二、奇峰异石

1. 印江万卷书

梵净山顶“万卷书崖”，整座山体都是层层叠叠、堆砌有序的页岩，势如卷帙浩繁的古代典册齐天堆放，气势宏伟，人称“万卷书”。万卷书是梵净六大奇观之一，早已闻名于世。古人有诗赞曰：“牙谶玉轴是谁储，万卷堆来混代初。遍地纵遭秦火劫，名山还有未烧书。”赋予此景人文的光辉。传说玄奘和尚西天取经返回时，也专程来梵净山拜参弥勒古佛道场，已经快到红云金顶，却因为坐下白龙马偶失前蹄，从背上散落一叠佛经，因缘得当，竟然落地生根。

2. 印江蘑菇石

蘑菇石，其名字就如形象一样，上大下小，酷似蘑菇。高约 10 米，亭亭玉立，看似一触即倾，其实岿然不动（它已经在风霜雨雪中飘摇10亿年以上）。蘑菇石是造物主举世无双的一座魔幻现实主义经典雕塑，许多画家、摄影家都以它为题材，创作出了数不胜数的艺术杰作。它如今作为梵净山的形象大使，走向全国，走向世界，还走进了富丽堂皇的人民大会堂。

3. 黄平陡岩赤壁

陡岩赤壁位于旧州古城西舞阳河畔，距福众桥约 1 000 米。此壁陡峭如削，危石诡谲，雄奇险峻，俨然鬼斧神工之作。霞光辉映，色如丹涂，故得名“陡岩赤壁”。峭壁下水流湍急，漩涡迭出，深不可测，攫人魂魄。峭壁下有一洞穴，深 10 多丈，高 2 丈，空阔亮敞，洞穴入口处有 2 座小峰，挺拔而立，洞壁上有许多文人画士感喟赞叹的题咏。登临此壁，赏霞光万丈，品文人之作，浪漫之情油然而生。

4. 遵义绥阳观音岩

观音岩生态旅游景区拥有 5 千米的峡谷，植被茂密，山形奇特，溪流清澈，四季鸟语花香，气候宜人，有“露营者天堂”的美誉。沿途有饮马岩、将军岩、贵妃池、长生潭等自然景观，有古老而神奇的传说，有丰富的天然中药材资源，是游览观光、养生度假、户外运动及露营的好去处。

5. 开阳香火岩峡谷

香火岩峡谷由三段明谷和两段暗谷组成，分光明河、营河、香火岩瀑布群、香火岩等景区，是集山、水、林、崖、洞、桥于一景，纳幽、险、奇、雄、秀于一谷的省级名胜风景区。

6. 黄平马家岩

在开阳县城北边高高的架梁坡下，有一悬崖名叫马家岩。马家岩古称榜山或揭榜山，在一崖壁泛白处距地约 20 米，有高 4 米、宽 3 米的朱色“中”字。据嘉庆《黄平州志》记载，此乃黄平籍清代近士王枟所书。王枟一家六代有 12 人中近士、举人，被誉为“五子登科”，是黄平真正的名门名人，其写“中”字是取“中榜”之意，高悬于崖上让人一览无遗，目的是激励后人勤学、治学，以博取功名光宗耀祖、报效国家。虽然在县城生活了 20 多年，也在各种资料史迹中对此有一些粗略的了解，但一直没有身临其境去感受过它。

7. 修文关刀山石祖岩

石祖岩位于教子山隔猫跳河相望的关刀山下，为一对高耸挺拔的岩溶石笋，形象奇特而神秘，充满阳刚之气。石笋背后，有一深不可测、形似女阴的大洞，足具阴柔之美。

8. 修文猴祖岩

过去的猫跳河，猴类众多，出没无常。教子山边猫跳河畔有座山岩叫猴祖公，有座山岩叫猴祖母，十分神似。当地统称其为“猴祖岩”。传说，上古时女娲捏泥巴造人，造出的人有的很乖、很听话，有的却很刁泼，很顽皮。为了人类更好地传宗接代，女娲让所有的人群分血缘、别姓氏。最初的姓，大都带个女旁，如姬、姒、姚、姜等。大多数人群听从了女娲的赐姓安排，但有一个长尾巴的人自作聪明，不愿分血缘，取姓氏族号。于是，女娲把凡是愿意赐姓的划为人的行列，不愿赐姓者则划为猴的行列。人可走出洞居，建巢造屋，逐步走向文明，猴则只能潜伏深山、洞中、树上，与人分隔。

9. 修文石老龟

在教子山下幸福港坡上，有一座昂首拱背、活灵活现的龟形石，当地百姓将之称为“石老龟”。相传，远古时共工与颛顼互相交战，震断了擎天柱，捅破了九重天，女娲炼五色石奋力补天，虽补好天，却因四根擎天柱断裂了，随时会天翻地覆。要想天不再塌下来，除非有海神龟的四只脚代替擎天柱。女娲便来到海边，找到神龟，长跪不起，央求神龟献出四足。神龟早就被女娲为救天下平安舍生忘死的精神而感动，毅然让女娲将其竖立于大地的四边，代替已毁的东、南、西、北四根擎天柱。从此，天空再没有坍塌的危险，日月星辰恢复了正常运行，普天之下恢复了生机勃勃的景象。女娲在河边安置下这位英雄神龟，称其为“人间寿祖”，并赐其子孙安享长寿之福。

## 三、地质地貌景观

1. 遵义双河洞国家地质公园

双河溶洞位于黔北绥阳县城东北 50 千米处的温泉镇桂花村、铜鼓村。1987

年，经有关专家进行初步探测后，双河溶洞的神秘面纱被初步揭开。随后，中国、法国和葡萄牙三国的洞穴专家对双河溶洞群进行了多次科学考察。通过考察发现，双河溶洞内洞穴众多，洞穴的总长度达 117 千米，被誉为“亚洲第一长洞”。洞内的卷曲石及各种形态的石膏沉积物面积之大，举世罕见。

2. 遵义丹霞谷旅游度假区

丹霞谷旅游度假区位于贵州省习水县三岔河，占地面积达 80 平方千米，动植物近 4 000 种，野生动植物 1 600 多种。地处贵州习水国家级自然保护区内，是国家级森林公园、人与生物圈保护区、国家 2A 级景区。景区距习水县城 45 千米，距重庆市中区 160 千米，仅 3.5 小时车程。距泸州 150 千米，3 小时车程，距赤水 135 千米，2.5 小时车程，距遵义 155 千米，2.5 小时车程，距贵阳 285 千米，4 小时车程。北面与重庆江津四面山国家级风景名胜区一山之隔，与四川佛宝国家级森林公园毗邻，西连贵州赤水国家级风景名胜区。南接遵义优秀旅游城市和著名的遵义会议会址、四渡赤水纪念馆等红色经典线路，同属于黔北精品旅游线，地处川、黔、渝旅游金三角的中心腹地。

3. 遵义佛光岩景区

佛光岩景区是中国侏罗纪、白垩纪丹霞地貌发育最好、出露最齐、特色最典型的景区之一。整个景区包括两个景区，佛光岩和五柱峰。佛光岩以丹霞地貌取胜，顾名思义，佛光岩是一处如同佛光的丹霞石壁，顶部为环形，两侧直上直下，就像一本巨大的朱红色天书，还有一泓飞瀑直流而下，既壮观又令人震撼。五柱峰景区由五座塔柱一样的丹霞山峰构成，造型奇特，堪称大自然鬼斧神工的杰作。景区里的植物和昆虫也是另外一大看点。溪谷两岸，种满了赤水蕈树，15 年才开花，果肉苦涩。

4. 遵义九坝镇上天池

九坝镇上天池位于贵州省遵义市桐梓县九坝镇，处于贵州北部，与重庆綦江区、南川区接壤，毗邻习水、仁怀、红花岗区、绥阳县、正安县等七个区县市。上天池交通便捷，被誉为“渝黔咽喉”，崇遵高速公路、G210 国道、G75 国道、S303 省道、川黔铁路等贯通桐梓，由重庆南坪内环快速上 G75 兰海高速，途径綦江，楚米下道，驾车 2.5 小时即可到达上天池，交通便利。

5. 织金画眉屯

画眉屯位于织金县马场乡关上村，也就是从县城通往省城贵阳的公路 65 千米处的凹河大桥右侧。这里有一座东西走向的大山，山体的东、南、北三面紧临簸躲河，东、北两面山缘是高达数十米以至百余米的悬崖绝壁，南面山脚是10余米高的岩壁，以上是80°倾斜的林箐直达山巅，均无路可攀，仅西面沿70°斜坡可以登上山顶。山顶平坦，且从西向东倾斜，长1千米有余、宽800余米，面积近1平方千米。从北向南远望，山势恰如一艘下海的巨轮，“船首”向东，以百米绝壁与清镇的坝上绝壁隔河对峙；“船尾”在西，古代的进省驿道就从其下经过，是一个天然隘口，名簸渡关，越关口东下经簸躲渡，爬大河冲峡谷便到达清镇市。

6. 六盘水乌蒙山国家地质公园

乌蒙山国家地质公园位于贵州省六盘水市，地处少数民族聚居的“滇、黔、川、桂”四省结合部，属亚热带季风湿润气候。六盘水乌蒙山国家地质公园总面积近400平方千米，主要包括北盘江峡谷和碧云洞溶洞群2个园区及韭菜坪、金盆天生桥、阿勒河、盘县三叠纪古生物化石群落、盘县大洞古人类遗址等5个特色景区。天然植被有针叶林、阔叶林、竹林、灌丛及灌草丛、沼泽与水生5类植被；地带性植被为中亚热带常绿阔叶林。东部植被为湿润性中亚热带常绿阔叶林；南部植被为具有热带成分的河谷季雨林；西部植被为中亚热带半湿润常绿阔叶林。植被在水平分布上表现出南北过渡和东西过渡的特征。园区内除了国家一级保护动物黑叶猴，还有国家二级保护动物13种，其中兽类5种，即藏酋猴、猕猴、小灵猫、斑羚、林麝，鸟类7种，即白腹锦鸡、鸢、雀鹰、红隼、雕枭、领鸺鹠、班头鸺鹠，两栖类1种，即贵州疣螈。

# 第三章　乌江流域水域资源景观

乌江流域水域景观品质优异，主要包括乌江干流及支流江峡谷类景观、湖泊瀑布等水体类景观。乌江干流沿岸江峡景观突出，以水体清幽山峡险峻为主，形成了乌江画廊风光带；乌江支流阿依河、舞阳河等自然、水体、人文相互辉映，风光宜人。

## 第一节　乌江流域河流风光

### 一、乌江画廊风光

乌江发源于贵州省威宁县，流经重庆市酉阳县万木乡、龚滩镇，至涪陵汇入长江，全长 1 070 千米，占地面积 240 平方千米。沿途风光秀丽，有乌江画廊、乌江百里画廊等水体、崖壁风光。

1. 武隆乌江画廊

乌江是长江三峡库区最大的支流，横贯武隆全境。江水湍急、山峦雄奇，一里一景，风光旖旎，有“天险乌江，千里画廊”的美誉。乌江，古称黔江、枳江、涪水，源于贵州高原，自西南向东北奔腾于大娄山系和武陵山脉之间，全长 1 050 千米，流经渝黔 46 个县、市，至涪陵注入长江。乌江的山有剑门之雄，三峡之壮，峨眉之秀。远山神秘，近山雄奇，沟壑清幽、秀丽。其中著名的山峰有插旗山、弹子山、仙女山和白马山等。

2. 酉阳乌江百里画廊

乌江百里画廊是重庆市市级风景名胜区，位于酉阳土家族苗族自治县西陲。重庆酉阳段为重庆市与贵州省的界河，是一处集自然山水、历史古镇、民俗风情于一体的高品位的风景名胜区。乌江百里画廊包括乌江干流酉阳县龚滩古镇至万木乡之间河段，以及自东向西倒流的乌江支流阿蓬江酉阳段，含乌江百里画廊峡谷景区、龚滩古镇景区、阿蓬江漂流景区、清泉廊桥景区、马鞍城旅游景区、万木石林景区、三家阡石林、悬葬旅游景区、长溪沟生态旅游景区，是千里乌江的精华，被誉为“乌江百里画廊”。乌江百里画廊“山似斧劈、水似碧玉、虬枝盘旋、水鸟嬉翔”，以“奇山、怪石、碧水、险滩、古镇、廊桥、纤道、悬葬”为特色，特别是荔枝峡、白芨峡、土坨子峡是山水画廊的精品。清代诗人梅若翁赞叹：“蜀中山水奇，应推此第一。”乌江百里画廊文化内涵深厚，自然风光绮丽，民族风情浓郁。龚滩古镇有 1 700 余年的历史，蛮王洞为战国遗迹，马鞍城是南宋金头和尚起义遗址，僰人悬葬是东汉僰人的独特风俗，还有巴人纤道、清泉廊桥、土家风情、“惊涛拍岸”、“竹零诗龛”等厚重的历史文化遗迹颇具研究价值。雄奇险秀的河谷沟壑，鬼斧神工的悬崖绝壁，桀骜不驯的乌江、欢快奔流的阿蓬江，点缀在秀美的乌江百里画廊，受到无数科普考察协会、探险者、摄影爱好者、电影、电视剧组的青睐。

3. 毕节乌江源百里画廊

乌江源头宽阔清澈的河流，串起了“中国最美的洞穴”织金洞和“中国岩溶百科全书”九洞天两个国家级重点风景名胜区。乌江两岸山石气势雄伟，形成水西姑娘、天竹奇峰、天鹅戏水、大鹏展翅等景点。乘船顺流而下，还可以看到极具民族特色的当地民居。千里乌江发源于乌蒙山脉，而其北源六冲河，南源三岔河，都发源于贵州西部地势最高的威宁彝族自治县，两条源流分别在深深的峡谷里流淌了几百千米后，终于汇合成了乌江。

## 二、乌江支流风光

1. 武隆芙蓉江

芙蓉江是第四批国家重点风景名胜区，景区位于重庆市武隆区浩口乡芙蓉江珠子溪至芙蓉江汇入乌江口处的江口镇，主流河段长 35 千米，面积为 152.8 平方千米，是一个江峡型小尺度大容量喀斯特地貌和原始水上森林型风景区。

2. 彭水阿依河

阿依河原名长溪河，发源于贵州省务川县分水乡，向东北蜿蜒而入重庆市彭水县境，经长旗坝、舟子沱、三江口，由万足乡长溪滩处注入乌江。阿依河地处重庆市彭水苗族土家族自治县，苗家人把善良、美丽、聪慧的女子称为“娇阿依”，阿依河因此得名。阿依河景区融山、水、林、泉、峡于一体，集雄、奇、险、秀、幽于一身。景区分为峡谷观光、步游观光、竹筏观光、民族风情休闲、牛角寨民族风情休闲、户外体验区、激情漂流区。有峡谷听音、竹筏放歌、碧潭戏水、浪遏飞舟、情定苗寨、青龙天梯、青龙洞和青龙谷等。徒步穿行，可观奇花异草，古藤老树；荡舟江上，可享激流险滩，惊涛碧浪；夜宿山寨，可品苗家美味，体验民族风情，是休闲观光、民俗体验、户外攀岩及水上运动的首选之地。阿依河旅游将全面带动乌江画廊旅游景区，为彭水旅游发展注入新的活力。阿依河漂流是4A级景区，风景独特美丽。

3. 酉阳阿蓬江大峡谷

“阿蓬”是土家语“雄奇、秀美”的意思。阿蓬江发源于湖北利川。整条河流自东向西，穿行于武陵山脉，经黔江至酉阳龚滩注入乌江，全长249千米，为乌江第一大支流。阿蓬江有“深山玉带，苗家符号”之称。因为特殊的地理位置，阿蓬江成为我国唯一一条由东向西的江流。自古就有阿蓬江“倒流三千八百里”的说法，因此倍显神秘。拥有神龟峡、天门峡、神女峡等三大峡谷的阿蓬江大峡谷，享有“峡谷柔情·诗画仙境”的美誉。

4. 德江洞庭河

富有“焦云之溪”之称而呈Y形的洞庭河，隐于莽莽苍苍的翠绿之中，形如走龙，绵延不绝。绿色飘带，将层层梯田分割为两大块，错落有致。左侧山体脚下，锥状山峰群中一片郁郁葱葱，几丝白色飘带环绕，缓缓升起。远处朦胧中一扇巨大的天门敞开，门洞中雾霭迷茫，壁崖下形如贵妃拜佛之山体，轮廓时隐时现。冷水岩百丈瀑布，从翠绿的山崖上垂直而下，仿佛银河天上落，飞珠溅玉，瀑布中一形如佛僧打坐，神色庄严。天门两侧如五指山，鳞次栉比形成庞大的山体，巍峨峭拔的山峰，形似如来佛的五根手指直冲云霄。

5. 德江潮水河

潮水河青山环抱，绿树成荫，有泉水，从谷内岩底涌出，一日三次潮，其水甘甜凉爽可口，水质良好，为德江县城居民主要饮用水。泉水一天两次潮起潮落，故名潮水河。

6. 石阡凯峡河

凯峡河原始生态漂流位于贵州省东部的石阡县石固乡境内，石阡地热资源丰富，素有“泉都”之称，临近重庆市、湖南省的怀化市、凤凰等地，与镇远、梵净山同属贵州省东线旅游精品线路。

7. 遵义务川洪渡河

洪渡河属长江流域乌江水系一级支流，务川县境内干流全长 128 千米，主要支流有洪渡河、岩门河、洋岗河、长溪河，流经务川仡佬族苗族自治县全境。洪渡河在贵州高原的崇山峻岭中奔流，养育了全国近 1/3 的仡佬族人口。洪渡河见证了贵州高原上最古老民族生生不息、一往无前的辉煌历史。

8. 遵义水银河

遵义水银河位于贵州的大山深处，辖于木瓜镇，因河水清澈透亮，日光照射河面，银光点点而得名。河之美用冰清玉洁、美似璞玉来形容最恰当不过，虬枝险潭、垂帘瀑洞，原生态的景观令所至之人感叹不已。峡谷长而悠远、山雄秀而险峻、水清澈而柔顺、植被徽锐而娟秀，可登山观日出，进洞探奥秘，游谷享幽趣，漂流玩心跳。当地民风淳朴，百姓热情。

9. 息烽荆江

荆江旅游风景区位于息烽县养龙司乡西部，与修文、金沙、遵义三县接壤，景观独特，风光旖旎。距乌江水电站大坝约 8 000 米，从修文六广河下水过乌江峡，可直接到达景点，也可沿 210 国道至 94 千米处分路西行，仅 20 余分钟路程。

10. 施秉杉木河

杉木河位于施秉县城西北部，距县城 14 千米。河床两岸山峦重叠，奇峰错列，峭壁危岩比比皆是，古藤巨蔓坚忍曲折地终于绝崖，青松苍郁枝虬刚毅地挺拔于白云端。深壑空谷，朝暮云雾吞吐，峪口崖壁，古木交柯翠竹掩映。有巧石星落棋步，竞相崛起，苍岩腹封，溪流鸣佩。有飞涧从崖峰注入石上，曲折回绕飞流下泻，泉水纷纭如冰绢玉屑飘�空中，随风散落。杉木河水深足膝，晶莹碧透，河床多为洁净细沙卵石铺地，流水在洁净的河床上不急不滞，弯直屈伸宛然自若；遇缓坡浅滩处波光粼粼，过山弯崖根处，河水则一平如镜，倒映群峰叠翠。杉木河被中外游客誉称为“矿泉河”，被评为“贵州十家旅游魅力胜地”。

11. 镇远舞阳河

镇远舞阳河位于贵州省黔东南自治州施秉县与镇远县之间，国家级舞阳河景区内，以高峡平湖、瀑泉飞流、喀斯特为主体；山色水韵风光迷人。“破镜重圆”半含水中半露峥嵘；鸳鸯夫妻结队戏水，情深意浓；奇妙的三叠水、珠落玉盘直泻深潭；喊泉神灵有喊必应，呼之水出、止呼水隐；石峰神形如

“孔雀开屏”、形态逼真；“大圣师徒”前往探幽，忙里偷闲。舞阳河有长江三峡之雄；蜀地蛾眉之秀；桂林漓江之美；阳朔胜景之幽而名冠天下，其幽谷、山色、水景为天下绝色、叹为观止。

12. 施秉铁溪

施秉铁溪地处镇远古城东北角 4 千米处，流经 21 千米汇入舞阳河，有甘溪、马路河、龙池、翁仲河、独柱峰等景点，景致各有千秋。以翁仲河的溶洞奇、龙池水的宝蓝和深不可测，以及郁苍幽深的森林和峡谷令人神往。走进铁溪，一条清澈的小溪在你的脚下欢快地流淌着，两岸农家山庄遍布，风光怡人。

13. 施秉高过河

高过河自然风景区是一个鲜为人知而又充满野趣神韵的旅游处女地，它位于镇远北部羊场与尚寨乡的洞塘，西至大地乡路腊村境内，以龙江河的上段——高过河为轴线，向西北蜿蜒 11 千米，河流落差 200 米，两岸原始森林植被拓展数千米景区内山势险峻，河谷深切，森林密布，人迹罕至。

14. 瓮安江界河

江界河风景名胜区是 2009 年国务院发布的第七批国家级风景名胜区。景区位于瓮安县城西 42 千米处，融自然山水、峡谷风光、革命历史纪念遗址、原始森林、喀斯特溶洞和现代桥梁建筑于一体。除江界河渡口红军抢渡乌江战斗遗址、江界河大桥、震天动峡谷、偏岩摩崖石刻、中国十大小帘洞之一的穿洞河水帘洞等景点外，还有几十处各具特色的景点，像一颗颗珍珠镶嵌在乌江、瓮江、湘江三条风景线上。流泉飞瀑、茂林修竹、奇洞幽谷，浪里梭舟，江岸飞鸟，处处皆胜迹，处处是幽景。

15. 瓮安香沟林河谷

香沟林河谷位于江界河大桥上游 1 千米的北岸，是乌江的一条小支流，素有乌江“大宁河”之称，长约 5 千米，河谷蜿蜒曲折，河道幽深，两岸山势奇绝，翠峰馋岩，危崖层叠，绝壁直立，怪石嶙峋；一条清澈的溪河，淙淙汩汩，微波潋滟，波光粼粼。整个河谷，原生态保存完好，古木横生，林密叶茂，古藤盘缠错节，苔藓铺青叠翠，一派葱郁，使整个河谷绿意盎然。与紧邻的江界河大峡谷形成风格迥异的景观，河谷壮美而又灵秀，奇绝而又自然，古朴而又清新，巍峨而又宁静，心智得以陶冶，灵魂得以净化，情操得以升华。

16. 黄平重安江

重安江位于黄平县城南20千米的重安镇境内，民族村寨风光、峡谷冲浪漂流、篆水河峡谷风光、重安镇民族风情。可以乘船冲浪漂流，步游深谷幽溪，以及民族节日活动，独具特色，参与性强且感受强烈。由喀斯特地貌景观、重安江水域景观、山岳景观、人文景观以及民族风情构成，韵味独特。“三十三浪”一浪紧接一浪，漂流其间有惊无险；“倒骑毛驴”“美女照镜”神气活现；间歇瀑布、每刻一循，自成规律，神秘莫测；古铁索桥，横跨江中，雄伟壮观。

17. 黄平上舞阳河

上舞阳河史称“五陵五溪”之一，发源于黄平瓮安交界的朱家山原始森林，流经施秉、镇远、岑巩入湘西注入沅江。从黄平至施秉县城关河段，称之为上舞阳河，40 多千米河岸地貌独特，河谷深邃，悬崖峭壁，峰高岭秀，植被神奇，风光绮丽，是天然河谷画廊旅游的胜地。上舞阳河的溶洞瀑布多，渡滩多，景点多，溶洞大多洞中有洞，洞洞奇景，状如殿宇、小如器皿、花卉、飞禽、走兽，如马、人、猿，千姿万态，栩栩如生。瀑布大大小小，大者如帘，似银河倒挂，小者如丝如轻云薄雾，天女撒珠莲。整个河段大小百余湾滩。奇山、异洞、秀水组成一幅幅绮丽多彩的画卷。展开画卷分为头峡、无路峡、老洞峡、观音峡四个段，前三个在黄平境内，观音峡在施秉境内。

18. 黄平野洞河

野洞河是重安江的主要支流，发源于黔南州的瓮安县龙洞河，流经翁安、福泉、黄平。河水清澈见底，两岸峰峦叠嶂，全程18千米，全流域有上下两座天生桥。其中上野洞天生桥位于翁安西家寨与福泉懂炳交界处。高 80 米，洞深100多米，河水穿洞而过，洞中的瀑布，有天窗，有奇形独特的钟乳石，千丘田渠景观。该洞旁边还有一干洞，洞高 20 米，宽 10 米，于水洞形成孪生洞并连。

19. 福泉蛤蚌河

蛤蚌河由蛤蚌河及多条支流组成，是一个集漂流、自然生态休闲观光于一体的天然旅游胜地，有着“贵州九寨沟”的美称。行走其间，仿若穿越绿色隧道，幽深凉爽。处处洒绿滴翠、花草峥嵘、鸟鸣幽谷，河岸藤蔓垂挂、山泉飞泻、景色旖旎、野趣盎然。

20. 清镇暗流河

暗流河距贵阳市区 65 千米，暗流河三伏三出长达 66.7 千米，景区山势陡峭，溪流纵横，水流湍急，溶洞遍布，原始植被丰茂，是典型的喀斯特地貌旅游区。有独具特色的大湾洞溶洞、羊皮洞瀑布、温泉、地下河、天坑、天窗、盲谷、漏斗、峡谷等旅游资源。适宜徒步探险、漂流露营、科普考察等。

21. 贵定独木河

独木河风景秀丽，风光宜人，两岸山峰险峻、重峦叠嶂，以险称雄于贵定。大花水电站建设，水电站库区淹没使独木河的水位上升，河床平稳，河面宽广，沿河两岸幽雅宁静、神韵盎然、充满野趣。

22. 都匀沅阳河

都匀沅阳河又称沅水，发源于瓮安县境，注入沅江，沿岸层峦叠嶂，峡谷重重，万仞绝壁，浅溪萦回，风景秀丽，气候宜人。诸葛峡、龙王峡和西峡，长达 35 千米，以独特的风光闻名。诸葛峡长约 7 千米，河道狭仄，险滩三重，舟楫过此，如入瓮中，南岸山巅的间歇泉，最为奇特。每天子、午、卯、酉四时，有大小汹涌而出，响声隆隆，初如暴雨骤至，继则分出瀑布三道，并流而下，飞泻江中，下游有水域宽广的湖泊。岸边古树参天，翠竹婆娑，出口为长约 16 千米的龙五峡，最窄处仅 30 米左右，岩岸如削，高不可攀，仰视天穹，仅留一线，称作“一线天”。山上石笋林立，形态各异，涌溪寨以下，称为西峡，峰回路转，柳暗花明。

23. 毕节米底河

米底河瀑布集山、水、瀑布于一体，有“小黄果树瀑布”之美称，流经后坝村、大田村、凉井村，再流经大方县的黄泥乡，最后流入渭河，汇入乌江。河从高山流入深谷，出现几次生命的大跌宕。其中，在 60 米河段上三叠瀑布一气呵成，总落差达 40 米，河水与石头共生，忽而泻过石上，忽而钻入山中，形成高石坝、石猪槽、天生桥、花底岩等千姿百态的岩溶奇观。夏秋水量大增，撼天动地的磅礴气势，令人惊心动魄。

24. 毕节油杉河

油杉河源于九龙山北麓，属赤水河水系。整个流域面积约为 41 平方千米。大方境内以油杉河、后河为主要河流，湾流沟涧达数 10 条之多，一般都在海拔 1 400 米以上，最高点是后河天门峰，海拔 1 810 米，最低点是三岔河河口，海拔 800 米，其相对高度达 350 ~ 100 米，深壑幽谷。

25. 毕节总溪河

总溪河好似一条巨龙，首西尾东地静静横卧于纳雍、大方两县交界处的崇山峻岭之中。两岸岩石以二叠系石灰岩为主，有众多季节性和常年性瀑布，集瀑布、秀水、奇山、异石、洞府于一体，集古、秀、奇、险、幽于一河，由长达 13 千米的河段、峡谷，25 个风格迥异的景观有机组成，是乌江水系唯一能泛舟漂流的河段，有“乌江第一漂”的美称。

26. 六盘水阿勒河

阿勒河穿越于崇山峻岭之中，明净澄澈，曲折有致，有水溶洞，神秘幽深；又有旱溶洞，洞大如城，群山簇拥，壁立千仞。阿勒河有 2.5 千米的峡谷游览河道，水质清澈，植被较好。高大而雄奇 800 米长的水洞，洞内高约百米，宽 30 ~ 10 米，洞内有无数形态各异的钟乳石，峡谷和洞水道相连接可行船，周围山岭有规模、有气势，山能雄奇俊美，壮观而险峻的崖壁上图案丰富，栩栩如生，景区悬崖峭壁上有十几个大小不一的旱溶洞，其中最大洞可容纳上万人，小洞大小厅室呈珠状分布、钟乳石琳琅满目，奇形怪状。

27. 平坝斯拉河

斯拉河全长 32.9 千米，喀斯特岩溶丰富、峰崖陡峻、幽深、果林遍布、瀑布成群、河水清清、山明水秀、风光无限迷人。引子渡电站的建成，使其高峡出平湖，形成了一个水面为 17.9 平方千米的高原湖泊，集高原湖泊和峡谷风光于一体，具有特、新、奇、险的特点。

## 三、河流峡谷风光

1. 黄平老洞峡

老洞峡因峡中地名“老洞”得名。此峡段长约 8 千米，北属施秉，南属黄平地界，峡谷内有“仙人垂钓、将军戴帽、黑石飞水、八仙过海、老洞崩石，妇哭夫”等主要景点。沿河两岸山峰成林，峭壁如削，茂密的原始森林遮天蔽日，河谷狭窄幽深，每日中午太阳光可照到河面几小时。

2. 黄平翁播龙潭

翁播龙潭位于旧州城东北十余里的翁盖寨下面溪流山谷处。溪流出谷注入舞阳河水。《黄平州志》载：“下有沉潭，夏凉冬温，每于大旱，上下河道俱涸，独此渊涵如故。”河岸悬崖峭壁，河床嶙峋万态，河水莹洁清澄，河口胜景难绘。河段中，梯级瀑流甚多，水流随河床起伏折叠而欢腾飞溅，像碎珠散玉，声悦若琴。瀑流畅泻，时合时分。谷口有渊潭，潭水碧绿，深邃莫测。河流中段，有大小瀑布数十处，花飞浪里，浪里飞花。谷口入大河下 200 米处，河宽不逾 10 米，两边绝崖，高逼云天。西侧半山，飞流直下，壮丽至极。谷口潭外，有沙洲中分溪流，成一孤岛。岛三面环河，地形绝佳，好似蓬莱仙境，妙不可言。

### 3. 修文六广河大峡谷

六广河大峡谷位于贵阳市西北的修文县六广镇境内，乌江渡景区的上游，是中国西部典型的喀斯特地貌河谷。六广河因乌江流域修文境内六广段的河道名，为修文与息烽、黔西、金沙接壤的界河。1977 年乌江电站大坝建成，蓄水水位至素枫长 70 余千米，形成巨大的人工湖。

### 4. 黄平乐源峡

黄平乐源峡位于南湖中部支流河谷，峡长约 5 000 米，宽 3 ~ 10 米，谷深 50 ~ 100 米，沟壑窄长深幽，断崖壁立对峙，山泉高挂，涧流湍急，山间灌木茂密，岩畔藤萝垂悬，春夏山花烂漫，秋冬山瘦水清，荡舟其间感受不同，高处观谷，地裂一缝，谷底观天，天开一线，险峻雄奇融为一体，是云贵高原上最为精致的湖中峡谷之一。

### 5. 修文舜水湾

猫跳河下游直通六广河，下游 18 千米，口上是舜水湾，上段深峡是像庳峡，再往下还有座象鼻山，西岸素朴镇有象祠的遗址，中下段是白马峡。这里峡险水急，两岸古木参天，古壁嵯峨，深、险、幽、秀、奇集于一峡，有脍炙人口的名篇《象祠记》。

### 6. 福泉小岩峡湾

小岩峡湾景区位于陆坪镇东端，是福泉市、凯里市、黄平县三县市的交界处。小岩是长江下游通往贵州的水上古驿道，现仍保留有古代马店、驿站等。小岩码头是黔南州境内较大的码头之一，重安江贯穿整个风景区，下游与野洞河相连，河两岸植被保护完好，树木葱郁，风光奇特。两岸峡谷奇峰密布，有“笑天狮子”“观音座莲”“老鹰咀”“姊妹岩”“两蛇挂壁”“大象饮水”等 20 多个景观。景区有着良好的区位优势和便捷的水上交通条件，是休闲、避暑、生态旅游的理想去处。

7. 福泉黄丝江边旅游区

黄丝江边结合区位优势和丰富的自然资源，修建了进寨入口寨门、文体活动场所、风雨桥、河道景观回廊、烧烤经营摊点、翻板坝、景观房、景观沟、山体步道、望江亭和人口文化园，实施了景区植树植草绿化、花海种植、农家小品打造。成功打造黄丝“温泉小镇”，引进社会资金实施姊妹岩水上乐园和乡村客栈项目建设。

8. 安顺紫云格凸河国家级风景区

风景区内各种喀斯特地貌类型齐全，幽深的峡谷，复杂神秘的风景溶洞，神奇而巨大的地下河系，独特的喀斯特原始森林景观。连绵的峰丛、峰林，奇峰林立，陡岩飞瀑，翠竹掩舍，碧水中流，轻舟渔歌。集岩溶、山、水、洞、石、林组合之精髓，融雄、奇、秀、险、幽、旷、奥于一身。

## 第二节 乌江流域湖泊风光

### 一、湖泊风光

1. 武隆赵家山虎关水库

武隆白马山赵家乡境内人工修建的山虎关水库，积雨面积 34 万平方千米，总库容 1 116 万立方米，水库湖水碧波荡漾，库岸茂林修竹。游人可以登上造型别致的拱形大坝观赏自然风光，也可荡舟湖上尽情游乐，给人“舟行碧波上，人在画中游”之感。山虎关水库风景秀丽，库区森林覆盖率达 80%以上。

2. 酉阳金家坝水库

金家坝水库位于官清乡境内，距酉阳县城 47 千米。金家坝水库库容 2 亿立方，水域面积达 5 平方千米，以“山、湖、峡、寨”为载体，是集库区垂钓、休闲度假、旅游观光、民俗体验于一体的生态休闲旅游胜地。

3. 思南过水湾水库

过水湾水库工程位于思南宽坪六池河一级支流杨家河中下游段，距离思南县城 56 千米。水库正常蓄水位 678 米，总库容 1 210 万立方米。水库淹没征占（用）总面积 2.07 平方千米，工程主要任务是灌溉，兼顾乡（镇）人饮用和发电。

4. 石阡鸳鸯湖

鸳鸯湖原为山坪水库，坝高70余米，气势雄伟，坝内水库宽20～100米，两岸青山、悬崖倒映在湖水中，碧波荡漾，是一处集蓝天、白云、湖光、山色为一体的人工湖泊。湖泊内野生鸳鸯众多，有望成为全国最大的鸳鸯栖息地。

5. 沿河官舟水库

官舟水库位于县西官舟镇境内，乌江支流官舟河上游，326国道沿线。为中型水库，水库坝高46米，总库容2 035万立方米，水面面积为1.2平方千米，有7条溪沟，5条库岔，6处渡口，湖谷幽深，绵延5千米，形成高峡平湖。库岸群山环抱，林木葱郁，库中有数座小岛，湖光山色，交相辉映，风景极佳。水库东北面为官舟镇，东南面为土地坳镇，与326国道相通。

6. 沿河峡门口水库

峡门口水库位于县东南中界乡和晓景乡境内，乌江支流沙子河上游，有晓景至沙子场公路与326国道相通。为中型水库，水库坝高50.59米，总库容1 034万立方米，水面面积为0.7平方千米，湖谷蜿蜒约4千米，有5处渡口。湖峡两岸大龙坡与鸡冠岭对峙，山峡平湖，林木葱翠，风景清幽。

7. 遵义月亮湖

月亮湖景区海拔900多米，距赤水城区94千米，面积23平方千米，是以七里坝（月亮湖）、大闪坪、水茶溪三个景点为核心的人工湖泊群景区。景区以湖光山色为主体景观，兼有摩崖石刻、瀑布、原始森林、丹霞地貌、红军长征遗址等自然人文景观，适宜于开展避暑休闲、观光猎奇等旅游活动。

8. 遵义万里水库

万里水库位于郑场镇卧龙山麓，距县城16千米，距遵义54千米，库区水域面积600多亩（0.4平方千米），湖面明净如镜，湖中7个小岛青松覆盖，浮于碧水之上，间隔有致，称为“北斗七星”。有卧龙山的余脉伸进水源，与卧龙山相呼应，浑然一体，亭台水榭，筑于水库边，每年春夏，游人如云。

9. 遵义千岛湖风景区

构皮滩电站建成后，蓄水位提高了100米，回水137千米到乌江渡电站，出现了“高峡出平湖，奇峰显峥嵘”的景象。景区内孤岛、中岛众多，港湾、河汊纵横。在这里最能体现水中观峡、峡中观景、湖中观岛、岛中赏湖的观光特点，具有较高的旅游价值，是旅游休闲、度假、商务会展的理想去处。

10. 遵义红岩湖景区

红岩湖是在洛江上游修建的综合性水利工程，距市区约 8 千米。红岩湖面积约 75 万平方米，湖水碧绿幽深，水面清波粼粼，湖区有大、小岛各一个，环湖四周和湖内岛上林木葱茏，终年滴翠，山花飞红，四时飘香。

11. 息烽鱼简河水利工程

贵阳市息烽鱼简河水利工程位于乌江南岸一级支流息烽县境内，是具防洪、灌溉、供水等功能的综合性工程。该工程由鱼简河水库枢纽工程、灌溉渠系工程及阳朗排洪工程三部分组成。鱼简河水库大坝为碾压混凝土拱坝，坝高 83 米，水库正常蓄水位 1 057 米，总库容 1 050 万立方米，为完全多年调节中型水库［详见 2018 年 4 月 28 日《关于息烽县鱼简三厅水利工程建设项目竣工环境保护验收调查报告》公告（公示）］，建成后可解决息烽县中北部永靖、西山、小寨坝等乡镇 17.6 平方千米农田的灌溉以及灌区内 12 000 人、3 000 头大牲畜的饮水，可为下游城镇、工矿企业提供日供水。

12. 施秉观音岩水库

施秉观音岩电站坝高 83.7 米，库容 1.27 亿立方米。它的建成使昔日寂寞的深山峡谷变成风光绮丽的上舞阳景区。

13. 瓮安情人湖

情人湖湖水湛蓝，潭甚深，水底卵石、沙烁、游鱼历历可见。四周林壑优美，映入水中，如临画卷。加之空山流泉，鸟语啾啾，让人有超世脱俗之感。

14. 黄平北湖

北湖长 3.5 千米，宽 300 ~ 600 米，湖面平直开阔，湖岸曲折迂回，湖湾多而丘陵绵延，湖面苗寨星落，休闲垂钓者络绎不绝。

15. 贵阳南湖

南湖长 4.5 千米，宽 50 ~ 300 米，湖岸蜿蜒曲折，湖中孤岛浅露，夹湖奇峰连绵，石林峭峻挺拔，四周林木苍翠，层峦葱茏，湖面烟波浩渺。主要景点有象鼻山、泥塘半岛、湖中岛、豺狗湾松林。

16. 贵阳金翠湖

金翠湖截河成潭，形成了天然的金翠湖，园内青山叠翠、绿树成荫、植被满园，具有古朴纯真的美景、秀丽独特的韵味。

17. 贵阳黔灵湖

黔灵湖湖面达 0.28 平方千米。水质更加清澈，黛琐翠围，波光粼粼。湖中游船点点，游弋自得。湖光山色，静雅宜人。廓桥水榭，绿杨碧柳，更具黔山秀水的景致。“解放贵州革命烈士纪念碑”巍然耸立在黔灵湖西岸。

18. 清镇红枫湖

红枫湖风景名胜区距清镇市城区 5 千米，水面 57.2 平方千米，水质清洁，湖中 170 多个岛屿星罗棋布。红枫湖集山景、水景、洞景、林景于一体，湖面辽阔浩瀚，湖和湾，曲折秀丽，岛屿，溶洞奇特，林茂花香鸟鸣。山里湖、湖里岛、岛中洞、洞中湖的奇特景色，构成独特的高原风光。

19. 清镇百花湖

百花湖位于城区东 4 千米，湖面 14.5 平方千米。百花湖以湖汊多、岛屿多见胜。松林坡大河湾，是湖的中心处，湖面开阔，湖中大小岛屿 100 余个。从这里上溯或下游，湖面渐成狭长，两岸山峦进逼，最窄处，有“一线天”之称。营盘坡上有古城堡，为清代所建，今残墙犹存，墙高 6 米，厚 1.5 米，占地 3 000 平方米，墙上有垛口、炮眼，分东、西、北三门，坡顶可俯瞰百花湖。三屯一带，村落依山傍水，鳞次栉比，梯田层次分明，鸟语花香，半江渔火，颇具江南鱼米之乡风采。湖中有“八仙过海”“笔峰叠翠”“云海山差”“小三峡”等景点。东岸的九龙山、云归山，茅坡高入云表，烟云缭绕，森林茂密，杜鹃花连绵 10 千米。阳春三月，还可品尝云归乡盛产的樱桃。百花湖畔有回龙寺、灵永寺、茅坡寺、云归寺等古建筑遗址，离岸不远处有盘龙洞、温泉。以湖山自然景观为主，地区性历史文化和其他人文景观为辅，湖水碧澄，峰岛相叠，山石奇巧。湖面碧波千顷，九曲萦回，山水组合交相辉映，层次深远，岛岸林灌茂盛，鸟语花香，间有良田千畴，村舍错落，古寺营盘，遗迹可寻。冬暖夏凉，空气清新，既远离尘嚣，又邻近都市，往来方便。

20. 清镇东风湖

东风湖位于清镇市新店镇西面，湖面 20 平方千米，蓄水量 10.23 亿立方米，水路全长 60 千米。其景区特点：狭长、陡、险、峻，湖畔风光秀丽；有“八仙过海”“天女散花”“天台玉笋”“八仙洞”等 20 余个自然、人文景观；无峰不雄，无洞不奇，无壑不幽，堪称“小三峡”。东风湖是陆路通往“百里杜鹃”“威宁草海”的必经之地，是通往国家级风景名胜区织金洞观湖游洞的黄金水道。可供游客猎奇、探险、采风、寻幽、考古，激发怀古之情，是贵州西线集湖泊、峭壁、峡谷、湖光山色、民族风情等于一体的旅游景区处女地。

21. 毕节水西湖

水西湖位于贵州省毕节市大方、黔西、织金、纳雍 4 县境内，拥有水库面积达80.54平方千米的宽阔湖面，核心区和开发保护区面积为150平方千米。水西湖库区属亚热带高原季风气候区，年平均气温 14℃，是天然避暑胜地。万顷碧绿的水西湖依托广袤的高原平湖，丰茂的喀斯特生态，良好的自然环境，多彩的民族文化与民族风情等旅游资源，形成以水西多民族特色文化体验、生态游览、乡村田园、度假休闲为主，水电科普考察、水上娱乐为补充的综合旅游区。

22. 毕节六广湖景区

六广湖景区距贵阳 50 千米，峡谷、峭壁、瀑布、溶洞、古树奇石、山形奇特、拔萃奇观，主要有六广特大桥、龙泉阁、姐妹池、猴愁峡、刺猪洞、屯江苗寨、古胜成、武显台等景点。景区内山奇水秀，风光旖旎，交通便利，紧接阳明洞景区、九龙山象祠景区，自然风光、民族风情及历史人文景观集中，是休闲度假、游览观光的旅游新景区。

23. 毕节柯家海子天然岩溶湖

柯家海子天然岩溶湖是贵州省三大喀斯特高原天然湖群之一，位于黔西县城以南至支嘎阿鲁湖旅游区之间，由大小不等、深浅不一的数十个天然岩溶湖组成，各湖体彼此紧邻，相距不过 1 ~ 2 千米，湖水清澈，碧波荡漾，环湖多为浓密松树林环绕，郁郁葱葱，景色优美宜人，是国内较为稀有的天然岩溶湖泊群。

24. 六盘水长海子湖

长海子湖是一座天然湖泊，长 2 000 多米，宽 300 余米，呈狭长形，俗称“长海子”。湖面海拔 2 560 米，蓄水 120 多万立方米，是贵州海拔最高的湖泊。从草原高处有 3 股流量较大的溪水常年注入湖中，湖水四季清澈，四周草地舒缓。在此休闲，既可观赏高耸入云的高山，又可饱览草原上怡然自得的牛羊群，碧水、蓝天、草原，可谓赛夺天宫。

25. 普定夜郎湖

夜郎湖为省级风景名胜区，位于县城西北部，距城区 7 千米，安顺 35 千米，如一幅天然“泼墨山水画卷”。全长 42 千米，蓄水 4.2 亿立方米，水面最宽处 2.5 千米，时为贵州省第二人工湖，水质优美，盛产各种鱼类；湖区两岸山峰秀丽挺拔，河道曲折有致，以峡奇、峰险、幽美、静谧为主要特点。

26. 镇宁黄龙湖

黄龙湖距县城 15 千米，距安顺市 45 千米，库容量 9 500 万立方米，集灌溉、发电、旅游综合性资源于一体。库容尾水和龙宫风景区相连接，南面与黄果树风景区衔接，是两个风景名胜区之间的水上黄金通道。

27. 清镇索风湖

索风湖位于清镇市与黔西县、修文县交界处，距清镇市 65 千米。索风湖有长约 20 千米的峡谷风光和传说中的白马滩、龙泉阁、一线天、贾家洞、妲妃池、月亮山等众多景点，生态保持了原始风貌。

28. 贵定云雾湖

云雾山下群山环抱的云雾湖，蓄水 250 万立方米，湖面宽阔，湖中有岛。湖四周有成片茂密的森林和绕山环坡的万亩茶园，有风景奇美的甲子屯、水口山、连珠山、谷峡山自然景观。

## 二、水岸休闲

1. 石阡欧家湾垂钓公园

欧家湾垂钓公园距石阡县城 38 千米，景区面积 162.7 平方米，由欧家湾水库和林场构成。库区群山环抱，植被丰富，2.6667 平方千米天然生态园林分布四周，森林覆盖率 87%以上，岸边有 0.0667 平方千米雪梨基地。这里风景秀丽、四季分明，有“绿色森林公园”之称。亭子、钓鱼台、停车场、会议室等设施完备，是一处集游玩、垂钓、休闲、避暑于一体的旅游胜地。

2. 平坝克酬水乡

克酬水乡位于贵州省安顺市平坝区马场镇克酬水库，距离平坝城区 30 千米。克酬水乡是以水利工程为依托，以民情风情为特色，在克酬水库建立起来的集游览、观光、会务、休闲、度假于一体的旅游胜地。核心区域面积 185 600 平方米，由会务中心、水上乐园、天文台、休闲茅草屋等组成；度假区内树木繁茂、碧波荡漾、鸟语花香；内设游乐场、烧烤房、娱乐中心、会餐大厅。克酬水乡山清水秀，远离尘世的喧嚣，有热情奔放的苗家舞蹈，古朴的民族气息，蕴藏着古老民族的神秘。

## 三、湿地公园景观

1. 涪陵水磨滩湿地公园

水磨滩湿地公园，距涪陵新城区 5 千米，背靠风景优美的黄草山山脉，水域面积 0.6667 平方千米，风光旖旎，是一个天然的湿地公园，湖岸参差绵延，小岛屿众多，山丘起伏，山水相依相偎，春夏秋冬各有奇景，是休闲徒步、摄影、郊游的俱佳之地。

2. 酉水河国家湿地公园

酉水河位于酉阳县东部，发源于湖北省宣恩县，由酉阳大溪、酉酬、后溪三镇经重庆市秀山县辗转注入沅江，后流入洞庭湖。酉阳境内的酉水河全长 81 千米,平均宽度约 12.5 米,沿岸都是土家人的聚居地,是土家族的摇篮，有“渝东南小桂林”的美称。河岸春花灿烂，夏绿滴翠，秋枫绯霞，冬雪晶莹，伴以山雀躁动，鸣蝉鼓风，煞是宜人。枫杨古朴苍劲，吊脚楼鳞次栉比，木叶情歌悠扬撩人，青石板路历史深邃，让人流连忘返。酉水河畔的后溪古镇，至今仍保存着有数百年历史的摆手堂。每逢土家传统节日和村寨婚丧嫁娶及祭祀等重大活动，土家人都会在摆手堂外燃起熊熊篝火，彻夜欢歌，跳起展现土家先民们劳作、生活、狩猎、作战等场景的摆手舞。

3. 阿蓬江国家湿地公园

阿蓬江国家湿地公园包括阿蓬江峡谷、石泉古苗寨、菖蒲高山大草原和佛教圣地龙头山四个部分。阿蓬江为乌江第一大支流，在酉阳县境内流经苍岭、两征、龚滩，长 75 千米。这里山峭、水秀、滩险、峡幽、洞古、林密、泉奇，幽深的峡谷，急流险滩、丰富的植被和罕见的巨型间隙喷泉，以及婀娜多姿的民族风情，构成了阿蓬江异彩纷呈的风景。上游黔江主要有官渡峡、神龟峡，下游酉阳主要有大河口、石柱门、间隙喷泉、罾潭峡等景点。石泉古苗寨位于阿蓬江国家湿地公园核心区苍岭镇大河口阿蓬江畔，古寨分上中下三寨，被 1 000 多棵古树、500 多丘梯田和满山翠竹紧紧包围，寨上有 70 多栋木质民居，古寨是重庆最大的苗寨。菖蒲高山大草原距渝湘高速黑水出口约 10 千米，平均海拔 1 500 米，草场方圆百余平方千米，是开发旅游地产、房车营地、跑马场、狩猎场、山地高尔夫球场和高山滑雪等高端旅游的绝佳境地，被誉为“江南的鄂尔多斯”“重庆的大草原”。龙头山海拔 1 700 米，在历史上与梵净山齐名，有三王洞飞灵寺、金顶龙头寺等佛教遗存，有天梯、石林、草场、舍身桥、天生桥等特色景观，是融自然山水、宗教文化、民俗风情于一体的旅游胜地。

4. 思南白鹭湖国家湿地公园

白鹭洲位于思唐镇城郊，是地处乌江江心的一个大型沙洲，洲呈椭圆形，由江中的泥沙堆积而成，鹭鸟成群在此栖息，故取名“白鹭洲”。贵州思南白鹭湖国家湿地公园是以在乌江中游上人工筑坝形成的白鹭湖为主体，以白鹭湖泊沼泽湿地生态系统为核心，以构建乌江上的生态廊道、完善长江上游生态屏障功能为目的而建立的。白鹭湖湿地公园的自然资源丰富，历史、人文景观独特。

5. 沿河乌江湿地公园

乌江湿地公园是利用乌江彭水电站蓄水之后形成库区水势平缓开发的旅游产品，结合城市主干道滨江大道、温泉大道、防洪堤休闲大道，将绿化、亮化工程与城市房屋立面改造等基础设施有机结合起来，加大步道、码头、亲水平台建设，将乌江文化、土家文化、红色文化相融合。游船每晚从旅游码头出发，到达城南花园区域，船行时间为 1 小时左右，将观赏灯饰与地域文化有机结合，是融合观光游览休闲娱乐、养生健康于一体的旅游产品。

6. 遵义飞龙寨国家湿地公园

飞龙寨国家湿地公园位于余庆县花山苗族乡境内的飞龙湖畔西侧，是飞龙湖休闲度假旅游区的重要组成部分。景区由三个部分组成：天下第一飞龙长廊、荷花园、民族风情园。该景区以苗族古寨为中心，以龙文化和少数民族风情体验为核心，以荷花园和飞龙湖山水景观为特色，辐射周边朝阳洞、石家洞、古树林等景点，境内自然风光秀丽，山水峡谷独具特色。

7. 贵阳阿哈湖湿地公园

阿哈湖湿地公园位于贵阳市西南部，总面积 12.18 平方千米，湿地面积 4.73 平方千米，有河流、沼泽、人工湿地三大湿地类型。2015 年 1 月，阿哈湖国家湿地公园通过国家林业局验收，成为贵阳首个国家湿地公园。

8. 贵阳花果园湿地公园

花果园湿地公园位于大贵阳城市的核心地带，周边环抱相拥的是植被繁茂的云贵山等三座山。公园里有千年古树银杏，吉祥如意的罗汉松，美丽迷人的老人葵，价值不菲的香樟树，十里飘香的桂花。它们同五颜六色的花草、湖中的鱼鸟、人行长廊、波光粼粼的湖面，一起勾勒成一幅美丽迷人的风景画。

9. 贵阳花溪国家城市湿地公园

花溪国家城市湿地公园位于贵阳市花溪区中心城区的北部，是全国罕见的城市湿地。它属于亚热带湿润气候下的高原岩溶丘陵区，是以喀斯特地貌为特征的城市湿地公园，其独特的地理位置和地质结构形成丰富多样的风景地貌资源。

10. 贵定摆龙河国家湿地公园

摆龙河国家湿地公园位于贵定县昌明镇巩固至石板境内，湿地面积约为 2.4385 平方千米，摆龙河是贵定县独木河的重要干流，属乌江水系，公园主要由龙山九门洞、九龙滩瀑布、龙山营、河背威远营、司头巩固牌坊、顶耳山森林—竹海—溶洞—草坪等美景组成。顶耳山为天然原始森林、茫茫竹海，各种野生动、植物种类繁多，至今仍然保留着古老的造纸术。九龙滩瀑布高 40 米，宽 20 米。园内具备河流、库塘、喀斯特湿地、洪泛平原湿地等多种湿地类型，独特的西南喀斯特地貌湿地特征的生态、生物多样性在岩溶高原地区具有代表性。

11. 龙里莲花湿地公园

莲花湿地公园位于龙山镇，是结合龙里本土文化、原生态自然风貌和朵花河风光精心打造的集生态农业、休闲商业、人文民俗、观光体验、养生度假于一体的生态化全感式全域旅游核心区。湿地公园共分为四个片区，分别是莲花片区、湿地公园片区、新场片区和余下片区。湿地公园内旅游项目众多，包括龙里水乡生态城、油画大草原旅游区、龙门镇旅游区、龙里民俗村等，以朵花河为支点，带动龙架山、龙里大草原、猴子沟风景区、莲花洞等周边旅游区活力，成为黔中地区旅游度假、商务休闲的重要集散地。

12. 六盘水明湖国家湿地公园

明湖国家湿地公园位于贵州省六盘水市钟山区明湖村，距市中心 2 千米。公园建设面积 0.316 平方千米，人工湖占 0.2127 平方千米，规划区湿地类型主要是人工库塘湿地和少量永久性河流湿地。其中，人工库塘湿地包括窑上水库、龙贵地水库和明湖村湿地，湿地面积为 0.8310 平方千米；永久性河流湿地包括水城河窑上水库至党校段及明湖小山峡溪流，湿地面积为 0.0155 平方千米，湿地总面积 0.8465 平方千米，湿地率为 42.8%。明湖国家湿地公园是六盘水中心城区的重要生态屏障，是乌江上游重要支流水城河的源头，由河流、库塘、森林构成的复合湿地生态系统。规划总面积 1.977 平方千米，主要包括龙贵地水库、窑上水库、水城河窑上水库至党校段、明湖湿地及明湖小山峡等。

## 第三节　水体景观

### 一、瀑布景观

1. 赤水大瀑布

赤水大瀑布位于贵州省赤水市南风溪河上游，离城区 30 余千米，瀑布高 76 米，宽 80 米，被专家学者誉为“神州又一瀑布奇观”。瀑水从悬崖绝壁上倾泻而下，似万马奔腾，气势磅礴，几里外声如雷鸣，数百米内水雾弥漫，阳光照射之下，呈现五彩缤纷的彩虹，偶尔还能看到奇妙的“佛光环”，随行人移动，一人一环，美不胜收。瀑布周围树木繁茂，四季葱茏。附近还有中洞瀑布，蟠龙瀑布群，两河口瀑布，鸡飞崖瀑布，香溪湖，石笋峰，灵芝石，百亩茶花林和大片的杜鹃林、桫椤林等景观相呼应。道路曲折回环，浓荫蔽日，与观瀑台、浪琴湾、飞虹桥、疑无路、三圣殿、仙舞台、暗瀑石等景点构成一个天然的瀑布公园。

2. 施秉古耳洞瀑布

古耳瀑布落差 108 米，宽约 30 米，由于它处在两座优美的山峰之间，像洁白而美丽的婚纱飘带，左面山峰像观景台，右边山峰就像一只展翅雄鹰，古耳瀑布景点别具一格。在全国旅游景区享有盛名，是一处少见的风景。

3. 瓮安穿洞瀑布

穿洞瀑布是国内十大天然水帘洞之一，位于瓮安县城北 13 千米银盏乡与新华乡交界的瓮安河上，夏季水涨湍急，瀑布更宽，水雾在阳光之中映出霓虹，异彩纷繁。此处河宽 50 多米，河床落差 10 多米，河水随河床陡然跌落，形如一幅宽大的白绢横挂河中，声似汹涌波涛咆哮。

4. 福泉大白水瀑布

大白水景区位于福泉市岔河乡，距市区约 26 千米。岔河因该地区溪流较多，纵横交错而得名。河水多发源于境内的沙帽山一带，甘甜可口，水质清澈。在整个约 3 千米的林荫溪涧，有数条飞流由山上落下，仰望似天上飞来，珠玉满面，幽峡的尽头有高约 70 米、宽约 10 米的大瀑布跃入眼前，水势洪大，水声入雷，整个瀑布由三叠组成，每一瀑布脚部都有一个深潭。大白水景区总面积约千余亩，景区内植被茂盛，覆盖率达85%以上，植物种类繁多。大白水景区内有一溶洞，洞高10余米，宽6米，洞内神秘幽深，钟乳发育丰富，鬼斧神工，景象万千。

5. 织金瀑布

织金瀑布位于织金县桂果镇织金河下游，是少有的天然博物馆和生物基因库，境内有浩瀚葱郁的原始森林，纵横奔腾的飞流奇观，雄伟壮观的高山石林。“织金瀑布”景区先后共计投入资金近1亿元，修建了景区旅游线3 000米、占地10 000平方米的大型文化广场，6 000多平方米的停车场及与景区配套。其文化广场被列入中国上海“基尼斯纪录”。

6. 镇宁黄果树大瀑布

黄果树大瀑布位于贵州安顺镇宁白水河上、连环密布的瀑布群而闻名于海内外，享有“中华第一瀑”的盛誉，也是世界上最壮观的瀑布之一。奔腾的白水河在这里从悬崖绝壁上直泻而下，形成九级瀑布，落差共为105.4米，漩涡无数，声如雷鸣，响达千米。水雾经阳光折射，五彩缤纷，变幻无穷，气象万千，风景极为壮观。为便于观赏瀑布奇景，附近建有观瀑亭、望水亭，并筑有直通犀牛潭的台阶和石梯，黄果树瀑布是白水河上最雄浑瑰丽的乐章。从68米高的悬崖之巅跌落的是整整一条河的热忱，它既有水量丰沛、气韵万千的恢宏，又有柔细飘逸、楚楚依人的温柔，81米宽的瀑面上水汽飘然，若逢适当的阳光照射还可形成迷人的彩虹。

7. 镇宁陡坡塘瀑布

陡坡塘瀑布位于黄果树瀑布上游1千米处，瀑顶宽105米、高21米，是黄果树瀑布群中瀑顶最宽的瀑布。陡坡塘瀑布顶上是一个面积达1.5万平方米的巨大溶潭，瀑布则形成于逶迤100多米长的钙化滩坝上。陡坡塘瀑布还有一个特殊的现象：每当洪水到来之前，瀑布都要发出“轰隆—轰隆”的吼声，因此又叫“吼瀑”。

8. 镇宁银链坠潭瀑布

银链坠潭瀑布位于黄果树瀑布下游，属于落水洞型瀑布，其形如斗，其声如歌，其状如链。在黄果树瀑布群中，它既不是以高取胜，也不是以阔或大惊人，而是它那千丝万缕的情态和如泣如诉的瀑声。瀑布只有10余米高，上面成漏斗形，底部是槽状溶潭。在潭沿面上隆起的石包，像一张张下覆的莲叶，交错搭连，河水在每一张叶面上均匀铺开，纵情漫流，像千千万万条大大小小的银链，轻音嚷嚷地缓缓坠入溶潭。三岔河水被钙华滩分成串串珠链，坠入深潭，是黄果树瀑布群中最秀美的瀑布。

9. 德江玉溪瀑

玉溪瀑高 43 米，宽 25 米，景观内山形奇特，环境优美，水流从山腰飞泻而下，景观壮丽，气势惊人。

## 二、奇特水体景观

1. 德江龙口

石林南侧悬崖壁腰有一龙口即德江龙口，喷出一根直径 2 米左右、30 余米远的呈弧形的水柱，直泻龙潭，触动之间，溅起一潭云雾，缓缓升起，时而似如白色藤蔓一圈圈地环绕，时而似仙女临空起舞时的白丝带，环壁绕转，半遮半掩，千姿百态。置身潭内，清悠悠的风拂面而过，滋润的水汽摩挲着颜面，轻绕着肩腰，跃跃欲出的太阳光柱，透过雾曼，形成的五彩光环，清清朗朗地呈现在眼前，一串串、一颗颗雾珠，有的犹如珍珠散落，有的穿梭于乳雾间翩翩起舞。隆隆的水声折射于四壁，回声如雷，震撼人心。河水蜿蜒曲折顺流而下，灌溉了一坡错落有致而大小不一的千丘田畴，形成了一道亮丽的田园风光。

2. 平坝珍珠泉

珍珠泉远近闻名，是中国二十大趣泉之一。这口古泉之所以神奇，就是因其对周围的声响有敏感的反应。当人在井边笑语击掌时，井里即刻会喷涌出一串串水泡，连续不断地击掌，水泡就连续不断地喷涌，很像珍珠，所以又叫“喜客泉”。珍珠泉始辟于明代，占地面积 16 平方米，上为泉眼，下为盥洗池，泉的旁边有两块清朝时期立的石碑。珍珠泉远近闻名，在中国的二十大趣泉名单上，珍珠泉位列其中。

3. 安顺漩塘

漩塘以“漩水之奇、短河之多、洞中佛堂之大”被誉为国内“三绝”。漩塘之水一年四季按顺时针方向整体旋转，形成“山不转水转”的绝景。在漩塘景区 3 平方千米的范围内，汇集了 3 条长短不同的短河，河水清澈透明，翠竹相拥。

## 三、洲岛景观

### 1. 德江角口

角口是德江至高山路段的终点站，位于城北 20 千米，居大溪沟、小溪沟汇合处，三面环水，傍河而依，四周峭壁悬崖，白壁如瀑。这里的土家人民有着浓厚的民俗文化和风土人情。

### 2. 遵义云门囤景区

云门囤位于虾子镇东部、三渡镇东南，北距遵湄公路 5 千米，因地处洛安江与湄江汇集处，群山环抱，云雾常年飘浮期间而得名。洛安江流过三渡镇乞邦渡后，江面平波如镜，两岸或青山绿树，或峭壁悬崖，百鸟争鸣其间。距北 2.5 千米，江流被百丈山崖所阻，向东急转，百山崖下有约 100 米高的天生桥。在湘江、湄江交汇处筑坝建角口水电站，形成库区人工湖，云门囤下碧水如镜；湄江两岸，峭壁凌空，怪石枯藤缠绕，与云门囤连接成和谐的山水自然景观。

### 3. 黄平白鹭盈洲

白鹭盈洲位于旧州古城郊的中桥河处。此处地势宽广无垠，肥美平阔。一条条清澈的河水潺潺流淌，河中游鱼戏石，妙趣横生。滩涂星罗棋布，积淀成洲，因此处鱼虾丰盛，白鹭纷纷聚集觅食。看那群群白鹭翩然起舞，就像是跳芭蕾舞的演员，尽情地在这个舞台欢快表演，凝眸此状，让人不禁联想起古诗的优美意境。

## 四、水岸景观

### 1. 遵义四洞沟景区

生态画廊四洞沟景区距市区 15 千米，峡谷幽翠、飞泉成瀑。山间翠竹繁茂，红色石径曲折延展，丹霞奇石屹立山巅，棕红色虫茶琼浆四溢飘香，浓缩成一幅重彩山水画卷。海内外专家盛赞四洞沟景区是“没有败笔的景区”“小家碧玉”“万竹之园”等。进入四洞沟梯级瀑布群景区，游客可以观赏到珠帘悬挂，声若雷鸣，气势万钧的水帘洞瀑布、秀美如弯型银梳的月亮潭瀑布、巨石中穿波涌湖青的飞蛙崖瀑布、飞流直下 60 米雨雾弥漫气势恢宏的白龙潭。景区内翠竹掩映，密布着 8 属 40 余种竹类，生长各种鲜美的竹笋，以及珍贵的竹荪和野生珍禽竹鸡。

### 2. 赤水风景区

赤水风景名胜区是国务院唯一以行政区命名的国家级风景名胜区，素有

“千瀑之市”“丹霞之冠”“竹子之乡”“桫椤王国”的美誉。赤水因美丽而神秘的赤水河贯穿全境而得名，更因中国工农红军“四渡赤水”以及赤水丹霞世界自然遗产而扬名中外。

3. 遵义大乌江风景名胜区

余庆大乌江风景名胜区位于遵义市余庆县中部，处于黔北、黔南、黔东南、黔东旅游区域的中心，区位适中。景区主要以横贯余庆县中部的大乌江为主体，分为大乌江金城峡段区、四龙场区、沙湾段区、牛尾滩段区、老村河片区、花山民族风景片区及他山摩崖、万丈坑红军烈士墓等两个独立景点，有自然景观 39 个、人文景观 12 个，风景名胜区总面积达 100 平方千米。

4. 织金桂果旅游区

织金桂果瀑布高 55 米、宽 35 米，昔日被称为“瀑泻珠帘”，水挥洒而下，连成一片，十分壮观。2011 年 8 月，织金桂果瀑布正式更名为织金瀑布。织金瀑布位于织金县桂果镇织金河下游的马场村附近，这里是少有的天然博物馆和生物基因库。境内有浩瀚葱郁的原始森林，纵横奔腾的飞流奇观，雄伟壮观的高山石林，还有当地世代居住的穿青人与瀑布息息相关的历史，都为游客充分展现了景区独具特色的风土人情。从 2010 年 12 月起，织金县雅贤现代农业有限责任公司开始对织金瀑布及瀑布周围 5 千米范围内的原始森林、古驿道、观音庙等景观进行旅游开发。

5. 毕节吊水岩风景名胜区

吊水岩景区位于勺窝乡与马踪岭镇的交界处，距纳雍县城 17 千米。吊水岩景区集吊水岩瀑布、云中小天池、十里杜鹃林于一体，这里的气候变化多端。夏天山脚气候凉爽宜人，山顶则热气腾腾；冬天山顶寒风凛冽，山脚则温暖如春，因此有“一山有四季，四季不同天”的说法。选择不同的景区位置，游客就会感受到不同的气候风光，见到不同类型的植被和栖息于此的各种珍稀动物。

6. 镇宁天星桥景区

天星桥景区位于黄果树大瀑布下游 7 千米处，是水上石林变化而成的天然盆景区，在这里主要观赏石、树、水的美妙结合。如果说黄果树大瀑布的特点是气势磅礴，天星桥区则是玲珑秀美。“风刀水剑刻就万顷盆景，根笔藤墨绘制千古绝画”的对联，概括了天星桥景区的神韵。这里有三个连接的片区即天星盆、天星洞、水上石林。

7. 德江马蹄溪峡谷

马蹄溪峡谷穿行于两岸壁立千仞之间，天开一线，幽深水缓，悬壁岭上绿叶莽莽苍苍，蜿蜒不绝，一阵河风吹来，沉浮于蓝波白浪间。呼吸清风，神清气爽，聆听岩壁下滴珠声、流水声、吆喝声，声声入耳。

## 第四节　漂流温泉水体娱乐

### 一、河谷漂流

1. 武隆黄柏渡漂流

黄柏渡漂流位于武隆区西南 3 千米处，由南向北漂行长途河上。沿武隆巷口镇长头河顺流而下。漂流全长 5 千米，属于典型的峡谷活水生态漂流，让游客于原山活水峡谷间，感受河床曲折回旋之气势、浪遏飞舟之爽快、碧流清泉之甘美，经历一场惊险刺激、畅快淋漓、心旷神怡的生态峡谷消暑之旅。黄柏渡漂流属置身于武隆大景区之中，以畅爽的亲水游乐互动体验，带来武隆旅游提档升级。

2. 石阡凯峡河原始生态漂流

凯峡河原始生态漂流位于贵州省东部的石阡县石固乡境内，石阡地热资源丰富，素有“泉都”之称。凯峡河原始生态漂流具有“冷漂热浴”（冷水漂流，温泉洗浴）的特点，沿河两岸风景迷人，服务优质。

3. 遵义羊磴河峡谷漂流

羊磴河峡谷漂流，峡深壁陡，悬岩绝崖，如走廊、似城垣，两山欲坠，峰峦连绵。水在狭长的峡谷中奔流，发出嚯嚯的吼声，宛如惊雷滚滚，轰谷鸣山。轻舟穿行其间，就像漂流在浪尖水花之上，一会儿跌入波谷，一会儿漂上浪尖，起起伏伏，随波逐浪，惊心动魄。

4. 贵定洛北河漂流景区

洛北河漂流景区距贵定县城仅 6 千米，属省级风景名胜区，交通便利，可进入性强。漂流景区全长 18 千米，水势缓激相间，惊浪、险滩、激流、幽谷分布均衡，动中藏静，有惊无险，扣人心弦。它被誉为“黔中第一漂”，跻为身贵州省四大漂流之一，共有景物景观 17 个，面积 25 平方千米，以洛北河流经的峡谷、河谷及保存较好的森林植被构成景区内极为和谐的自然生态美景。

5. 修文桃源河魔幻漂流

桃源河魔幻漂流位于修文县六屯乡桃源河峡谷生态旅游区，距贵阳市区40千米。该区素有“人间仙境”“世外桃源”之美称。峡谷内有十里桃花源、情人泉、犀牛潭瀑布、银滩瀑布、三道响大瀑布等自然景观。桃源河魔幻漂流开创了中国漂流之先河，在峡谷内架起了空中滑道，开辟了魔幻洞，有峡谷冲浪、高空浪摆滑道、水上乐园等，让游客在感受惊险刺激漂流的同时，还有魔幻般的全新体验。

## 二、温泉水体娱乐

1. 涪陵沙溪温泉

沙溪温泉坐落在涪陵城西美丽的聚云山脚下，依山傍水，景色秀美，与涪陵火车站毗邻，交通便利。泉水源自地下近2 300米深处，水温52℃～56℃，日流量1 500立方米左右，水色清澈透明，有轻微硫化氢嗅味。属中温硫化氢泉（硫磺泉）、氟泉、锶泉，含有丰富的对人体有益的矿物质和微量元素，是国内外少见的复合型优质医疗热矿泉。拥有12个特色泡池，能容纳400余人同时泡温泉、休闲娱乐，还设有桑拿、按摩、餐饮、会议、茶楼等服务。

2. 涪陵泽胜温泉

泽胜温泉城坐落在涪陵城区繁华的滨江路之上，建筑面积近2万平方米。设有室内温泉水疗鲜花养生馆、室外露天温泉泡池、动感水上乐园、温泉SPA、棋牌、健身、电玩、养身自助餐、豪华温泉客房等娱乐项目，是集休闲、度假、养生、理疗于一体的疗养温泉。

3. 涪陵龙洞沟温泉度假村

龙洞沟温泉度假村是一家集绿色餐饮、温馨住宿、养生温泉、棋牌茶艺、登山健身、唱歌垂钓、会议会务、生态景观于一体的旅游度假好去处。酒店温泉区采用重庆首家恒温循环温泉，养生、保健效果突出；酒店拥有各类客房90余间，可同时供180余人住宿；酒店餐饮覆盖特色中餐、火锅、烤全羊、烤鸡等多个系列，可同时容纳800～1 000人就餐。

4. 沿河高穴温塘

高穴温塘亦名珍珠泉，在县城南约 1 千米的岩脑下乌江西岸河边。泉水清澈如玉，泉眼涌水如珠，热气蒸浮如雾，水温 50℃左右，为有疗养价值的热矿泉，已有 400 多年利用历史。民国《沿河县志》记载：“泉源泻玉，四季如汤，每当夏秋之际，游人如织，竞相澡身，乡人疥疾者洗之立愈。”

5. 思南鹦鹉溪温泉

鹦鹉溪温泉是思南主打的形象名片。丰富的资源，使后来居上的思南跻身“全国温泉开发利用示范区”之列。在思南温泉中，水量最大的要数鹦鹉溪温泉。天然古泉位于相思溪河谷，也许称其“相思溪温泉”更有诗意。在山脚之下，溪水之侧，清澈透明，水质无染。百姓自发砌石为塘，温泉热气蒸腾，白日男用，夜晚女用，天地为屋，清风搓背，不亦快哉。西南地区水质最好，水温最高，最终建成九天温泉城。

6. 思南罗湾坨温泉

罗湾坨温泉地处乌江峡谷思林电站库区内，自然流量为 1 500 吨，常年水温在 58℃左右，目前正在钻井取水，设计单井日产水量为 1 200 吨。地下热水富含锶、锂、钡等微量元素，且偏硅酸含量及温度达到国家医疗矿泉水命名标准，水质未受到污染。温泉一年四季水汽蒸腾，水温有时高达七八十摄氏度，是一处优质的露天温泉。

7. 思南兴隆温泉

兴隆温泉号称“世界少有，海南无双”，富含矿物成分，温度高达 80℃，有极强疗养功效。兴隆温泉地处万宁东郊的兴隆华侨农场境内，那里风景秀丽，侨乡风情浓郁。兴隆温泉休闲文化村位于思南县兴隆乡境内，地处东经 108°16′~108°17′，北纬 27°46′~27°54′，乌江支流的龙底江畔，北距思南县城 50 千米，南距石阡县城 19 千米，西距郝家湾古寨 20 千米。

8. 石阡溪沟温泉群

溪沟温泉群位于县城汤山镇北约 3 千米处，贵—石—铜公路左侧的杜家寨溪沟中，温泉呈泉群，沿溪两岸呈东西向分布 5 个出口。水温 27℃~31.5℃，总流量每日 500 余吨，水质优良。该泉群地处沟谷，沟边两山左护右卫，一山林木葱郁，田土肥沃；一山层层梯土，树林错落有致。溪沟卵石夺目，清泉泓泓涌水，呈现出一派田园风光。

9. 石阡城南温泉

城南温泉又称“石阡温泉”，位于县城南端龙川河东岸，交通十分便利。城南温泉始建于明万历三十四年（1606 年），后历经改修，日臻完备延续至今已有 400 多年的历史，有着独特传统的洗浴文化，是全国唯有、世界少有的既可洗浴，又能直接饮用的天然矿泉温泉，也是中国最古老的温泉之一。建筑坐南朝北，主体建筑坐东向西，由大门而进，建有长廊、民塘、官塘和女塘，并以温泉为主体，建成了温泉风景群。石阡地热水资源非常丰富，有地热矿泉 14 个，总流量为 56 ~ 65 升/秒，平均水温为 35℃，城南温泉是县城内最著名的温泉。

10. 石阡“开水河”

“开水河”位于枫香乡地古村。这条名叫长塘河的小河，在一名叫“上口”的河段，河水缓缓流淌于两山绝壁对峙间的夹缝中，在一段约 20 平方米的河段内，河水像被“烧开”了，不但气泡翻滚，而且还能听见水被煮沸的那种“咕咕”声。此河段的水温比其他地方的约高出 10℃。

11. 石阡“珍珠泉”

“珍珠泉”又名施场温泉，位于地下热水河西约 2 千米的花桥镇施场。出露两个泉眼，当地村民以方石砌池，上为女池，水温 45℃，日流量 65 吨；下为男池，水温 45.5℃，日流量 100 吨。当气流和热水从地下喷涌而出时，水珠四溅，宛如一颗颗玲珑剔透的珍珠，令人陶醉，故当地人称之为“珍珠泉”。

12. 遵义汇川温泉

汇川温泉位于遵义市汇川区董公寺镇汇川大道旁，距区政府 2 千米，距市政府 5 千米，距遵义会议会址 12 千米，处于遵义市 100 平方千米山体森林公园黄金地带，地理位置得天独厚，交通便捷，自然环境优美。汇川温泉包括大型德式室内泡池区、动感时尚泡池区、原汤养生池区、原生态私密区、大型温泉游乐池区、VIP 泡池区等温泉板块。温泉接待中心还配备了休闲公共区域、高端健身中心、豪华 SPA 按摩包房、皇室奢华沐浴休闲区、优雅自助餐厅、豪华中餐包房、棋牌娱乐室、网吧、乒乓球运动场等。

13. 息烽温泉

息烽温泉是全国著名的八大温泉之一，素有“天下第一汤”之称，位于息烽县城东北面 41 千米处，海拔高度 700 米，四面环山，形成天然小盆地。

温泉四周山峦起伏，黑滩河、清水河汇合其间，两河汇合处，热泉分三处涌出，水温达 53℃ ~ 56℃，是世界少有、国内著名的优质天然医疗和饮用矿泉水之一，被誉为“与法兰西维琪温泉相伯仲”的优质热矿泉。含有钙、镁、钠、钾等十多种元素，长期饮用，可治疗多种疾病，且泉水中含氡，是具有医疗价值的氡泉。温泉周围林木丰茂、风光秀美，有“天台丛林”“白石涌泉”“奇石观瀑”“慈云生佛”等八大景观。其中天台丛林属原始森林，总面积达 5.058 平方千米，有楠木、银杏等几十种有名林木，天麻、杜仲、八爪金龙等十多种名贵药材及山羊、狐狸、猫头鹰等多种野生动物，还有明嘉靖年间外地云游和尚修建的“天台寺”。

14. 息烽白石涌泉

白石涌泉位于息烽温泉西北 1 千米的公路左侧。白石涌泉的山势为南北走向，形同一扇展开的天鹅翅膀，所以“鹅翅膀”其形神俱妙，白石涌泉峭壁垂直，如刀削斧劈，高达百米，气势磅礴，整个崖壁犹如一幅十分壮观的巨型壁画，以其峭崖绝壁的风骨及清澈的柔美吸引八方游客。白石涌泉与东面巍峨的乔巴山只隔一条公路，地形狭窄，俗名“白石口”，是沿公路下到温泉盆地的唯一门户。

15. 开阳白马峪温泉

白马峪温泉地处黔中腹地，处风景秀丽，水碧如玉、清流蜿蜒的马岔河谷，占据富有灵气的风水宝地年，平均气温为 10.6℃ ~ 15.40℃，夏季平均气温 15.1℃，日涌水量 400 余吨，水温 40℃，水质晶莹透亮明，可饮可浴，口感纯正，富含偏硅酸、锶、锌等 13 种有益人体健康的微量元素，属低钠、低矿化度、重碳酸钙型优质天然山泉水。

16. 开阳明皇御温泉

明皇御温泉位于开阳县双流镇白马洞热水村，距贵阳 58 千米，占地 0.018 3 平方千米。温泉井底温度 45℃，水中含有对人体有益的锶、锂、锌、硒等微量元素，pH7.64，水质属于软性水。一色的古典中式建筑，带着浓郁的盛唐移风，传承着皇家园林的古朴与厚浓。园内丛林环抱，依山傍水。

17. 黄平浪洞温泉

浪洞温泉又名温水塘，位于环境清幽、群山叠翠的温泉河旁。温泉位于寨下低洼处，前面是一条清澈透明的小溪流温泉河。温泉出水面积有 100 多平方米，现主要有 6 个大的泉眼，平地涌出，云雾蒸腾。据地质部门检测，水位标高 740 米，流量 6 升/秒，泉口水温 49℃，属高热温泉，泉水中含有锂、锶及偏硅酸等 17 种微量元素，可治愈多种慢性疾病。温泉寨的男女老少长年洗温泉浴，无一人得皮肤。因此人们把温泉水叫“圣水”。温泉河沿岸森林茂密，苍翠欲滴，鸟语花香。

18. 贵阳天邑森林温泉

天邑森林温泉占地面积 11 万平方米，以日式风格建筑为主，小桥流水掩映于原生态的松树林里。它是目前整个贵州省占地面积最大、绿化率最高，档次最高的天然原生态森林温泉度假中心。现有的营业项目有温泉浴、餐饮、客房、特色美食、棋牌室、理疗保健、会议接待等。

19. 金沙温泉

金沙温泉地处金沙县城东约 30 千米的安底镇八寨村小龙井。除温泉浴外，温泉水尚用于灌溉和养鱼。无论是商务会议、家庭娱乐，还是游泳居住、疗养，金沙温泉都是绝佳综合度假胜地。温泉度假中心有住宿、桑拿、林中露天温泉池、室内池、浴室、餐厅（大小包房、大厅）、卡拉 OK、大小会议室（小会议室能容纳 26 人，大会议室能容纳 80 人）、更衣室、健身房、超市、射击场、烧烤场等服务设施。

20. 六盘水洗马河温泉

洗马河温泉景区位于六枝新窑乡，距离六枝特区中心区 18 千米，是连接六枝牂牁江景区、廻龙溪景区、长角苗景区、洒洱景区的中心景区。景区面积 18 平方千米，景区内的三涨水是举世闻名的黄果树瀑布的源头。洗马河岸边的温泉品位高，在自然状态下每日流量 150 吨，温度 29℃，若开挖到 300 ~ 600 米，温泉每日流量可达 450 ~ 500 吨，温度可升至 38℃ ~ 39℃。洗马河周围的原生植被和人工绿化良好。

21. 六盘水廻龙溪温泉

廻龙溪温泉文化旅游度假区位于六枝特区岩脚古镇，核心区域占地 0.2 平方千米，景区集旅游、休闲、观光、养生、娱乐于一体，静谧而自然。“温泉”引自被誉为“长寿村”的岩脚镇木贡村。温泉水水温常年为 29.3℃，水质经国家地矿部门多次检验化验，富含锶、碘、锌等 24 种微量元素，对改善心血管功能、降血压、糖尿病、痛风等有一定的辅助治疗作用。

22. 六盘水乐民温泉

乐民温泉距乐民镇西南约 1 千米。在新桥河谷岸边的石缝中，泉水自地下涌出，日常流量约为 1 200 吨，水温 37℃左右，与人的体温一致，水质透明，属碳酸泉，口感较好。周围环境幽雅清静，流水淙淙，阳光明媚，呈现出一派“世外桃源”的壮丽景观。

# 第四章　乌江流域植被资源

乌江流域森林植被丰富，国家级省级森林公园众多，为区域旅游产业发展提供了良好的环境，但部分地区生态相对脆弱，区域石漠化问题突出。

## 第一节　森林草原景观

### 一、森林公园

1. 涪陵武陵山国家森林公园

武陵山国家森林公园位于涪陵区大木乡境内，面积为 16.33 平方千米，景区核心面积 16 平方千米，海拔 980～1 980 米，7、8 月平均气温仅 19.7℃，年平均日照数 1 050 小时。公园地处武陵山脉北段，东邻大木花谷，南接武隆仙女山，西靠武陵山大裂谷景区，距重庆主城区 130 千米。它是国家 4A 级旅游风景区、中国森林氧吧、重庆市最美森林氧吧、巴渝十二景之一、2015 年重庆十佳避暑休闲目的地，是重庆市民休闲避暑、度假养生的天堂。公园景区划分为 6 个大片区、30 个景点、3 个接待中心、5 个游乐场所。这里属于典型的喀斯特地貌景观，境内溶洞众多，溪涧密布，峰峦叠嶂、林海茫茫，呈现出一片浩瀚幽静、神秘险峻的自然风光。公园森林覆盖率达 95.2%，是一座天然绿色宝库，动植物种类达 2 000 余种，空气质量优良，负氧离子含量每立方厘米高达 2 356 个，居重庆市各大森林氧吧之首。景区吃、住、游、购、娱极为丰富，是春季赏花、夏季避暑、秋季观景、冬季赏雪的绝佳胜地。

2. 涪陵白鹤森林公园

涪陵白鹤森林公园以“生态、休闲、健身”为主题，是集自然生态保护与涵养、康体健身、休闲娱乐于一体的综合性城市公园。涪陵白鹤森林公园将种植香樟、天竺桂、桂花等百余种乔木，及多种时令开花植物，组成湿地植物、阔叶林、针阔林混交林和开花植物等特色植物区。

3. 武隆仙女山国家森林公园

仙女山国家森林公园位于武隆区境内，距城区33千米，为国家森林公园，是重庆周边的代表性景区之一，属于重庆十佳旅游景点，2011年被评为国家5A级旅游区。占地面积为100平方千米，平均海拔1 900米，最高峰2 033米，森林面积22平方千米，天然草原66.67平方千米，是重庆周边最大的高山草原。2016年12月8日，重庆武隆仙女山林场获国家林业局颁发的2016年度“全国十佳林场”称号。该林场在全国4 800多家国有林场中脱颖而出，成为获评“全国十佳林场”，也是重庆市唯一获此殊荣的县级国有林场。

4. 彭水茂云山国家森林公园

茂云山国家森林公园位于重庆彭水县西南部，是集自然景观和民风民俗等于一体的山岳型自然风景区。它是海拔211～1594米，面积19.10平方千米，森林覆盖率达91%的胜地。区内峰峦叠嶂、峡谷纵横，除有石林、绝壁、天坑、地缝、溶洞等地质奇观外，兼有漫山云雾、日出日落等天象景观和古树参天、千里碧海等森林景观。同时，它具有深厚的历史、宗教文化背景。

5. 酉阳桃花源国家森林公园

桃花源国家森林公园环抱整个桃花源景区，总面积27.3433平方千米，森林覆盖率高达80.4%，拥有最纯净的生态环境，是人与自然和谐相融的典范，还是国家级户外运动训练基地。公园保存着重庆已发现保护最为完好的红椿天然原生种群。园内地文、人文、水文、生物资源极其丰富，涵盖了数百个自然和人文景观，大气质量、地面水质量、土壤质量均达到了国家一级标准，负离子含量高达8.52万个/立方米。春天，山花烂漫，芳林绚丽；夏天，浓荫如盖，云雾缭绕；秋天，红叶满山，层林尽染；冬天，银装素裹，分外妖娆，是整个酉阳的一片“肺叶”。

6. 赤水燕子岩国家森林公园

燕子岩国家森林公园位于赤水市区20千米处，与十丈洞瀑布风景区紧邻。燕子岩的代表景点是燕子岩瀑布，燕子岩瀑布虽没有十丈洞瀑布那么宽，高度却令十丈洞瀑布望尘莫及。窄长的水流从崖顶坠下，山、树木、水都显得非常细致。

7. 赤水竹海国家森林公园

赤水竹海国家森林公园，位于贵州省赤水市城东40千米，赤桐公路旁侧。

该公园以浩瀚的“竹海”风光为主。公园内有楠竹 113.33 平方千米，遍布群山峻岭，登上公园“观海楼”，凭栏眺望，一望无际的莽莽绿原，铺山盖岭。山风吹过，竹涛阵阵，碧波涟漪，令人心旷神怡。身入林中，如入绿色海洋，到处碧波拥翠，竹浪滚滚，清心、淡雅、潇洒、葱茏的景色，让人心醉。区内有“天锣”“地瀑”“八仙树”“夫妻树”等奇特的自然景观，为游人增添无穷乐趣，给人以回归大自然的美好享受。

8. 遵义凉风垭森林公园

凉风垭森林公园位于大娄山中段桐梓县城北面，占地面积 5.96 平方千米，涉及楚米、大河 2 个镇 5 个行政村，交通便捷。公园内高低海拔落差较大，相对高差 50 ~ 200 米，年平均气温 12℃，冬无严寒，夏无酷暑，生态植被较好，森林覆盖率达 85%，空气清新，山水兼备，具有休闲、度假、疗养、健身、娱乐等综合功能。

9. 遵义习水国家森林公园

习水国家森林公园内丹山叠嶂，红崖壁立，悬幔飞瀑，茂林修竹，登临纵目，苍山如海，堪称原始生态胜地。这里有历经八百年风霜雪雨的神州瑰宝——中国杉王，科学考察与探险运动处女地——猿峒悬谷，举世罕有的丹霞板状河床风景廊道——水上公路，是谱写伟大革命英雄史诗的红军长征四渡赤水鏖战地。

10. 遵义龙泉山森林公园

龙泉山森林公园时而清幽俊美，安适超然；时而涛声连天，热闹异常。无论何种意境，都是人们心中天堂般的伊甸园。走近森林，游客会温顺乖巧，举止端庄，不愿意打破深山淑女般的静谧。人们踏着朝露，披着晨光，呼朋引伴来到森林，听涛、溪水漫步、野径采花，把森林公园变成一方活力迸发的乐园。

11. 遵义红石野谷

红石野谷位于赤水市西南部大同古镇华平河畔，大同古镇、四洞沟景区，宝源梯田风光的中心地带，离市区约 16 千米，景区核心面积约 5 平方千米。景区保持着自然原始、古朴状态，森林覆盖率 95%以上，有珍稀植物数 10 种，主要有濒危植物桫椤，一级保护植物小金花茶，赤水蕈树（铁夹子），鹅掌楸等。以红色蜂窝状的丹霞壁画石刻长廊为特色景观，如佛、如蛙、如鹿等各种奇形怪状、千姿百态的红石与桫椤，茂密的竹林、清澈见底的溪泉瀑布，仿佛把人带到原始、自然、幽静的侏罗纪时代。桫椤戏泉水，竹海映丹霞的独特景观让人流连忘返。

12. 息烽天台丛林

天台丛林是温泉八大景观之首，位于养温公路 12 千米处的天台山，面积约 0.466 7 平方千米。丛林内，莽莽苍苍，遮天蔽日。小而全是丛林的特色，游人无须经受长途颠簸之苦，就能饱览原始的远古风光。天台丛林不仅是黔中地区保护完好的原始森林，天然植物非常丰富，而且还是野生动物的乐园，穿山甲、林麝、脆蛇、山羊、狐狸、果子狸以及多种禽鸟都栖息在林中，是游人休闲、度假、寻幽探古，享乐原始美景的好地方。丛林古木参天，林茂幽深，薄雾萦绕，沿着绿茵铺就的林荫大道向上徐行，有天台禅院旧址天台寺。从林外围，群山环抱，溪水淙淙，风景宜人。

13. 黄平朱家山原始森林

朱家山原始森林位于距旧州古镇 30 千米的朱家山原始森林，是阳河的发源地，其主峰马头山，形似马头，海拔 1 357 米，站在马头山巅可揽黄平、瓮安两县交界的大片原始生态林。周围尚有沙帽顶、其昌米、羊脑壳、古老门、三角庄、鸡冠岭、太阳山七座海拔 1 000 余米的山峰，被誉为“七星捧月”。雨过天晴的早晨，朱家山云海茫茫，无边无垠。日出山顶，朝霞万道，普照大地，景色美不胜收。朱家山是黔中地区亚热带森林生态系统保护较为完整、面积较大的唯一常绿阔叶林区。

14. 瓮安映山红景区

映山红景区位于瓮安县城东 5 千米处。火棘树满山遍野，大丰洞藏奇纳秀，情人谷宁静浪漫，红子湖清澈幽雅，红子坪意韵深邃，红子岭高瞻远瞩，苍山如海。区内还有高尔夫球场和设施完善的岭上人家度假村等。

15. 瓮安朱家山国家森林公园

朱家山国家森林公园位于贵州中部乌江畔的瓮安县境内，由朱家山、映山红、塔坡、西坡、江界河五大景区组成，总面积 26.62 平方千米，森林覆盖率为 92.1%。各景区内森林风景资源独特多样，完好地保存着地球同纬度上独有的常绿阔叶原始森林，包含岩溶地貌所特有的溶洞群落，拥有惊、险、雄、奇的乌江峡谷风光和举世闻名的江界河桁式组合大桥。景区内森林密布，处处古朴清幽；峡谷天成，美景胜过天堂；溶洞交织，环环鬼斧神工；湖泊如镜，映照天人合一；松涛林海，拂过如茵草坪；四季林相，变幻五光十色，文物古迹，风也悠悠，雨也悠悠。景区内的中国工农红军突破乌江战斗遗址、黄泥凼战斗遗址和彪炳史册的中共中央政治局猴场会议会址等长征文化，映衬着朱家山国家森林公园。

16. 贵阳森林公园

贵阳森林公园位于贵阳市区图云关，距贵阳市仅 2.5 千米。原为贵州省林科院实验林场，由于林木种类众多，成林时久，面积广袤，泉水潺潺，珍禽出没，蝉鸣鸟语，芳草馨香而被誉为“贵阳八景之一”，于 1999 年被列为“中国名园”。山势绵亘，土地肥沃，延绵数十千米，总面积达 2.6 平方千米，其中森林覆盖面积占 90%，分梓、樟、柚、栎、檀、松、杉、白杨、油茶等十几个林区，资源非常丰富，有国家一级重点保护的珙桐以及松、杉、樟、柚、栎、檀、杏等珍贵树上千种，还培植有山茶、桂花、杜鹃等有名的花木；画眉、猫头鹰、野鸡、松鼠、穿山甲、刺猬、獐、野兔、黄鼠狼、泥猪野生动物生活其间。

17. 龙里龙架山国家森林公园

龙架山国家森林公园位于龙里县城郊，距离龙里县城 1.5 千米，总面积 60.79 平方千米。公园内延绵起伏的山脉好似群龙飞舞，因此而得名。园区内珍稀植物众多，珍禽异兽活跃其间，是中国西南地区唯一的物种基因库。公园森林文化底蕴深厚，民族风情浓郁，被誉为省会“贵阳近郊生态旅游明珠”。龙架山国家森林公园公园具有强大的科技优势，设有“贵州高原濒危植物繁育中心”“贵州省中亚热带珍稀植物园”“贵州省青少年科普教育基地”。现已引种培育珙桐、红豆杉等国家一级保护植物 35 种，桫椤、鹅掌楸等国家二级保护植物 71 种，贵州省级保护植物和特有树种 54 种。

18. 都匀青云湖国家级森林公园

青云湖国家级森林公园位于都匀市区、文峰公园东面，始建于 2000 年 2 月，2005 年 12 月 23 日被国家林业局批准评为国家级森林公园。它是一个集森林景观、水体景观和民族风情等景观资源于一体的城市后花园，公园总面积 31.88 平方千米，由青云湖、石门湖、螺丝壳高山草甸三大景区组成，整个景区内森林覆盖率在 90%以上。公园内天然次生林面积大，物种多样，有维管束植物 1 000 余种，常绿阔叶林绿染峰岭沟谷，珍稀植物、古木名树点缀其间，山花野卉争奇斗艳，秋叶烟霞如诗如画，隆冬玉树琼枝晶莹剔透，是都匀的环城林带，绿色走廊，天然肺叶。

19. 印江四野屯

四野屯位于乌江西岸，距思南城 40 千米，面积达 21.33 平方千米。景区内气候温和，雨量充沛，森林覆盖面积达 57.5%。青杠坡高庄寺村是土家族聚居地，其内有棵 1 300 多岁的楠木，被誉为“贵州楠木王”。风景区内还分布了很多银杏，树木大小不等。

20. 毕节国家森林公园

贵州毕节国家森林公园位于毕节市境内，地处贵州西北缘的乌蒙山腹地，海拔 1 435 ~ 2 217 米，总面积 41.33 平方千米，森林覆盖率 91.5%，由拱拢坪、白马山、乌箐岭三个景区组成。其中，拱拢坪位于毕节市西南部，面积 17.18 平方千米；白马山景区位于毕节市中部，面积 15.59 平方千米；乌箐岭景区位于毕节市南部，面积 8.56 平方千米。

21. 毕节赫章国家级森林公园

赫章国家级森林公园位于贵州省西北部的赫章县境内，由平山林区和水塘林区组成。公园总面积 47.33 平方千米，公园内森林覆盖率 87.8%，是黔西北地区最重要的生物基因库和水源涵养林区。公园内森林景观十分优美，春有杜鹃、茶花争艳，夏有万木葱绿，秋天层林尽染，冬天玉树琼枝。

22. 毕节龙凤山森林公园

龙凤山森林公园位于县城东郊，总面积 3.5 平方千米。公园紧邻草海国家级自然保护区，是重要的城市生态绿地和水源涵养地；公园气候温凉，森林秀美，山岭如垣，峰峦众多，天象多彩，历史文化厚重，民族风情浓郁，是县城和草海的重要生态屏障、当地居民休闲娱乐健身的理想场所。

23. 六盘水玉舍国家森林公园

玉舍国家森林公园位于贵州省水城县南部，距六盘水市中心 30 千米，交通便利，有水柏铁路和两水线通过景区。该公园以浩瀚的“林海”为主，总面积 33.42 平方千米，有林面积 27.12 平方千米，有 0.2 平方千米保存完好的原始林，森林覆盖率在 90%以上。公园由森林游览区、森林游乐园、森林生态保护区、综合服务区、森林探险区、发展区等 6 个景区组成，以森林及溪水景观为主要特征，旅游资源丰富，类型齐全，自然景观和人文景观总的特点为“林茂、山青、水秀、物丰、树美、石奇、峡险、情浓”。有以华山松、杉木等组成的人工林和杜鹃等组成的天然林相互辉映，飞来石一峰独秀、小石林玲珑精巧、溪流水体通透、大小瀑布 20 余处，千姿百态，草地碧绿如茵，野趣横生，古驿道寻古探幽，民族风情浓郁，传统民族节目——火把节、跳花节，别具一格，引人入胜。

24. 六盘水大洞竹海

大洞竹海景区由云上竹海景区和大洞古人类遗址两部分组成。云上竹海景区位于盘县东部竹海镇（原老厂镇），东与普安接壤，南与马依镇相连，北与马场乡相邻，距盘县城关镇 53 千米，距红果 91 千米，距六盘水市区 202 千米。该区属亚热带季风气候，气候温和，冬无严寒，夏无酷暑，年平均气温为 13.5℃。地势高峻，海拔为 1 500 ~ 2 133 米。以竹海风光为主要特色，境内有连片灰竹林 16.67 平方千米，是六盘水境内稀有的竹海。因竹海形成的"竹根水"，是该地区森林竹海特殊地理条件下形成的一种天然的软水，属国际首次发现的优质饮用水，具有防癌抗癌等医疗保健功能。目前，云上竹海围绕万亩竹海开发的旅游景点包括竹园溪风情酒店、竹海文化广场、七姊妹林场、竹海寺和狗跳崖、体验式栈道、古法造纸体验馆、竹工艺体验馆等景观，是兼具游赏审美、休养身心、养生保健功能的休闲度假型风景名胜区。

25. 六盘水月亮河森林公园

月亮河森林公园地处云贵高原东斜坡上，属高原向黔中山原丘陵过渡地带，境内山峦起伏，处于中山地貌类型区。距贵阳 140 千米，距六盘水市 75 千米，距六枝中心城区 35 千米，海拔为 1 674 米，公园山峰多为 1 350 ~ 1 600 米，相对高差 150 ~ 250 米，平均气温 14℃ ~ 15℃，年均降水量多为 1 400 ~ 1 500 毫米，旅游舒适期达 240 天以上。月亮河森林公园是观景休闲、水上游乐、遛马垂钓、体验布依风情感受森林童话等的好处所。

26. 平坝大坡林场

大坡林场属于省级天然林场保护工程，占地总面积达 5.64 平方千米，杉树 2.06 平方千米，大坡森林公园松树 3.07 平方千米，阔叶林 0.063 平方千米，楠竹 0.063 平方千米，森林覆盖率达 95%，大坡林场山高坡陡，海拔 1 588 米，气温比平坝城低 3℃ ~ 5℃。林场内有多家二级保护动物红腹铭鸡，也有猫头鹰、蛇等野生动物。

## 二、草原风光

1. 彭水阿依山樱花大草原

阿依山樱花大草原位于彭水县新田镇，这里山坡林木参天，果林缤纷，绿草如茵，溪流处处，草原与森林交织，深峡与旷谷错落。整个景区面积达 20 余平方千米，其中樱花就有约 2 平方千米。游客到了这个地方，定会被山野间的野生樱花所吸引。连绵的草地，让人忍不住想用双脚去感受自然的温柔。

2. 德江万亩草原

德江万亩草原位于隆兴村水源组的后面，东面与石林紧紧相连，西与板栗基地相接，距大元马耳河峡谷风光约 1 千米，内有天然湖、卧虎等风景。走进这样一片望不到边的草原，仿佛置身于蒙古大草原。

3. 贵定顶耳山竹院草场

顶耳山位于巩固乡境内，距县城 50 千米，总面积 70 平方千米。地处硅质砂泥岩层的剥离面上，呈猪背形的高原面，海拔为 1 626 米。在高原面上，是一片莽莽草原和竹海。在高原面的岩下檐下，分布着大小不等、形状各异的二级台地。这里渗流水、草原淋滤水充足，土地肥沃，是少数民族聚居之地；这里泉水叮咚，清溪潺流，瀑布跌水众多，千条银河，组成青山匹练。在顶耳山脚，清溪环绕，良田万顷，奇山洞壑伴随，人文景观众多，有巩固龙山营、威远营、联安营、石牌坊，杨柳的九门洞、仙山洞群，仙鹤聚居的石板竹林河湾等。

4. 贵定黄龙山高原草场

黄龙山高原草场位于新铺乡，总面积 20 平方千米，它蕴藏着极其丰富的生物资源。壮丽的高原风光、浓郁的苗族风情和精美的苗族传统蜡染刺绣服饰工艺吸引着国内外旅游者。山顶开发为独具特色的高原苗族风情旅游区、斗牛场，修建苗族民俗文化村，使用射弩围猎狩猎，建设城市中小学生高原夏令营基地，让广大国内外游客直接观赏，亲自参与，尽情体验高原风光苗家风情。

5. 龙里玛格诺吉草原

龙里玛格诺吉草原距龙里县城 25 千米。这里既有蒙古草原的辽阔宽广，又有云贵高原的山峦叠嶂，错落起伏，形成了独一无二的高山平台大草原，是著名风景区猴子沟的必经之路。这里拥有美丽的草原自然风光，古朴的蒙古族风情以及独特的生活方式、悠久的历史文化和宜人的避暑气候。这里既有一望无际、空阔幽深的壮阔美，也有风吹草底见牛羊的动态美；又有蓝天白云、绿草如茵、牧人策马的人与自然的和谐美。草原地势平坦，天际线分明，海拔高度为 1 500～1 700 米，年均气温 13℃，气候凉爽宜人。这里因其草原的独特性和唯一性，使她成为龙里自然景观中一道亮丽的风景线。

6. 毕节百草坪天然草原

百草坪天然草原地处贵州屋脊威宁彝族回族苗族自治县东部，盐仓、板底、炉山等三个乡镇交界处，距毕节170千米，距县城30千米，有柏油路相通，覆盖面积266.67平方千米，核心面积80平方千米，可利用面积66.67平方千米，以低山丘陵为主，海拔为2 400～2 800米，平均海拔2 300米，相对高差100～150米，坡度8°～12°。这里属亚热带季风性湿润气候，冬季寒冷，夏季温凉，年温差较小，日温差较大，雨季迟，春旱重。年平均气温10℃，年均降水量900毫米，年均日照时数1 600小时，无霜期165天。适宜多种牧草和畜禽的生息繁衍，有羊茅、陈谋野古草、梅氏画眉草等天然牧草品种100多种。植被覆盖率 90%以上，是贵州省独特的农牧观光休闲避暑游览胜地。水源丰富，进场新建公路7千米联结326国道线直达草场中心，生态植被良好，草地覆盖率99%。

7. 毕节灼甫草场

灼甫是古老的高原，游牧的彝族东进，轻健的马蹄踏上这片高原之时，就种下了今日牧歌的梦。古老的彝族同胞称这片高原为“芦虹”，牧歌已浸入了这片高原的苦涩和似雨似雾的凄迷，他们开始痴迷于有别于青海高原的另一种情致。

8. 毕节坡上草原风景名胜区

坡上草原风景名胜区属盘北高海拔区，最高海拔2 857米（贵州第二高），最低740米，为高原山地地貌，以玄武岩、岩溶地貌为主，气候凉爽，居住较多的有彝、白、苗、布依等少数民族。坡上草原风景名胜区由万亩坡上草原牧场、万亩矮杜鹃林、沙河龙潭口溶洞、天生桥、格所河峡谷大出水洞、天然大天窗等资源组成，还包括古榕树群、草原湖泊、千亩杜鹃林、千亩天然林、龙天佑古墓、彝族村寨、彝族“火把节”、白族“火把节”以及岩溶峰林、峰丛等自然风光、人文景观景点42个，资源丰富。有关景物相对集中地分布在盘北的四格坡上，淤泥、沙河、保基格所河三大片区大约260平方千米。风景名胜区中自然环境较好，植被覆盖率高，污染较少，水源清澈，空气新鲜，气候凉爽。规划和建设中的铁路、公路形成了较为方便的外部交通，处于川、滇、黔、桂结合部，区位优势较明显。

9. 盘县高原草场

盘县高原草场风景名胜区位于盘县特区北部的四格、坪地两个彝族乡与水城县交界处，含高原草场、格所河峡谷、沙河溶洞景区，有长布草场、长海子湖、沙河溶洞、牛棚梁子等众多高品景观。平均海拔 2 400 米，草场总面积 8 平方千米，其中人工改良草场 2.67 平方千米，现有毛羊 1 060 只，黑白花杂交牛 183 头，是全省 12 个现代化草地畜牧示范点之一，同时也是国内外游人欣赏高原风光的理想之地。草场的最高峰牛棚梁子，海拔达 2 700 多米，素称盘县群峰之冠。

10. 普屯坝高山草原

普屯坝高山草原风情旅游区位于普定县城东北部猴场乡，距城区 42 千米。为贵州山区地形中罕见的高山草原，普定海拔最高点（1 850 米），方圆 6.8 千米，颇具“天苍苍、野茫茫，风吹草低见牛羊”之势，一年四季景色各不同。主要游览项目：徒步攀登、野外露营、户外游览、观赏仙马苗族风情、倾听仙马苗族民间合唱团无伴奏多声部合唱。主要游览景观：明代“抚按明文”摩崖石刻、后冲小石林、高原特色民居、杨家寨河谷风光、仙马苗族村寨等。

## 第二节 动植物景观

### 一、自然保护区

1. 沿河麻阳河国家级自然保护区

阳河国家级自然保护区位于沿河县西北部麻阳河、洪渡河流域，面积 311.13 平方千米，生物资源丰富，仅维管植物和脊椎动物就有 800 余种。国家重点保护动物有 27 种，其中兽类 10 种，一级保护动物有黑叶猴、豹，二级保护动物有黑熊、小灵猫、猕猴、林麝、穿山甲、水獭等；鸟类 15 种，均为二级动物，有鸢、秃鹫、白尾鹞、红脚隼、白冠长尾雉、红腹鸡等。国家重点保护的植物有 12 种，其中二级保护植物有天麻、穗花杉、红花木莲、白辛树、黄连、厚朴等 6 种。保护区峡谷、峰丛、飞瀑、洼地、漏斗、溶洞、天生桥、地下水、陡崖、石峰等具有奇、险、幽等特点，自然风景绮丽壮观，其间分布着 76 群 730 多只黑叶猴，是贵州黑叶猴分布最密集的地区，也是国内最重要和最适宜保护黑叶猴种群的基地。

2. 黄莲柏箐自然保护区

黄莲柏箐自然保护区位于桐梓县东北部，覆盖狮溪、羊磴、水坝塘、木瓜、黄莲等 5 个乡镇。由柏箐喀斯特原森林自然保护区和黄莲自然保护区合并而成。区内保存了原生性较强的常绿落叶阔叶混交林和金佛山方竹，面积分布集中成片，是中亚热带山地常绿落叶阔叶混交林生态系统的实验研究基地。保护区生态环境特殊，动植物区系成分复杂，物种资源丰富，珍稀、濒危植物种类较多，对生物多样性保护具有重大而深远的意义。其中，生物资源 1 175 种，有国家重点保护的濒危、珍稀植物 12 种，属国家一级的有珙桐、银杉、银杏、南方红豆杉等。

3. 赤水桫椤国家级自然保护区

桫椤国家级自然保护区被科学家们称为“桫椤避难所”，是我国第一个国家级桫椤自然保护区，位于赤水市葫市镇境内的金沙沟。这里山高谷深，重峦叠嶂，有较为良好的原始生态环境。桫椤数量更多达 4 万余株，结构典型，类型多样，树形优美。

4. 毕节威宁草海国家级自然保护区

威宁草海国家级自然保护区位于贵州省威宁彝族苗族回族自治县境内，面积达 120 平方千米，1985 年经贵州省人民政府批准建立，1992 年晋升为国家级，主要保护对象为黑颈鹤及高原湿地生态系统。草海是贵州高原上最大的淡水湖泊，水面面积达 46.5 平方千米。本区属亚热带季风气候区，湖区水质良好，水草茂密、鱼虾众多，生物资源比较丰富。区内有高等水生植物 37 种，其中海菜花为国家重点保护植物，有鱼类 10 余种，鸟类 178 种或亚种，其中 27 种为国家重点保护动物，48 种属中日候鸟协定保护鸟类，并为一级保护动物黑颈鹤的主要越冬地之一。此外，区内还发现大量古生物化石和人类文化遗迹。该保护区的建立对黑颈鹤及高原湿地生态系统的保护和研究具有重要价值。

5. 六盘水野钟黑叶猴自然保护区

野钟黑叶猴自然保护区位于贵州省六盘水市水城县野钟乡南部的北盘江河谷，地处滇东高原向贵州高原的过渡地区，西南季风区与东南季风区的过渡地带。乌蒙山系东南坡，位于东经 104°15′23″，北纬 26°55′21″，海拔 780～1680 米，面积 13.62 平方千米，核心区面积 4.15 平方千米，是以国家一级保护动物黑叶猴及其栖息环境为主要保护对象的自然保护区。该区森林覆盖率仅 9%，主要植被为中亚热带常绿阔叶林，植被种类较多，垂直变化较为明显，由于地形及气候原因，也出现了许多南亚热带植物。有丰富的药用植物资源，还有国家三级保护植物穗花杉。野钟黑叶猴自然保护区除了国家一级保护动物黑叶猴外，还有国家二级保护动物 13 种，其中兽类 5 种，即藏酋猴、猕猴、小灵猫、斑羚、林麝；鸟类 7 种，即白腹锦鸡、鸢、雀鹰、红隼、雕枭、领鸺鹠、斑头鸺鹠；两栖类 1 种，即贵州疣螈。

6. 普定枫林火焰山原始植物保护区

枫林火焰山原始植物保护区是天然植物公园，为安顺市仅存的原始森林，方圆 5 千米。因深秋时节遍山红叶，远观似火，颇为壮观，故而得名。区内有冰前期活化石银杏，大量国家级保护树种及贵州罕有的多种树种等。主要游览景点有：丰林村、龟山、火焰山、枫溪、云山等处。主要观赏其自然山林景观、幽静涧谷景观、苗族风情展示，植物科普考察等。

## 二、动物园

1. 遵义动物园

遵义动物园地处遵义市红花岗区长征镇的遵义动物园，占地面积为 0.206 7 平方千米，分为四个区域，有滨水区、景观区、动物展观区、山体绿化区，总投资 2 300 万元。区域内有高山、丘陵、缓坡、洼地、水库等，地理优势十分突出，是一个以观赏动物为主的专类公园，也是典型的山体公园。整个动物园以湖面和山体为中心，中间设有标志性景观塔，游客可以从不同的方向步入山顶，欣赏周边区域的各种大景观。它是遵义市青少年科普教育基地、国家 3A 旅游景区、贵州省科普教育基地。

2. 贵阳猕猴园

猕猴园始建于 20 世纪 30 年代，原为中西上式建筑，配以富有中国园林特色的长廊及江南亭榭，以供游人休息及欣赏。公园在此进行野生猕猴散养的科研，经过 10 余载的不懈努力，科研工作获得了成功，猕猴从当初的 20 余只发展到现在的五大群 300 余只，已形成不可多得的景观。在此可享受到人猴同乐的妙趣，令人流连忘返。

3. 贵阳森林野生动物园

贵阳森林野生动物园位于修文县扎佐镇境内的扎佐林场，距贵阳仅 35 千米，园区占地约 3.33 平方千米。目前园内有大象、熊猫、华南虎、金丝猴、长颈鹿、斑马等 300 多种 5 000 多头（只）动物。园内除可观赏各种野生动物和森林景观外，还可以免费观赏大象表演、猛兽表演、鸟艺表演及参观科普长廊等，是集游览观光、休闲娱乐、科普教育于一体的高原森林野生动物园。

# 第三节 古树花卉景观

## 一、花卉景观

1. 涪陵大木花谷

大木花谷是大木花海景区三大核心景点之一，占地约 6.67 平方千米。大木花谷背靠陡峭大山，谷地中种植大面积花田花海，从初春的冰岛虞美人、三色堇；到夏天的向日葵、格桑花、硫化菊；再到秋天的一串蓝、鼠尾草等蓝色花卉，形成连天花海、山水相依的谷底花海景观。大木花谷中有一座海棠花园，海棠花园占地 3 392 平方米，里面有各个类型的球根秋海棠，6—9 月份，里面鲜花盛开，热闹非凡。它是一座集观赏、娱乐、休憩、购物于一体的现代生态花卉展览馆。

2. 毕节百里杜鹃风景区

百里杜鹃风景名胜区位于大方、黔西两县交界处，距省会贵阳 155 千米，是迄今为止我国已查明的面积最大的原生杜鹃林，总面积达 125.8 平方千米，“百里杜鹃”以此得名。在长约 50 千米，宽 1.2 ~ 5.3 千米的狭长丘陵上，分布着马樱、鹅黄、百合、青莲、紫玉等 4 属，23 个品种，占世界杜鹃花 5 个亚属中的 4 个亚属，最为难得的是“一树不同花”，即一棵树上开出若干不同品种的花朵，最壮观的可达 7 种之多。

3. 六盘水火铺杜鹃林

火铺杜鹃林景区位于盘县红果新城 12 千米处的火铺镇境内，分为料角山和炼山坡两个片区，主要有天然杜鹃林、人工松杉林、万年松、古驿道等，涵盖了杜鹃映日、杜鹃花廊、杜鹃树王、林间草场、马跑问泉、万年松坪、云海胜境、山间涌泉、松涛清声、松林浴翠、乌龙盘山、古驿道、滇黔胜境关等十多个小景点，现正打造为“红果新城的后花园”。

4. 天然杜鹃林

杜鹃林位于火铺镇的料角山和炼山坡一带，这里分布着大面积的天然次生常绿杜鹃林，每年 3—5 月花开时节，漫山遍野，繁花似锦，以杜鹃映日、杜鹃花廊、杜鹃树王为主题景点。据调查分类，主要有马缨杜鹃、露珠杜鹃、树形杜鹃、大白杜鹃、迷人杜鹃等 19 个品种，花色有大红、紫红、粉红、黄、紫、金等，高度一般为 3 ~ 7 米，胸径 30 厘米左右，少数达 50 厘米，树龄较长，具有植株高大、纯林成片、品种较多、保存完好等特点。

5. 安顺油菜田景

贵州大部分地区为喀斯特地貌，农田或可耕种的土地以小面积地块为主，有谚语称贵州“地无三尺平”即源于此。当老百姓在山地上种植的油菜花开后，层层叠叠的油菜花顺着地势蜿蜒伸延，构成了奇异的画面，犹如每个山头都披上一件挂毯，十分好看。一些地块的油菜花地线条对称，或者形状巧妙，构成各种各样的图案。站在不同的角度欣赏油菜花也有讲究，在地形变化很大的山地、高处或山谷底下看油菜花均有不同的感觉。

## 二、农业生态园

1. 沿河狮子山农业生态观光园

狮子山农业生态观光园距镇政府所在地 20 米，是 2015 年招商引资项目，由沿河县莲花藕种植科技发展有限公司承建，占地面积 0.667 平方千米。园区主要围绕新农村建设，以人与自然和谐发展为宗旨，通过实施生态种植、立体养殖，打造一个基础设施完备、产业优势明显、生态环境良好、服务制度健全、产品优质安全的生态示范园。园区总投资 2 亿元。其中一期项目投资 1 000 万元，种植食用藕 0.053 3 平方千米；观赏荷花 0.02 平方千米；薰衣草、马鞭草、郁金香、天山雪菊、冰菊、鼠尾草等 18 种名贵花卉共计 0.02 平方千米；观光步行小道 5 000 米。努力将其打造成为黔东、渝西一流的高效生态农业示范园。

2. 湄潭茶海生态园

茶海生态园是湄潭以茶叶为主题注册的农业观光公园，面积约 20 平方千米，含县城、永兴、核桃坝三个景区，是中国西部地区茶文化旅游示范区。湄潭凭水得名，以茶闻名。现有茶园 8 000 平方米，是中国西部最大的茶叶生产基地，有东到杭州喝龙井，西到湄潭品翠芽之美誉。园区是集茶文化、生态文化、民俗文化、商贸文化于一体的生态旅游景点。

3. 遵义茶海之心景区

茶海之心景区位于凤冈县永安镇，距县城 38 千米，贵阳 210 千米、遵义市区 110 千米，景区面积 69 平方千米，是国家 4A 级旅游景区、全省 100 个重点旅游景区、全国农业示范点、全国休闲农业和乡村旅游示范点。景区森林覆盖率85%以上，植被丰富、物种多样，树木苍翠，鸟语花香。茶园环绕，林中有茶、茶中有林、林茶相间、茶香四溢。

4. 播州休闲观光农业旅游景区

遵义市播州区三岔镇的遵义现代休闲观光农业博览园占地逾1.33平方千米，是由台湾今日景艺公司总投资4个亿，按4A级景区标准建设的现代休闲观光农业博览园。园区以台湾蝴蝶兰栽培为核心，同时还种植了樱花、紫薇、园林盆景等。

5. 遵义千亩梯田风光

从龙泉左侧进入翠绿的竹海，沿着林荫小道缓行100多米路程，就登上了永盛山。举目俯瞰，千亩梯田展现在眼前。一望无垠的梯田，由3 000多块梯田形成无比壮观的画面。从东到西、由远及近，从南到北、由低到高，层次分明，线条清晰，错落有致。在阳光的照耀下，一块块闪亮水田，如条条玉带缠绕，似层层云浪翻涌，像瓣瓣新月牙儿，犹如卷卷美丽的图案……千姿百态，重叠有致，错落有佳，绵亘千米，幢幢农舍，幅幅绿林，相互映衬，更有男女老弱欢歌笑语，构成一幅浩瀚生机勃勃的田园画卷。

6. 德江高家湾高效农业

高家湾高效农业园区位于德江县堰塘乡政府西部，距县城8千米，德沿高速匝道出口处，326国道穿境而过。园区现有水果园、蔬菜园、蘑菇园、生态农庄、旅游观光路网等。果蔬园有草莓、葡萄、樱桃、黄瓜、丝瓜、雪菜、西瓜、香瓜、猕猴桃等40多个果蔬品种；蘑菇园有黑木耳、香菇、金针菇、平菇。园区为土家风情园、实验栽培园、山地果园、果蔬混种园、休闲运动公园、休闲运动观光园、生态产业博览园、生态农庄、立体农业景观样板园、土家文化商业展示园、田园居住体验园、户外拓展训练园、朱家沟水库景区，“十二园一区”，穿插多样农耕文化景观元素，建成集休闲、运动、健康、养老、观光、度假于一体的新型现代农村综合体。

7. 印江紫薇王保护园

紫薇王保护园坐落在贵州省印江县永义乡政府所在地，西线上梵净山必经之路。距离印江县城30千米，距离梵净山自然保护区西线山门5千米。园内有一株国家一级保护植物紫薇树，树龄1 380多年，树高34米，冠径15米，胸径1.9米。1998年入选贵州省古、大、珍、稀树名录。因属第三纪残遗植物，被科学界视为活化石。此树目前在国内没有发现第二株，世界上也只在日本福冈发现比此稍小的另一株。

8. 贵定云雾茶文化区

云雾山是苗岭主体山脉，明清贡茶——云雾茶就盛产在这里。清乾隆时所立云雾贡茶碑是省级重点保护文物。云雾山下群山环抱的云雾湖，湖面宽阔，湖中有岛，可信步漫游，可投饵垂钓，可点篙划舟，可劈波击水。湖的四周有成片茂密的森林和绕山环坡的万亩茶园；云雾山附近的万亩良田盛产有名的优质云雾米和优质云雾油菜籽；周围还分布着建于清代道光年间的犀头岩圣母堂和建于同治年间的云雾天主教堂，还有风景奇美的甲子屯、水口山、连珠山、谷峡山自然景观。这里是贵州省文化厅命名颁牌的“苗族芦笙长鼓舞艺术之乡”，有省内外知名度较高的云雾斗牛，还有闻名遐迩的明清贡马——云雾矮马，这一切都吸引着各地游客来此休闲度假，观光旅游。

9. 福泉双谷生态公园

双谷生态公园位于福泉市金山街道办事处双谷村，距市区 6 千米。景区内原有梨园 8 平方千米、葡萄园 2 平方千米、杨梅园 1.33 平方千米，如今又新建了 5 千米长的七彩自行车赛道、0.33 平方千米的油用牡丹园，除此之外还种植有薰衣草、荷花、格桑花等上百种花卉。

10. 贵阳蓬莱仙界休闲农业

蓬莱仙界休闲农业区位于贵阳市白云区牛场乡，距市区 25 千米，是全国休闲农业与乡村旅游示范点之一。景区总规划面积 66.5 平方千米，核心部分占地 1.33 平方千米，是以现代农业展示为基本功能，集生态农业、循环农业、精致农业、旅游观光休闲农业于一体的农业旅游区。

11. 贵阳药用植物园

贵阳药用植物园位于贵阳市南明区沙冲南路 202 号，与小河经济开发区相邻，距贵阳市中心 4.5 千米，规划面积 0.956 7 平方千米，属黔中山原低中丘陵，园内海拔 1 070～1 232 米。园内立体生态环境较好，前后有两片森林掩映，无大气及水源的污染，也无噪声干扰，具有自然的地理优势，是集科研、科普、生产、观光游览于一体的综合性的、多功能的独具特色的植物园。根据其 4 个主要功能，结合交通便利的有利优势，规划建设成以药材交易、医药信息和医药人才培训为主的医药商贸街，最终组成“一博一园、二中心、一区一场一条街”的现代化中药科技产业基地——“贵阳药谷”，成为全国五大医药产业基地之一。

12. 贵定县马坝寨

贵定县马坝寨坐落于沿山镇星溪村。完善的乡村旅游基础设施，满足了当地群众文体活动和精神文化生活需要，促进了村容村貌大改观，改善了农村人居环境和生态环境，促进了乡村休闲旅游发展。结合产业，完善农业基础设施，加快了农业产业结构调整。建成了 6.67 平方千米刺梨种植园、1 平方千米酥李园、0.667 平方千米标准化茶园、0.33 平方千米吊瓜基地、0.33 平方千米红心猕猴桃观光园、0.066 7 平方千米樱花观赏园、0.066 7 平方千米食用菌基地等集精品水果、蔬菜种植于一体的现代高效农业观光带，推动了观光农业和乡村旅游的发展。

13. 龙里十里刺梨沟

十里刺梨沟紧邻龙洞堡机场的茶香山谷，距省会城市贵阳市 16 千米，距龙里县城 17 千米。上万亩的刺梨连绵十余里，每年端午节前后，刺梨花漫山遍野，竞相怒放，鲜艳夺目，蔚为壮观。一条长达六七千米的鲜花长廊，与两边郁郁葱葱的天然林交相辉映，为游客营造了一个绿意盎然的生态家园，因此被誉为“中国刺梨之乡”。

14. 毕节橙满园

橙满园位于毕节市东北部，距毕节城区 86 千米。园区最高海拔 900 米，最低海拔 550 米。近年来，该村利用自身优势，发展乡村生态旅游。对观光果园、乡村旅游接待户、文物古迹、红色旅游景点等资源进行组合，来招徕客人游览和体验橙满园景区厚重的历史文化，鲜活、动人的生态环境，橙满园香的社会主义新农村景象。

15. 安顺平坝农场

平坝农场坐落于高原明珠红枫湖畔，占地 16 平方千米。场区地跨贵阳、安顺两市，处于两市的中间，距两地各约 50 千米，交通十分便利。农场地势平坦，环境优美、风景如画，冬无严寒、夏无酷暑，有享誉省内外的樟园大道（约 2.5 千米）。平坝农场是贵州省最大的花卉苗木培育基地，主要品种有桂花、红枫、香樟、雪松、玉兰、含笑等十余种风景绿化树木，可供游客观赏。场内还有 1.33 平方千米的茶叶、4 平方千米的樱花、2 平方千米的桃花。

场内有二星级宾馆一座，设有餐厅、游泳池等，集会议、休闲、娱乐于一体，可同时接待200余名客人。

16. 毕节赫章阿西里西韭菜坪

贵州境内有两座名叫“韭菜坪”的山峰，分别是“大韭菜坪”和“小韭菜坪”，属于赫章县阿西里西风景名胜区，由贵州屋脊小韭菜坪（天上石林）、大韭菜坪（天上花海）、夜郎国家森林公园平山景区、可乐遗址、阿西里西大草原、古达天坑等景区组成，面积约162平方千米。大韭菜坪位于毕节市赫章县兴发苗族彝族回族乡，是世界上最大面积的野韭菜花带、全国唯一的野生韭菜花保护区。小韭菜坪坐落在毕节市赫章县南部，毗邻威宁县二塘镇、六盘水大湾镇。小韭菜坪主峰韭菜坪海拔2 900.6米，位于毕节市赫章县珠市彝族乡，为贵州最高峰，素有“贵州屋脊”之称。两地特色：大韭菜坪为世界上最大面积的野韭菜花带；小韭菜坪石林奇观俊奇独特，其主峰韭菜坪为贵州最高峰。景区以贵州屋脊赫章韭菜坪为中心，融自然风光、历史古迹、民族风情于一体。主峰“贵州屋脊”韭菜坪被誉为“中国十大避暑名山”。

## 三、乔木古树

1. 武隆仙女山银杏大道

银杏大道位于武隆仙女山新区核心地带，全长8.1千米，是县城通往仙女山森林公园的必经之路，曾入选“最美大道”50强。在这条8.1千米的大道两旁栽种了3 200余株银杏树，并以山坡的层次，选择不同高度种植了雪松、桂花、红叶李、紫荆、桃花等乔木和灌木。登峰远眺银杏大道，万亩林海起伏，镶嵌山林之间的道路如碧玉翡翠般，四周花团似锦，延绵天际，好似人间仙境。大道边各式各色建筑一字排开，展现的不仅有欧洲田园、美式乡村，更有中式古朴。一栋栋小楼筑在山坡上，在林中隐隐闪现，成为一道独特的风景。

2. 都匀金丝楠木

金丝楠木结实茂盛，四季常青，经林业专家实地考察，认定为黔南之最，并挂牌定为定点保护古树。千年以上树龄的有108棵，直径2米以下的有12棵，2～3米的有6棵，1米的有100余棵，自然序列在直径4.6米神树王两旁，似乎在保卫着大王树之形象而形成“梳形”的自然古树群，阅尽人间沧桑。

神树王矗立于塘榜大寨最前端的山脚寨子中间，直径 4.6 米，要 8 ~ 9 人围抱一周，高 76 米，树干胸围 18 米，覆盖地面 2 666.67 平方米，走到树脚抬头仰望，树冠宽舒，亭亭如盖，枝叶浓密，遮天蔽日，主干似擎天之柱，昂首云霄，像一位历史巨人矗立在黔南布依山寨林中。布依族村民每年在此树下举行七月半香花节，青年男女成群结队在此树下飞舞鸣唱山歌，从“杠杜花”中请出自己的情友，逗出内心的语言，从中可知对方的真心何意，对失去或死去的人从“杠杜花”中可说出是何原因。

3. 都匀千年银杏

在塘榜古树群景区对面的下寨湾寨还生长着两株千年古银杏树。这两棵银杏树是立寨树王高的寿龄，体现了建寨子的年限，一株在南、一株在北，南北相互遥望，相距 1 000 米，立下塘榜下寨与湾寨，象征着两姓氏亲戚互爱、和谐之情，保寨树历经千载风霜。如今仍枝繁叶茂，每逢春季走到树下，观看树冠宽舒，遮天蔽日，由如擎天一把伞，昂首云霄，6 人牵手才能围抱一周，直径 3 米，高 50 余米。两株都是雄树，据说“保寨树”只能雄树之威才能长久保寨。在这两株银杏树的旁边，各还有一株异性古树——香樟树，人们称之为异树老伴，形成一对又香又美的古树。这种珍稀昂贵的树木，多数都是栽在寺庙庭院、村寨附近。因其高耸入云，古朴雅致，故又称为“圣树”“神树”“保寨树”等，我国著名文学家郭沫若先生曾称颂银杏是真、善、美的化身，是“国树”。

4. 德江千年神树（楠木王）

距德江县城 63 千米的楠杆乡，政府驻地南面 6 千米处的天井村楼房组，生着一棵千年楠木王，俗称“千年神树”。树高 43.5 米，主干树围 12 米，树冠盖面 320 平方米，独木成林，枝繁叶茂，势若鹤立鸡群，遮天蔽日，气势磅礴，在树干的正中上方岔口处还生长着一棵棕树，就像是一个被遗弃的孩子被陌生的不同血性的继父收养，长势郁郁葱葱，高大挺拔。

5. 石阡奇树

石阡奇树生长在石阡县国荣乡楼上古寨。树为千年紫薇，当地人称为“哈哈树”，树高 10 米，胸径约 0.4 米，树身肉色，宛如美女肌肤。用手触摸，整个树身枝叶摇动不止，体验后会给游客带来好运。由于年代久远，树干内全部镂空。当地村民爱树护树，用稀泥填满树干后，又用棉絮捆绑树身加以保护，希望它能延年益寿。

6. 福泉千年银杏王

在距福泉市区 26 千米的黄丝镇乐邦村，有一株被称为“白秀才”的千年古银杏树。该树主干坚韧挺拔，枝叶繁茂，主干和枝干的表皮内，渗出一条条血红的斑痕，宛如流淌的血脉，在方圆数里之外，便可看到他的婆娑风姿。古银杏树为雄性植株，树龄 3 000 余年，树高 50 米，胸径 4.79 米，树冠覆盖 600 余平方米，需 13 个成人手拉手才能将其围抱。此树远大于《中国果树志》中记载的被誉为“天下第一”的山东省莒县古银杏。据中国科学院植物研究所的资料记载，居目前有文字记载的古银杏树之最，2001 年被载入“上海大世界基尼斯记录”。这些古银杏对于研究银杏在中国的孑遗痕迹和现代银杏栽培历史，研究古气候等均有重要意义。

7. 福泉山茶花王

在城东南 30 千米的兴隆乡萓花村有一株罕见的山茶花树，树高 10 米，胸径 0.55 米，幅冠 100 平方米，树龄长达 300 余年，是李家祖先引种来的。这株山茶花每年入冬就开花，直到次年农历 3 月份才逐渐凋零，花期长达 5 个月。花开上万朵，花型大，重瓣，大红色，为茶花中的珍品。每到盛开时节，油光碧绿的树叶间绽放上万朵红艳艳的碗口大的花，整棵树就像烧得正旺的巨大火球，红得发亮，红得耀眼。山茶花虽不娇贵，但对生长的土壤、气候都很挑剔。这里的气温、土壤均极适宜，可谓得天独厚，精心护理，才成为植株巨大、花期较长、国内屈指可数的稀世珍品——山茶花王。

8. 六盘水盘县古银杏

水盘县古银杏距盘县特区 20 千米，这里流水潺潺，小桥流水，风景秀丽，古树绵绵，小桥映虹，奇峰傍寺。全妥乐村拥有古银杏 1 200 余株，胸径一般为 50 ~ 150 厘米，最大 220 厘米。一般树龄为 300 年以上，最长的为 1 200 余年，树干高达几十米。这里是世界上古银杏生长密度最高、保存最完好的地方，含石桥、乐民镇、城关镇、水塘镇、火铺镇景区。

9. 六盘水万年松

六盘水万年松位于火铺镇的料角山最高海拔 2 284 米处，山顶的华山松群，可能受海拔和气候的影响，高度不超过 0.5 米，干径 2 ~ 3 厘米，冠幅较小，伏地生长，犹如盆景，景观奇特。因长年不能长高，且覆地生长，当地人称之为“爬地松”，正式冠名为“万年松”。

10. 六盘水万亩红叶

在格所河峡谷，有连绵成片的枫叶林，与古榕树群连为一体，在 2 平方千米的范围内集中分布，是河谷中保存最完好的一片天然林。深秋时节，叶红似火，坐牛车，尽可品味“停车坐爱枫林晚，霜叶红于二月花”的古韵，也可沿峡谷 10 千米漂流，观峡谷绝壁，看遍野红叶。

# 第五章　乌江流域遗址遗迹景观

乌江流域遗址遗迹丰富，有“桐梓人”遗址、马鞍山古人类遗址、穿洞古人类文化遗址、大洞古文化遗址等远古及史前文化遗址。古生物遗址有燕子岩剑齿象化石遗址、平坝的恐龙化石群等众多生物化石遗址遗迹，丰富的古代城镇、文化建筑等遗产遗迹。

## 第一节　史前文明遗址遗迹

### 一、史前文明遗址

1. 遵义“桐梓人”遗址

《辞海》“桐梓人”条目：桐梓人是我国古人化石。1972 年在贵州桐梓岩灰洞发现，故名。所发现的化石为牙齿两枚。地质时代可能属更新世中晚期。牙齿的形态特征：门齿粗壮，有发达的底结节，根尖圆钝；前臼齿也显得很粗壮。这两枚牙齿的大小及形态特征与北京猿人的十分相似，而与现代人显著不同。桐梓岩灰洞就是发现桐梓人的洞穴遗址。

2. 遵义马鞍山古人类遗址

马鞍山文化是我国旧石器多元文化的代表，是西南部文化区系的组成部分。马鞍山北洞文化遗址上部层位年代属晚更新世后期，距今 1.5 万 ~ 1.8 万年；下部层位则距今 2 万年以上，与贵州黔西观音洞及邻近四川、云南、湖北房县等地同时代遗址亦有相似标本。1986 年首次系统发掘的万余件化石中，找到大熊猫、剑齿象、中国犀、巨貘等华南晚更新世动物群的代表性动物齿化石，人的下颌骨并附着前臼齿和臼齿，人类用火遗迹有灰坑、灰烬、烧骨等。所获骨器制作除打击技术外，还有骨锥、骨铲、骨叉、耳睡、胸睡、骨镊和刻纹的骨棒，都是旧石器时代罕见的文化遗物。

3. 毕节中水遗址

中水遗址属于省级文物保护单位，包括鸡公山文化、吴家大坪遗址、红营盘墓地、银子坛墓地和大河湾遗址等。3000 前，这里是贵州最大的粮仓，贵州绝无仅有的陶器生产地，是揭开夜郎神秘面纱的突破口之一。中水遗址的发现和发掘，填补了贵州商周时期考古的空白。20 世纪 60—70 年代，考古学者们在中水发现了汉墓群、陶品、骨器、稻谷、大坑及被扭曲了的人的骨架等远古遗留下来的珍贵文物。

4. 盘县大洞古文化遗址

大洞古文化遗址属于国家级文物保护单位，位于珠东乡十里村。洞中有堆积如山的古生物化石。在大洞采集到十多件石制品和大批哺乳动物化石，包括东方剑齿象、中国犀、巨貘等几个灭绝种类。在面积为 12 平方米的区域，出土石制品 700 余件，化石标本 500 余件，包括人牙化石一枚和数十种哺乳动物及少量鸟类、鱼类等化石。1993 年对盘县大洞进行了正式发掘，获得 4 颗古人类牙化石、2 000 余件石器制品和近万件动物化石，以及一批灰烬、灰屑、烧骨等古人类文明遗物。盘县大洞的发掘在世界古人类早期遗址中也属罕见，是一个能为多学科综合研究并具重大科研价值的理想场所，其规模、文化堆积物年代，考古材料的品种数量方面，可以与北京周口店媲美。

5. 水城硝灰洞遗址

硝灰洞遗址位于六盘水市中心城西北 23 千米的三岔河北岸，是贵州省继黔西观音洞、桐梓岩灰洞后，于 1973 年夏发现的又一古人类文化遗址，为贵州发现的第二个有人类化石的旧时器时代遗址。洞内所存堆积物长 1.5 米、宽 0.3 ~ 1 米、厚 0.1 ~ 0.7 米，自上而下分为三层。于第三层堆积物中，出土古人类牙齿化石一枚，是老年男性左上犬齿，齿枚粗壮，齿根较完整，末端稍缺，齿冠咬合面严重磨损。具有关专家考证：较“北京人”进步，较“柳江人”和“山顶洞人”原始，命名为“水城人”。伴随出土的有东方剑齿象、野牛、野羊、野猪及野鹿等化石多件，有石器 53 件，计石锤 20 件，石片 33 件。在厚达 0.5 米的灰烬层中，发现含有多种颜色灰烬、烧骨和烧石。硝灰洞是我国华南地区古人类用火年代最早、最丰富的遗址，确定地质年代为更新纪晚期，距今约 20 万年。该遗址对研究史前人类进化、演变、发展有极为重要的文物考古价值。

6. 普定穿洞古人类文化遗址

普定穿洞古人类文化遗址为全国重点文物保护单位，位于安顺市区以北32千米处，是距今16 000年前古人类生活遗迹（见图5-1）。普定穿洞遗址以其丰厚的历史文化积存印证了黔中地域辉煌的史前文化，被誉为“亚洲文明之灯”，成为史学界一颗引人注目的璀璨明珠。1976年，在穿洞首次发现骨化石、残骨、灰烬及染色的红土矿，从而揭开了穿洞古人类文化遗址神秘的面纱。后期发掘获得旧石器一万多件，骨角器一千余件；人类化石有头盖骨两个和一些头盖骨残片，完整的下颌骨及上、下颌骨残片，桡骨、胫骨各一段，单个牙齿多个，儿童头骨碎片40多块以及动物化石13个属或种。这些人类化石当中，有一个女性个体，一个老年男性个体，至少代表了5个个体的化石人类，据此将他们称为“穿洞人”。

图5-1　穿洞遗址

穿洞文化主要是指穿洞人用劳动智慧创造的工具，这些劳动工具有石器、骨器、角器，以及是用火证据中的烧骨、烧石、灰堆、灰烬、炭屑等。穿洞人使用的工具，制造时用了3种方法，即锐棱砸击法、锤击法、砸击法。穿洞遗址出土了大量骨器和角器。骨器是其中最富有特色的，其数量之大，类型之多，器物之精良，技术之高超，工艺之进步，超过了以往我国的任何一个遗址，也是我国同期遗址中绝无仅有的。目前，穿洞遗址已发现1 000多件骨器，为全国第一，世界罕见，它填补了“南方无骨器”的空白。对众多骨器的研究可看出，穿洞人已经懂得将骨片用火烧或火燎以加强骨器的坚硬度，这充分说明穿洞人已具有高度智力和高超的制磨技术。

用火遗迹在穿洞遗址中异常丰富，不仅有灰烬、烧骨、烧石、炭屑、灰坑、灰堆等，在烧骨和烧石中还有变色、变形、龟裂的遗迹。在几次发掘中，仅烧骨就有18 000余件，烧石相当多，炭屑遍及每个文化层。两种文化类型叠压关系在遗址内首次发现，早期文化的石制品原料几乎全是燧石，形体小，打片以捶击法为主，石器以正向加工为主，骨器极少而只有骨锥；晚期文化的石制品原料以粗晶体变质灰岩的砾石为主，形体大，打片以锐板砸击法为主，石器以正向加工为主，骨器数量多，类型较复杂，因此被冠以“穿洞文化综合体”。穿洞人属晚期智人，与周口店山顶洞人同属一亚种，不仅可以与中国同期人类相比较，还可以与东南亚、澳洲的古人类相比较，探讨其发展渊源，对人类如何迁徙、人种何时分野甚至民族形成，从体制上、特征上获得依据。

7. 安顺宁谷遗址

安顺宁谷遗址属于全国重点文物保护单位，位于安顺城区以南 6 千米的宁谷镇，为汉代古牂牁郡治所，年代为西汉至东汉。遗址分建筑、陶窑和墓群三个部分，占地约 10 万平方米，出土了木椟、长乐未央瓦当等重要文物，对于西汉在西南地区统治权辖有重要的研究价值。

8. 六盘水桃花洞遗址

桃花洞位于特区中心区桃花山脚桃花湖与山壁结合部的石灰岩天然洞穴，洞高 9 米、宽 24 米、进深 60 米，是 1983 年 10 月 15 日修公园时发现的。经过专家鉴定，磨制石器及陶片是新石器时代的遗物；人类股骨化石为旧石器时代晚期的遗物，具有很高的历史文物考古价值。

9. 毕节观音洞遗址

观音洞遗址位于贵州省黔西县沙井乡井山村，为旧石器时代遗址，距今约 20 万年。洞穴堆积厚达 9 米，分为上、下两部分。已经发现的石制品有 3 000 多件，种类包括石核、石片、砍砸器、尖状器、石锥、雕刻器等多种。石器的原料、制作与类型组合都具有鲜明的地方特色。发现的哺乳动物化石有 20 多个种类，其中尤以剑齿象、犀牛等的数量为多，与早期人类的狩猎活动密切相关。这些发现为研究早期人类在西南地区的发展历史提供了非常重要的材料。

## 二、古生物化石遗址

1. 六盘水燕子岩剑齿象化石遗址

六盘水燕子岩剑齿象化石遗址位于区政府西北面 2 千米燕子岩上，是天然裂隙洞穴。洞口向北，向内倾斜，可容人进出。入洞 31 米，垂直而下 42

米方达洞底。洞底为岩浆溶物及流沙，剑齿象化石均规则分布于东南石壁上。出土剑齿一对，长 1.75 米，粗壮。还发掘出臼齿数枚及肩胛骨、脊椎骨、头骨、腓骨、股骨化石，为我国长江以南首次发现的较完整的剑齿象化石。

2. 平坝恐龙化石群

贵州平坝恐龙化石群是喀斯特地貌发现的较大化石群。平坝区金鳌山麓南面的猪长坡出土了距今 1 800 万年的侏罗纪恐龙化石群，发掘出大约 10 个个体恐龙和一批保存完好的恐龙蛋化石，填补了贵州无恐龙蛋化石的空白。清理出恐龙化石 800 余件，有颈椎、胸椎、腰椎、尾椎、头骨、肩胛骨、乌喙骨、肱骨、腓骨、掌骨、大小肋骨等；100 多枚牙齿的形态结构表现出有肉食、素食和杂食 3 种类型的恐龙。恐龙化石保存完好，最长的恐龙长 15 米，其中一具恐龙的头骨较为完整，整体呈现出当时该头恐龙的硕大体态，为研究贵州的古生物、古环境、古地理、古气象提供了新的物证以及珍贵的实物资料。

3. 普定关岭化石群国家地质公园

关岭化石群国家地质公园位于关岭至晴隆之间，总面积 200 平方千米，320 国道横穿公园，核心区是卧龙岗。地质公园内埋藏并出露了大量距今 22 千万年前的古生物化石。瓦窑村旁的小凹有野外天然观察点，并建有简易的陈列馆。

4. 息烽团园山恐龙化石发掘地

团园山恐龙化石发掘地位于息烽县城南的龙奔山上，距县城中心 12 千米。1998 年在此发掘出两条长 10 余米、生长于 1.7 亿年前的食肉类巨型恐龙化石。据国际恐龙学会和中科院古脊椎动物与古人类研究所专家实地考察论证，这里曾是恐龙的家园，有很高的科学研究和科普开发价值。

5. 六盘水新民古生物化石群遗址

新民古生物化石群遗址，距盘县古城 110 千米，位于新民乡羊圈村，是贵州至今发现时间最早的海生物爬行动物化石群，距今约 24 000 万年。这是以完整丰富的海生爬行动物化石为主，并含有鳞齿鱼类、龙鱼类、头足类、鳍龙类、腕足类等多门类生物化石群的古生物化石地层。海生爬行动物化石主要有混鱼龙类、幻龙类、原龙类，属种丰富，保存完好，数量巨大，是世界上已知最老的中三叠纪海生爬行动物群落，已被命名为盘县动物群。盘县动物群化石补充了海生爬行动物演化过程中的早期链条。盘县动物群化石的出现，演绎了盘县 2400 万年前的海底世界，诉说了人类更为古老的文化（见图 5-2）。

图 5-2　古生物化石群遗址

# 第二节　古代文明遗址遗迹

## 一、古城遗址遗迹

### 1. 彭水鸡冠城遗址

鸡冠城遗址在走马乡万灵山上，东、西、北三面为绝壁。宋代，山上产盐，为盐井镇，其盐税 4 倍于郁山镇；宋末，于此筑鸡冠城，从西往南到东有石墙，周长约 2 千米；中华人民共和国成立后，东、西门犹存。明代永乐年间（1403—1424 年）建万灵寺于山上，20 世纪 70 年代辟为茶山，城墙及寺均被拆毁，部分城墙及东城门尚存。

### 2. 松桃寨英古镇

寨英古镇位于松桃苗族自治县西南部，是梵净山宗教朝圣的梵净古道必经之地，也是迄今为止梵净山区域乃至贵州省保存较完整、规模最大的古建筑群，有“梵净古都”之称。镇内的古城墙、古城门、水门码头、古石板街道、八大商号及桶子屋民居、会馆等遗址尚存，是一座苗汉文化交融具有典型建筑风格的古镇。上千年历史悠久的滚龙艺术使其当之无愧被冠以“中国滚龙艺术之乡”的美誉。

### 3. 德江隋唐扶阳古城

扶阳古城遗址位于德江县合兴乡的朝阳村，这一古文化建筑遗址是迄今为止在贵州发现的保存最完整、规模最大的隋唐时期县级建制所在地。古城不光具备了很高的文物价值，同时，又蕴含着四种文化，即凝重独特的历史文化，博大细腻的石头文化，古朴精致的木房文化，特色丰富的民族文化，神秘悠久的皇族文化，历史厚重的佛教文化。

4. 思南古城

思南古城早在东汉时候的汉献帝建安六年（201 年）就已建成，设置永宁县。古城思南古迹颇多，最为著名的是思南文庙。思南文庙始建于元代，重修建于嘉庆二十年（1807 年）。

5. 施秉古夜郎城堡

天然的石雕，伟岸的城墙，古朴的穹庐，古色古香的城堡，即古夜郎城堡。历经风雨，城堡矗立在这儿，守卫着这一方古朴的百姓，守护着这儿的古生原态。现今，古夜郎城堡用它那一幅绿意，展示着一道迷人的风景。

6. 镇远府城垣

府城垣始建于明正德年间，原来的长度已无从考证，现城墙仅存 1 500 余米长，据史料显示城墙原高 5 米，宽 3 米，建有炮台、垛口及城楼，在石屏山顶有城门 3 座。现存的府城垣在当时和镇远境内仍残存的数十个关隘、哨卡组成了南方长城这一宏伟的军事防御体系。现存的府城垣位于镇远城北石屏山顶，北跨石屏山顶的几个山头，顺山势绵延起伏，向西直至天后宫西侧石屏山西麓及至舞阳河北岸。

7. 镇远卫城垣

卫城垣自明朝永乐年间建成以来，500 年来多次抵御过兵患水患，使镇远卫城安然无恙。镇远县政府在前几年投资 300 多万元拆迁安置 214 户占据卫城垣的居民和单位，重新修葺一番。如今这处历史遗迹再次得以伫立于舞阳河畔，向人们展现昔日的雄姿。

8. 开阳马头寨古建筑群

马头寨古建筑群位于贵州省贵阳市东北 58 千米开阳县禾丰布依族苗族乡西隅。寨子面对底窝大田坝，背靠百花山，两面环水，清河、深水河分别环绕寨北和寨东。寨内道路多以青石、鹅卵石铺墁。当地是抗击元朝运动领袖宋隆济的故乡，又是元代底窝紫江等处总管府、靖江路总管府和明代底窝马头驻地。总管府遗址至今犹存。寨内还有 1935 年 4 月红军一、三军团过底窝时留下的数十条标语。2006 年，马头寨古建筑群作为元代至清代的古建筑，被国务院列入第六批全国重点文物保护单位。

9. 黄平岩门司城垣

岩门司城垣位于黄平县东南山凯，与县城的直线距离为29千米，毗连黄、施、台3县，地处清水江航运要冲，依山面江，形势险峻。清乾隆年间筑石城于此，为清政府控制黔省东南要塞，该城平面呈三角形，城垣以青石精砌，周长1 633米，高3.33米，垛墙高1.33米、厚2.67米。墙顶墁以料石，上下安砌墙垛。设有东、南、西3座城门，北面靠山，城墙顺山势延伸而上，于高险处构筑炮台3座，城门有楼，炮台有房，靠江还建有水关2座。

10. 福泉城墙

福泉城墙是明洪武十四年（1381年）修建的。起初是一座土城，到了洪武二十四年（1391年），便改为石头城。古城墙周长4 700米，墙高7米，厚3米。原先有4座石拱的城门，3座月城，即在城门外边还加上一个半“月”形的城墙，以增强防御功能。在每座城门上都建有一座城楼，可登高远眺，互通信息。外城的城墙与原先的古城墙连接成一气，沿着凶岭伸进了河水中，然后，又沿着对岸的山脊，蜿蜒盘旋，而河水则通过城墙脚下的孔道流进了城中。外城的城垣跨河而建，在水中建起了石拱桥。外城的城墙上开着一道小门，有路通向城外。在外城中还建起了一道水坝，横跨在河上，坝长43米、宽6米、高2.6米，方便人们行走。

11. 贵阳永乐古堡

永乐古堡位于贵阳市东部近郊的永乐乡，建于明代永乐年间（1403—1424年），为屯兵所筑，平面布局呈八卦图形，为内外两城，有东、南、西、北四城门，占地面积16 800平方米，建筑面积8 500平方米。今残存西城门和城垣（矮墙）数段，长1 650米，高3米，厚2米。古堡整体布局：整体上分为内堡和外堡两部分，分别修建有富丽建筑物和围墙（城墙），内城墙围绕永乐山的山顶部分而建，内堡是内城墙围绕的部分，原建有玉皇殿、马王庙、五显楼等主要建筑，内城墙沿东、西、南、北面的山腰而建，有东、南、西、北四道门与堡外连通，外城墙与内墙之间的区域，内居住权贵阶罢，而外堡则多是平民百姓。这种布局符合中国传统城池布局的特点，体现了防御性和安全性的要求。

12. 贵阳老东门遗址

贵阳老东门的基本格局是明朝两次修筑的贵阳石城。第一次是明洪武十五年（1382年）修建贵阳的内城，共建五座城门，东称武胜门，南称朝京门，西称圣泉门，北称柔远门，次南称德化门。第二次是明天启六年（1626 年）云贵总督张鹤鸣、贵州巡抚王瑊在北门外增砌外城，设威清门、六广门、洪边门、小东门四门。

13. 六盘水普安卫城楼及古城垣

普安卫城楼及古城垣位于城关镇，始建于洪武二十二年（1389 年），洪武二十五年（1392 年）指挥使王威等始筑土城垣，用石包砌。清康熙二十六年（1687 年）东门改名会政，咸丰三年（1853 年）补修东垣；咸丰八年（1858 年）城垣增高，光绪二年（1876 年）修西门鼓楼，光绪十二年（1886 年）重葺西北两门鼓楼。1966 年毁坏过半。现仅遗存北门左右一段，长 1 100 多米，高 1.2 ~ 5 米，厚 0.6 米。西门门洞犹在，“崇仁门”石匾亦存。北门完好，门洞为半圆拱，拱券纵联分节并列砌筑（亦称联拱法），高 5.5 米，拱跨 5.87 米，进深 23.8 米。北门为省内明代城门中建筑年代最早之城门，门、楼俱存，为省内所仅有。2002 年 6 月贵州省人民政府公布为省级文物保护单位。

14. 六盘水水城城垣遗址

因城四面环水，故称“水城”；城池又形似一浮水荷叶，又称荷城。水城城垣始建于清雍正十年（1732 年）。据《水城厅采访册》记：“雍正十年题建土城，厚六尺，高一丈，周围三百七十二丈。乾隆二十四年，改建石城，厚八尺，高一丈五尺，周围四百五十丈，垛口凡六百四十有八。城门三：东挹晖，南启义，西景成。风池河至城西分为二，一绕城南，一绕城北，会于城东，宽五丈余。”因城北外系沼泽地带，不适筑路开道出入及修城门，故水城未建北门。三座城楼均为重檐山顶，高 10 米余。惜与城垣同时拆毁。水城城池规模最小，然以小巧、玲珑、坚固誉名于省内外。做工精细，形态美观。所用石料，块大而坚实。墙体内外壁，以精打细凿之五面石块镶垒筑成。

## 二、古代文化遗址

1. 涪陵镇安河嘴新石器时代遗址

安河嘴新石器时代遗址又称镇安殷商遗址。在镇安乡白源村境，长江北岸二级阶地上，海拔 180 米左右；地形平缓，背靠小山坡，坡上有同时期墓葬。1980 年重庆博物馆初步考察时，保存比较完好，距地表深约 1.5 米，厚约 0.5 米；分布范围长约 70 米，宽 50 米；采集标本有石器和陶片。

2. 毕节可乐遗址

可乐遗址位于贵州省赫章县可乐乡可乐河两岸的丘陵坡地上，是一处战国至汉时期的遗址。遗址区包括遗址 2 处、墓葬群 14 处，遗址和墓葬群均有汉代遗址和战国时期的夜郎遗址和墓葬两类。汉代城址位于可乐河南岸，平面为“猪心形”，面积约 6 万 ~ 7 万平方米，有夯土城墙环绕。城内出土大量青铜戈、矛、钱币、瓦当、花纹砖等建材及陶、铜、铁等生产和生活用品。

3. 夜郎文化遗址

夜郎文化遗址距汉城约 1 千米，位于可乐河北岸，出土石器、铜器、陶器。汉墓一般规模较大，随葬少量金、银、玉等饰件及铜、铁、陶器等物。少数民族墓群除随葬少量陶、铜、铁、漆器外，其葬式极为特殊，其中的“套头葬”在国内罕见。

4. 酉阳石室藏书

据《酉阳直隶州总志》记载：“有秦人，负书笈，辗转来酉。”公元前 213 年，秦始皇下令销毁六国史书和藏于民间的《诗》《书》，坑杀儒生，史称“焚书坑儒”。相传有一群咸阳儒生，背负诗书，携妻带子，沿长江至枳城，再沿乌江而上来酉阳，从此与世隔绝，不通音信，在此生息繁衍，过着“日出躬耕绿野，日落沉醉红霞”的生活，大量的诗书典籍得以保存。后人有诗曰：“千卷遗书秦火后，几人负笈酉山阳。”

5. 思南千佛洞

千佛洞位于腾龙峡谷内，喀斯特溶洞，洞口高出乌江江面 30 余米，洞深长约 3 千米，洞内钟乳石形态各异有十八罗汉观大海，五百罗汉下江南。

6. 沿河洪渡汉代陶窑

沿河洪渡汉代陶窑位于洪渡镇大坝田瓦厂堡，有窑四座为西汉陶窑。挖掘一座窑考察研究，陶窑有窑壁、火膛、窑底及壁外烧结土层。窑壁高 0.5 ~ 1.5 米，南北宽 2.3 米，排水沟深 0.8 米，壁外为烧结的土层。窑内有绳纹板瓦、筒瓦、花纹砖等堆积物，出土窑拍、泥模两件孤品。窑四周散埋残损的花纹公母榫砖、绳纹筒瓦、板瓦、瓦当等。1989 年，县人民政府将洪渡汉代陶窑公布为县重点文物保护单位。

7. 黄平西筑寺遗址

西筑寺遗址面积 920 平方米，始建于明代，重修于光绪年间，坐北向南。

原有山门、两厢、正殿等，建筑面积 660 平方米。正殿面阔三间，进深三间。现存高 2 米、宽 0.45 米石拱门 1 座及摩崖石刻 4 方、修建碑 1 通、“西筑寺”横匾 1 块。

8. 黄平北帝宫遗址

北帝宫遗址坐落于金凤山顶，三面绝壁，仅一条小道盘旋可达，整体占地面积为 800 平方米。始建于明洪武年间，万历年间维修，清代增修，坐东北向西南。原有山门、两厢、北帝宫、正殿等，建筑面积 700 平方米。正殿面阔三间，进深三间。现存基址高 0.5 米、宽 0.4 米，石拱门 1 座，摩崖石刻 1 方。

9. 修文阳明洞

阳明洞原名“东洞”，位于贵阳市修文县城东北的龙冈山上，2006 年公布为国家级重点文物保护单位。它是明代思想家、哲学家、教育家王阳明读书悟道和讲学之所，是阳明文化的发源地和传播地，是中外驰名的王学圣地，被誉为中国第一哲理山洞。它是王学研究者和文人学士拜谒游览的佳地，也是进行阳明学术研究、国际文化交流、历史文化教育和爱国主义教育的好场所，更是修学之旅的首选地。

10. 修文阳明精舍

阳明精舍位于修文县龙场镇的营盘山水库旁，距县城 6 千米，占地 0.133 平方千米，由现代国内外知名王学专家、深圳行政学院教授蒋庆筹资 80 余万元，于 1996 年动工，历时 5 年多修建而成。有阳明果园 0.1 平方千米，有性天园、俟圣园、奉元楼等仿古建筑十余栋。大门门额“阳明精舍”四字为国际阳明学研究大师、日本九州大学名誉教授冈田武彦所书。阳明精舍给王学研究者提供了一个良好的研究、体悟场所，也再现了“天人合一”的思想内涵及阳明先生“万物一体之仁”的精神追求。蒋庆先生建精舍潜心研究传播王学的精神值得尊崇和敬仰。

11. 清镇姬昌桥

姬昌桥位于清（镇）毕（节）公路上，建于清道光十七年（1837 年）。原为 13 孔，增加 2 孔，为 15 孔，跨径 4.7 ~ 7 米，全长 132 米，至今已有 170 年，仍在正常使用。

12. 清镇巢凤寺

巢凤寺位于清镇市郊东山之上，始建于明朝洪武年间，距今已有 600 多年的历史，是贵州历史最悠久的著名寺院之一。巢凤寺因山顶有一奇石形如一只蹲在巢中的凤凰而得名。自古以来，只有经皇家考察合格并认定，一座寺院才能具有传戒资格，因此，巢凤寺在贵州佛教史上拥有重要地位。

13. 贵定阳宝山遗址公园

阳宝山位于贵定县城北面 3 千米，以佛教文化著称于世，始于唐代，兴盛于明清。明清时与四川峨眉山、云南鸡足山并称中国西南三大佛教名山。民间流传有“北有少林，南有阳宝”的说法，文献称为“黔东之胜”，在明朝《黔记》《贵州名胜志》，清朝《黔南识略》和《贵州通志》等典籍均有记载。

14. 贵定阳宝山

阳宝山在县城北 5 千米，早在明清时即与四川峨眉山、云南鸡足山并称为西南三大佛教名山、朝香圣地。明嘉靖年间即在主峰莲花山顶建有著名的莲花寺，莲花寺香火鼎盛时。在后山建有飞凤寺等宏大建筑群，有中国江南罕见、堪称西南一绝、贵定独有的和尚坟塔林 200 余座，最高塔坟逾 4 米。

15. 遵义西来寺

西来寺位于贵州省遵义市境内，遵义市至鸭溪的省级公路 30 千米处的龙坑镇八里村。西来寺建于清朝康熙二十一年（1682 年）壬戌至康熙二十七年（1688 年）戊辰落成，古称“松丘禅院”。清光绪初，僧本隆大加修葺，创刑檀，年渡皈依者百余人，寺僧亦在 30 人以上，香火鼎盛连绵，历来为文人雅士咸集之所。由于被兵火毁坏，西来寺已完全失去了从前的风貌与辉煌。

## 三、著名墓葬

1. 涪陵小田溪巴人墓葬遗址

小田溪战国巴人墓群位于重庆市涪陵区白涛镇乌江西岸的一个小山坡上，面积 80 000 平方米。从 1972 年起，重庆市博物馆、四川省文物考古所等单位先后在此进行了多次发掘清理和一次中日联合物探工作。这个战国墓群，规模较大，随葬品等级较高，属巴国贵族所有。由于考古工作者尚未在峡江地区发现同时代规格更高的墓葬群，因此认为小田溪很可能是战国时期巴国的王陵区。在这里，出土了大量铜、玉、陶、石等文物，如铜剑、铜镇、编钟、兽头等，其中包括有一套十四件错金编钟、“廿六年”铭文戈等大批战国时期珍贵文物。这处遗址的发现证实了《华阳国志·巴志》中“巴子时……‘其先王陵墓多在枳’”的记载。

2. 涪陵周煌墓

周煌墓是重庆市文物保护单位，位于大顺乡明家社区 2 组，距乡政府 2.5 千米，该墓坐西向东，是周煌的陵墓。周煌字海山，1714 年生于涪陵龙桥街道，乾隆二年（1737 年）24 岁的时候中了进士，历任翰林院编修，内客学士，工部尚书，兵部尚书等职，也是前清嘉靖皇帝的老师。周煌对后世中国人最大最现实的贡献就在于，他将自己对钓鱼岛的记述写成了《琉球国志略》一书，共十六卷。除了册封琉球国王证明琉球国为中国属国外，周煌还记录了钓鱼岛与琉球国分界海沟，明确了钓鱼岛与琉球国无关，完全属于中国领土。《琉球国志略》是钓鱼岛是中国固有领土的有力证据之一。

3. 涪陵北拱汉墓群

龙桥北拱发掘到汉墓后，先后又发掘过 10 余次，确定北拱汉墓群。首次发现双拱甬道汉墓，还从出土的三件宝贝中首次发现了双唇四系陶罐。这件器物外形就像一只小泡菜坛。古人在 1700 年前就能做出如此精美的生活实用器物，着实令人惊叹。还出土了两件瓷搪模型、陶质钵等文物。

4. 武隆长孙无忌墓

长孙无忌墓即长孙无忌（约 597—659 年）的墓穴。长孙无忌，字辅机，河南洛阳人。先世乃鲜卑族拓跋氏，北魏皇族支系，后改为长孙氏。其祖先是后魏文帝第三代后裔，自七世祖以降，皆受后魏、西魏及历代朝廷封赏，其父名晟，为隋右骁将军。长孙无忌是唐太宗李世民的内兄，文德顺圣皇后的哥哥。长孙无忌非常好学，“该博文史”。隋朝义宁元年（617 年），李渊起兵太原。无忌进谏，渊爱其才略，授任渭北行军典签。

5. 石阡成氏墓群

成氏墓群为清代两广总督成世宣家族墓葬，葬于石阡城北 10 千米的大沙坝乡。墓计 11 所，分葬 4 个地点，风洞坡为成世宣墓地，坐西向东，依山势以细石精工雕刻花鸟人物图案，三进门牌坊，高 4.5 米；第二台即为细条石圈围成世宣墓，墓前一对石雕麒麟栩栩如生。牌头为成世宣父、母、弟、兄葬地，墓四所占地 1 000 平方米，以细石铺地，石墩镶砌高约 2.0 米高的围墙，墓碑文或阴或阳镌刻，做工精细。该墓区尤以牌头三进门雕坊高大雄伟，双面对称雕刻着八仙人物、龙、凤、花卉等图案，通高 4.8 米。

6. 黄平解立敬墓

解立敬（1584—1655 年），字念显，号诚斋，黄平新州人，明万历四十三年（1615 年）举人，历任陕西华阴知县、云南赵州知州、湖东道按察副使、广饶衡徽巡抚兼都察院右佥都御史。解立敬墓以土封石围，呈丘圆形，高 1.2 米，底径 4.02 米。原墓碑立于顺治十三年（1656 年），后毁。现存墓碑重立于 1915 年，高 1.16 米，宽 0.65 米，厚 0.14 米。

7. 黄平悟玄和尚墓

悟玄和尚墓以青石砌成八棱形，前立青石质四柱三间牌楼式墓碑，通高 3.7 米，宽 3.27 米。牌楼上层明间横向楷书阴刻“临济正宗”4 字，正中款署“光绪三十二年八月二十七日立”。左右次间分别嵌“木本水源”“边界根序”记事碑。牌楼雕刻仿木建筑之脊、檐、吻、檩等，并有乡佬下棋、牧童献茶、农夫驱羊、八仙下棋等浮雕，以及仙鹤、麒麟、瑞狮、蝙蝠、莲花、卷草、福寿等吉祥图案。

8. 龙里蔡伦庙遗址

蔡伦庙遗址位于猴子沟景区东部纸厂沟内，是当地人为供奉我国古代科学家、造纸发明家蔡伦而建的。该庙有正厅五间，对厅三间，厢房三间。由院门进入，院墙围起，正厅除供蔡伦塑像外，还供有太上老君、关帝圣君等神像，正厅雕龙画栋、斗拱飞檐。但现已被毁，仅存地基、石鼓、残垣。

## 四、石刻题刻

1. 涪陵白鹤梁水下博物馆

由于三峡工程的兴建，白鹤梁题刻将永沉江底。为了让后人能观赏这一文物，国家投入 2 亿元建设了白鹤梁水下博物馆。整个保护工程，由水下博物馆、连接交通廊道、水中防撞墩和岸上陈列馆四部分组成。水下博物馆就是在白鹤梁原址上修建一个保护壳体，被誉为世界第一古代水文站、世界水文资料宝库、水下碑林，是三峡文物景观中唯一一个全国重点文物。

2. 武隆黔蜀门屏石刻

黔蜀门屏石刻位于武隆区车盘乡沙河村分水岭海拔 1 800 余米的森林中，距县城 50 千米处，是川、黔两省界碑，被当地群众称为“大碑”。此地属川、黔边区通道，常发生边界纠纷，事端频繁。清光绪二十七年（1901 年），贵州遵义府正安州事蜀东人郎承谟以睦邻为重，树碑立界。石屏高 2 米，宽 0.8 米，厚 0.2 米。“黔蜀门屏”4 字行楷，字长 47 厘米或 54 厘米，宽 30 厘米或

33 厘米。上款“知贵州遵义府正安州事蜀东郎承谟谨识并书”，下款“光绪壬寅岁季夏月中浣谷旦”，字长 6 厘米或 8 厘米，宽 5 厘米或 7 厘米。

3. 黄平“海上飞来”碑

“海上飞来”碑位于“飞云崖”下，由 4 块碑石组成，青石质。方首，均高 1.42 米、宽 1.02 米，厚 0.1 米。分别楷书阴刻“海”“上”“飞”“来”4 字，每字 0.85 平方米，由果勇侯杨芳立于光绪十八年（1892 年）。

4. 黄平德政碑

黄平德政碑位于县城北门街原过街楼下西侧，于清光绪十三年(1887 年)年补任。黄平知州瞿鸿锡在任职时，复书院兴义学、整治街道，重建城垣政绩突出。百姓为纪念他便立了德政碑，碑上横刻“德政”、竖刻“兴典复元”等内容。此碑因建街，移往飞云崖收藏。

5. 黄平岩鹰例碑

岩鹰例碑位于县城东 40 千米的谷陇岩鹰村东。清嘉庆二十六年（1818 年）重安司各寨头人共同立一碑，名叫“例碑”，碑文记述各少数民族村寨人知悉承担的劳役。此碑可为研究古代少数民族遥役、税赋提供史料，是县级文物保护单位。

6. 黄平中桥河义渡碑

中桥河义渡碑位于县城北 17 千米的罗朗良田舞阳河中桥河南岸渡口处，于清光绪二十六年（1900 年）由王德元等族人所立，碑青石质，阴刻楷书，碑眉“万古不朽”。碑文内容 163 字记述王姓因避战事筹资义渡，清康熙年间黄平知州李廷基捐俸和州贡生王木式、进士王木云、举人王焕士、巡抚朱定元等捐助义渡。现为县级文物保护单位。

## 五、古代战争遗址

1. 遵义海龙囤军事古堡

海龙屯军事古堡位于遵义市北 30 千米的龙岩山上，史称“龙岩屯”，是中国西南地区历史最久、规模最大、保存最完整的土司城堡之一，始建于南宋宝祐五年（1257 年），由南宋朝廷与播州的土司杨氏共同营建，后毁于 1600 年对抗明朝廷的战争。周长约 6 千米的环囤城墙尚存，囤内面积达 1.59 平方千米，“老王宫”和“新王宫”是囤内两组最大的建筑群，面积均在2万平方米左右，大体为“横三纵三”的布局，是集军事屯堡、衙署与“行宫”于一体的“土司”遗存。海龙囤遗址是贵州境内目前仅见的一处大型军事建筑与宫殿建筑合二为一的遗址，也是当今中国乃至亚洲保存完好的中世纪城堡遗址。2015年7月4日同湖南永顺老司城、湖北唐崖土司城遗址一起，在第39届世界遗产大会上获准列入《世界遗产名录》。

2. 德江梅林寺黄号军起义遗址

梅林寺黄号军起义遗址是省级文物保护单位，坐落在鹰嘴山金风顶下，四面环山，山险林密。清咸丰元年（1851年），太平天国农民起义爆发，各地农民纷纷响应。胡胜海以梅林寺为大本营，招兵买马，建皇城，筑宫殿，修皇仓，设石门石卡，砌炮台，烽火台，开沟引水，积草囤粮，以谋大事，就这样构筑起他的皇城之梦。威福王胡胜海率领以黄巾裹头的黄号军，浩浩荡荡，攻克德江、务川县城，烟火滚滚，炮火震天，清兵闻之丧胆，并支援主力军纵横驰骋半个贵州，沉重地打击了清朝廷的封建统治。

3. 黄平十万营南党屯兵处遗址

十万营南党屯兵处遗址是明初屯军之地，以大石垒筑屯堡。现存战壕长约500米、高3米余、基宽约2米，并残存卡门1座，门宽2.5米。

4. 黄平黄飘大捷遗址

黄飘大寨位于县东南，在其西5千米处的黄飘大坡，即黄飘大捷遗址。咸丰五年（1855年），苗族领袖张秀眉于台拱（今台江）起兵反清，得到当地各族人民的拥护。数年间，其势力已遍及黔东南各县。清同治八年（1869年）贵州苗民起义军在黄平东南之黄飘对湘军进行的一次成功的山地伏击战。黄飘大捷，歼灭湘军万余人，取得了辉煌战果，湘军主力荣维善、黄润昌、邓子垣大部被歼，仅苏元春率数千残兵逃出重围。

5. 黄平万营占候

万营占候位于旧州古城北面5千米的石牛勤坡山顶。此处曾为明代征南大将军傅友德荡平四境后的息兵养马之地，故得名“万营占候”或“十万营”。十万营大山海拔高度为1 135.5米，山势雄伟，山顶平阔，茂草丛生，现古营屯风貌犹存，营墙北沿长500余米、高1.5～2米、宽1.5米，南沿以奇险山崖为墙，险峻至极，设卡门一座，有“一夫当关，万夫莫开”之势，成为旧州北境一大亮丽景观。

6. 织金画眉屯

画眉屯又叫画眉箐，是清镇、平坝、织金三县沿河大户相约于画眉箐西山口斜坡中部以巨石建筑城墙，望去宛若长城，以作自保屯居之所。清同治四年（1865 年）正月，瓮安县何德胜的黄号军进占织金四甲屯，2 月，何德胜黄号军围攻画眉屯，久攻不能克，便扎连营于簸躲关一带对峙 40 多天，最终攻克。

## 第三节　红色文化及工业遗址

### 一、红色革命遗址

1. 酉阳红三军司令部旧址

南腰界“红三军司令部旧址”有明五暗七共 12 间房，为木石结构的吊脚楼建筑，占地 450 平方米。院内石板平整，厢房吊楼南北相对，两侧为青砖风火墙。红三军进驻后，在房屋四周用条石、火砖砌成高 2.8 米、长 278 米的围墙，院坝中有两棵花红树。旧址正面建有“中国工农红军二、六军团会师大会纪念亭”，左侧建有红军烈士墓。

2. 沿河第四区革命委员会旧址

沿河第四区革命委员会旧址位于在淇滩镇场上当门街，为晚清时期建造的砖木结构房，面积为 810 平方米。房屋坐东向西，正面三门相连，内为四合天井。正门上方用石灰书写“中国工农红军沿河县第四区革命委员会”17 个字。1934 年 6 月 19 日，中共湘鄂西分局在沿河县枫香溪（今属德江）召开会议，决定在黔东建立革命根据地。此后，陆续在红三军武装割据范围内建立区革命委员会和乡苏维埃政府。当时在淇滩建立第四区革命委员会，辖天宫井、檬子、梅子、淇滩 4 个乡苏维埃政府。

3. 沿河黔东特区革命委员会旧址

黔东特区革命委员会旧址位于距县城南约 40 千米处的谯家镇白石土地湾，建于清代同治八年（1896 年），为木质结构瓦房，有正房 7 间，两边是厢房，前有朝门，形似撮箕。房顶青瓦覆盖，两侧塑有凌空飞鸽。正房台阶为细钻青石，其前壁木雕窗上有花鸟虫鱼图案。1956 年 8 月 24 日，省人民政府公布为省级文物保护单位。2006 年 5 月 25 日，与德江县枫香溪会议会址，印江土家族苗族自治县二、六军团会师纪念馆合并列入全国重点文物保护单位。

4. 德江枫溪会议会址

1934 年 6 月我党我军在德江枫溪召开了枫香溪会议。会后，开创了黔东革据地，开展了建政权、打土豪、分田地的农民革命运动，批判了王明“左”倾机会主义对红三军造成的影响，恢复了政治机关和党、团组织，与红一方面军先遣部队——红六军团的胜利会师，并组成了红二、六军团，为掩护中央红军长征的胜利转移做出了不可磨灭的贡献。这里是红三军军部、政治部、参谋部驻地，其中红三军医院、红七师、红九师驻地等保存较为完好，极具观赏价值。2006 年，会址、军部、政治部等九处红军旧址被国务院公布为国家级文物保护单位。

5. 石阡红二六军团指挥部旧址

红二六军团指挥部旧址位于石阡县城中心长征路东侧的天主教堂。天主教堂始建于清光绪二十八年（1902 年），为天主教德国圣心会石阡教区本堂，规模最大时占地 7 000 多平方米。石阡是革命老区，红军长征曾两次过境，在这里留下了无数的丰功伟绩。

6. 遵义会议会址

遵义会议会址在遵义老城子尹路（原名琵琶桥）东侧，原为黔军二十五军第二师师长柏辉章的私人官邸，修建于 20 世纪 30 年代初。整个建筑分主楼、跨院两个部分。主楼为中西合璧，临街有八间铺面房，当年为房主经营酱醋及颜料纸张。铺面居中有一小牌楼，檐下悬挂着“遵义会议会址”六字黑漆金匾。街面房连接主楼与跨院之间有一座青砖牌坊。牌坊上方用碎蓝瓷镶嵌着“慰庐”二字。牌坊的另一面有“慎笃”二字。遵义会议会址主楼坐北朝南，一楼一底，为曲尺形，砖木结构，歇山式屋顶，上盖小青瓦。楼房有抱厦一圈，楼顶有一老虎窗。楼层有走廊上，可以凭眺四围苍翠挺拔的群山，指点昔日红军二占遵义时与敌军鏖战地红花岗，插旗山、玉屏山、凤凰山诸峰。会址主楼上下的门窗，所有窗牖均镶嵌彩色玻璃，紧挨主楼的跨院为木结构四合院。

7. 遵义红军总政治部旧址

红军总政治部旧址位于遵义老城杨柳街 28 号，与遵义会议会址毗邻。红军进驻遵义后，机关设在老城杨柳街的天主教堂内。这个天主教堂在清同治五年（1867 年）由法国传教士沙布尔兴建，占地面积 13 555 平方米，四周修有围墙，峻宇雕墙，颇为富丽。红军进驻遵义后，中央革命军事委员会总政治部（简称红军总政治部）所辖的组织、宣传、破坏、青年、政务等部和秘书处机关都设在天主教堂内。红军二渡赤水，再克遵义时，红军总政治部还在经堂内召开过营、科以上的干部大会。毛泽东、周恩来分别在会上讲话，向广大干部剖析我军第五次反“围剿”失败的原因，讲解红军正确的作战原则。1984 年，拨专款维修了天主堂学堂，遵义会议陈列馆是全国重点文物保护单位遵义会议会址的组成部分。

8. 遵义县革命委员会旧址

遵义县革命委员会旧址位于新华路，是一幢木结构两层楼房。遵义县革命委员会是红军长征途中成立的规模最大、活动时间较长的一个县级临时革命政权。

9. 瓮安猴场会议会址

猴场会议会址位于瓮安县草塘镇西猴场村，是宋维新私宅。会址建筑为木构四合院，四周砖砌桶墙，俗称“一颗印”，建于 1912 年，2004 年陈列布展对外开放，2006 年公布为省级文物保护单位。猴场会议会址区域历史底蕴丰厚，有众多历史文化遗存，包括彪炳史册的中央政治局猴场会议会址、毛泽东 1934 年 12 月 31 日参加猴场会议时居住过的地方、“长征五老”及红军三十女杰当年居住过的地方——红军干部团休养连旧址；开创贵州戏剧先河及全国第一部私家方志傅玉书故居；贵州宣慰同知宋钦故居；草塘安抚司署旧址等。

10. 瓮安桐梓坡农会旧址

桐梓坡农会旧址位于瓮安县珠藏镇东南 5 千米处的桐梓坡村。1935 年 1 月，红军突破乌江后，遵照“猴场会议”精神，以瓮安县猪场（珠藏）桐梓坡为基点，将革命势力向周边延伸。积极发动群众，武装群众，开展革命活动，成立了“桐梓坡农会”和“桐梓坡红色游击队”，红军、农会、游击队等机构设在土豪施汝舟家宅院内。桐梓坡农会和游击队是红军离开苏区后在长征路上建立的第一个革命武装组织，其政治意义和革命影响极为深远。

11. 龙里比孟红色旅游区

1935 年 4 月和 1936 年 2 月，中央红军和红军第二方面军、红军第六军团为了打击敌人，保存主力，相继集中在水场乡比孟片区的场坝村、三村村、中坝村、堡子村等。之后，红军主力部队分左、中、右三路大军实行重大战略转移。红军主力会师比孟，即如今的比孟红色旅游区，又兵分三路实行战略转移，是红军长征取得最后胜利的重要一环。

12. 毕节红二、六军团政治部旧址

1936年2月，红二、六军团长征到达毕节，创建了黔、大、毕革命据地，开展了一系列革命实践活动。红六军团政治部就设于毕节城区中山路12号原安息会会址内，政治部主任夏曦和政治委员等领导同志在此办公。黔、大、毕苏区的开辟，给红二、六军团赢得了时间，使长途转战的部队得到休养生息，补充给养。军团领导在此抓紧提高部队军事素质训练，同时大力宣传红军是为“千人”打天下的队伍，积极开展“扩红”工作。此间，毕节5 000多名优秀儿女参加红军北上抗日，这是红二、六军团长征过程中“扩红”成绩最为辉煌的阶段。

13. 毕节川滇黔省革命委员会旧址

川滇黔革命委员会旧址位于市区百花路19号，始建于民国十三年（1924年），现为国家级文物保护单位。1985年全面维修后，将“川滇黔革命委员会旧址”和“中国工农红军二、六军团政治部旧址”两处革命纪念地辟为毕节地区博物馆，占地面积2 200平方米。

14. 毕节贵州抗日救国军司令部旧址

贵州抗日救国司令部旧址位于市区和平路74号，该馆建于清末是贵州辛亥革命元老周素圆先生的住所，也是司令部驻地。1936年2月，贺龙等率领中国工农红军二、六军团长征到达毕节。为了更好地贯彻抗日民族统一战线政策，组建抗日武装，按照团结民众和一切爱国志士加入抗日队伍，不分政治派别，不论成分，一致联合起来，组建抗日救国的施政方针，组建了贵州抗日救国军。司令部设于毕节城区和平路周素园先生住宅内。

15. 盘县会议会址

盘县会议会址位于盘县古城城关二小校园内，俗称九间楼，也称“九天楼”，曾是中国工农红军红二方面军第二、六军团总指挥部驻地，著名的“盘县会议”在此召开，该会议是红二、六军团带有重大战略转折性的抉择会议。该会址原是国民革命军第二十五军第五师于民国十七年（1928年）修建的武营，其结构为木构硬山顶，穿斗式架梁，单檐歇山顶建筑。初建时为三层，后因倾斜欲倒而降低一层，为一楼一底两层，上下各九间。檐高5.31米，通面阔36.5米，进深两间11.2米，建筑面积818平方米，前带双步廊，楼栏直栜式。1992 年 2 月，被贵州省人民政府批准为省级文物保护单位；1997 年 10 月，被贵州省委、省政府命名为贵州省爱国主义教育基地和全民国防教育基地。

## 二、红军战争遗址

1. 遵义娄山关

娄山关是黔北第一险隘，位于遵义、桐梓两县交界处，海拔 1 445 米，为历代兵家必争之地。1935 年，中国工农红军一方面军在此与敌激战，取得大捷。娄山关战斗是红军长征以来第一次重大胜利。

2. 遵义红花岗、老鸦山战斗遗址

红花岗、老鸦山战斗遗址位于老城西南，海拔均在 1 000 米以上，巍峨险峰，可以鸟瞰各方，历来为兵家必争之地。1980 年，该处遗址被市政府公布为市级文物保护单位。1935 年 2 月 18 日红军第二次渡过赤水河，于 28 日拂晓再占遵义城。红军与敌激战于红花岗、老鸦山一带，经过一整天血奋战，终于击溃敌军。这次战役史称“遵义战役”，是红军长征以来取得的最大一次胜利。

3. 遵义青杠坡战役遗址

青杠坡战役遗址位于贵州省习水县土城镇青杠坡村，在土城镇东北约 3 千米。以青杆坡战斗为核心的土城战役，是毛泽东在遵义会议后亲自指挥的第一仗，是导致红军四渡赤水的直接因素。

4. 遵义梅溪河战斗遗址

梅溪河战斗遗址位于良村镇梅溪河流途经的良村村与梅溪河村的交界处。梅溪河域属大娄山脉的余脉和四川盆地边沿地点，海拔为 800 ~ 1000 米。梅溪河战斗遗址所在地域内沟壑纵横，地形截割很大，行军战争异常艰难。

5. 息烽九庄战斗遗址

1935 年中国工农红军第一方面军一师三团突破敌军的乌江防线，进入息烽县境内。同年 4 月 1 日，红一方面军第三、五军团各一部进抵九庄街及其附近的朱家山、望城坡、清堰塘、梨树坡等村寨。1984 年，息烽县人民政府将九庄红军坟列为文物保护单位。1987 年在烈士墓前建石碑一座。九庄战斗遗址已成为九庄镇干部群众和中、小学师生祭奠红军烈士，接受爱国主义教育的重要阵地。

6. 瓮安红军强渡乌江遗址

瓮安红军强渡乌江遗址位于大乌江回龙渡口，江面宽 120 多米，江水湍急，两岸悬崖绝壁，横亘天际，人称乌江天堑。1935 年 1 月 1 日，中央红军从乌江南岸以仅有的一艘船抢渡乌江，奋勇击溃了驻守北岸的侯之担部队，经过三天三夜的顽强战斗，强渡乌江，击败黔军，向遵义挺进成功地渡过乌江，顺利地召开遵义会议，从而揭开了中国革命历史的新篇章。战斗遗址于 1982 年被列入省级文物保护单位。

7. 瓮安朵丁关红军战斗遗址

朵丁关红军战斗遗址位于瓮安县城东 17 千米，一条 10 千米长的山岭横亘天际，山岭正中有一座关口叫朵丁关。朵丁关是背靠高山，面临悬崖，“一夫当关，万夫莫开”的险要之地。1934 年 12 月 27 日，中央红军左路军第四先遣师二营的指战员由黄平梭洞进入瓮安老嘴后，迅速逼近朵丁关，然后兵分两路，一路抄近路迂回到山后夺关，一路从正面占领关口对面制高点，用火力猛攻守关之敌，掩护关后红军夺关。经 1 个多小时的激战，红军夺下朵丁关，大部队顺利通关，向瓮安县城进军。

8. 毕节红二、六军团奇袭鸭池河战斗遗址

1936 年 1 月中上旬，红二、六军团进入贵州，战略转移黔西北，创建根据地。2 月 1 日深夜奇袭鸭池河，成功强渡天险。2 月 3 日凌晨顺利进占黔西城，为创建根据地和川滇黔革命委员会及各级革命政权的建立迈出了关键性的一步。

## 三、红色纪念园

1. 解放贵州革命烈士纪念碑

该纪念碑于 1956 年建成，占地面积 20 000 平方米，广场面积 4 200 平方米。台阶共 6 层 58 阶，最高一层耸立着高约 30 米的石碑，碑上刻着李子光用隶书书写的“解放贵州革命先烈永垂不朽”十二字。石碑顶端为两层，呈塔型，每一层都有四只翘脚，下刻半圆形石花和一枚鲜红的五星。碑座呈正方形，四面中间雕刻有一花环，花环两旁为系着的红绸，以一定的弧度伸向两边，边向下垂挂，两侧雕刻有齿轮、稻谷、麦穗组成的图案。石阶三重，分别筑有雕花汉白玉石柱、石栏，离碑座高 1.2 米的上端，四面雕刻有两只白云托着的和平鸽。图案雕刻精美，意义深远：齿轮象征着工人阶级，旋转的

齿轮仿佛带动着整个国家飞转向前；稻谷、麦惠象征着农民阶级，同时也象征着人民的幸福，祖国的繁荣；花环则寄托了人民对浴血奋战而牺牲的先烈们的哀思；鸽子象征着祖国的和平、安宁；鲜红的五星象征着伟大的中国。

2. 沿河席正铭纪念碑

该纪念碑位于沙子镇米溪村席家坡。纪念碑占地 20 平方米，座基两台，均用条石铺砌，碑有正碑、中碑，镶嵌大理石，正碑书刻碑文及席正铭生平事迹，中碑拓刻孙中山写给席正铭书信的原文手迹，纪念碑南面和北面为石围墙。席正铭清光绪三十三年（1907 年）外出求学，学生时代就信仰孙中山“三民主义”，组织秘密学生团体从事反清革命活动。宣统二年（1910 年）加入同盟会，追随孙中山参加推翻帝制建立共和的辛亥革命和讨袁护法运动。民国九年（1920 年）初，席正铭入蜀联络旧部以安定川局，在重庆白市驿被谋害，年仅 36 岁。孙中山闻讯后，在上海国民党总部为席正铭举行隆重追悼会，并亲笔题写“席正铭烈士”五个大字。席正铭遇害后，其遗体安葬于重庆黄桷垭云贵会馆，墓碑由四川总督熊克武题字。

3. 沿河苏联空军金角罗夫烈士墓

该烈士墓位于和平镇乌江西岸石坡仰天窝，占地 148 平方米，坐南朝北，墓地左、右、前三方有石礅围墙，墓前竖石碑。墓碑正面书刻“苏联空军金角罗夫烈士之墓”12 个大字，背面刻记金角罗夫遇难简介。抗日战争时期，苏联组织空军志愿队支援中国人民抗击日本侵略军，金角罗夫是志愿队少尉飞行员。

4. 沿河红军渡纪念碑

该纪念碑在和平镇乌江东岸观音岸脚街道边，碑高 1.4 米，宽 1.2 米，四边雕有扁草五星花纹图案，碑正中用隶书书写了红二军渡江和创建黔东特区革命根据地简介。1935 年 5 月中旬，红三军第七、九师进入沿河境，5 月 31 日占领县城西岸后山的粽子顶。红三军攻占县城乌江西岸后，于 6 月 1 日在贺龙指挥下由惠民渡口强渡乌江，攻克东岸，占领全城，守军弃城逃遁。红三军占领沿河县城后，在 50 多天内先后挥师东进、南征、北上，行程 250 余千米，开辟纵横 100 千米的势力范围，为建立黔东特区革命根据地奠定了坚实基础。黔东特区是红二方面军的发祥地，在中国新民主主义革命历史上占有重要地位。1979 年 6 月 1 日，县革命委员会在纪念红三军渡江和创建黔东特区革命根据地 45 周年之际，为缅怀红军光辉业绩，将县城乌江惠民渡改为红军渡，在渡口东岸观音岩脚建竖红军渡纪念碑。

5. 沿河龚渭清烈士纪念碑

该纪念碑位于沙子镇干溪桥公路边，碑高1.7米、宽0.8米，中书龚渭清烈士遇难简介。龚渭清系四川彭水县人，贺龙的挚友。1934年7月国民党对黔东特区采取军事进剿的同时，进行经济封锁，致使红军和百姓严重缺盐少药。为解决特区急需的食盐和药物问题，贺龙派人持其亲笔信，去彭水找龚渭清想法帮助采购。药物运到沙子场水淹沱时，被国民党发现拦劫，龚渭清当场被杀害。1976年6月1日，为缅怀龚渭清烈士英勇事迹，县革命委员会在其遇难处沙子场水淹沱干溪桥旁竖立纪念碑。1982年，县人民政府将龚渭清烈士纪念碑公布为县级重点文物保护单位。

6. 印江木黄会师纪念碑

该纪念碑位于在印江土家族苗族自治县木黄左侧的将军山腰，前临横河。1934年5月，中国工农红军第三军由四川彭水西渡乌江，迅速攻占沿河、德江、印江、松桃、酉阳、秀山等6县的广大毗连地域，建立黔东特区政府和百余个乡苏维埃。同年8月，中国工农红军第六军团，作为中央红军长征的先遣队，从江西永新突围经湖南进入贵州，于10月下旬到达印江木黄、松桃石梁一带与贺部胜利会师。1976年印江县委决定在木黄建立纪念碑，1978年6月落成，碑身正面为“中国工农红军第二、第六军团木黄会师纪念碑”大字楷书，碑呈方形，上小下大，高14.2米，设有护栏和台阶，占地720平方米。

7. 印江木黄红二、六军团会师纪念地

该纪念地位于在环山小镇中间，木黄镇的山清水秀名冠一方，两条清澈透底的小河环镇而下，鱼泉从后山突涌，穿流在人户间的檐前屋后，一幅不是江南水乡却胜是江南水乡的玲珑景致。1934年10月，工农红军第二和第六军团在此会师，用鲜血和生命创建了贵州高原上第一个红色政权。木黄之名，从此载入史册。炮火硝烟的将军山上，如今巍然屹立着红二、六军团木黄会师纪念碑；运筹帷幄的水母宫殿，早已辟为了红军会师纪念馆。

8. 遵义四渡赤水纪念馆

该纪念馆位于红军一渡赤水河的渡口所在地贵州省遵义市习水县土城镇。四渡赤水主战场在习水，有第一、二、四渡在习水县，红军在习水运动达62天，是中央红军长征中历时最长的县。1935年1月29日，红军主动撤出战斗，从土城、元厚西渡赤水河，拉开了“四渡赤水”序幕。此后的3个多月，红军在土城至茅台百里地段的赤水河上又三次飞渡，穿插于敌兵之间，驰骋于川滇黔边广大地区，终于跳出了40万敌军的围追堵截，取得了战略转移具有决定意义的胜利。

9. 遵义鲁班红军烈士陵园

该烈士陵园位于仁怀市鲁班镇街东场晏家堡。1935年3月15日，红一方面军长征经过鲁班，与国民党中央军吴奇伟部相遇发生激战，红军伤亡较大。1953年，为纪念战斗中牺牲的红军战士，仁怀县（现改为仁怀市）政府在晏家堡修建烈士公墓土坟一座，1967年改建为有墓坊的陵墓，安葬145名红军遗骸。1983年扩建并更名“红军烈士陵园”，占地6 000平方米。2000年建起了纪念塔，塔高14米，宽12.6米。

10. 息烽集中营旧址

该集中营旧址是全国重点文物保护单位，是全国爱国主义教育示范基地、全国廉政教育基地、国家国防教育示范基地、全国100家红色旅游经典景区之一。息烽集中营包括设在阳朗坝区的集中营本部和与之相距14千米的玄天洞杨虎城将军囚禁处两个组成部分。从1938年设立到1946年撤销，先后关押过杨虎城、马寅初、黄显声、罗世文等共产党人、爱国将领和爱国民主人士1 200多人，其中600多人被秘密杀害和折磨致死，400多人下落不明，幸存者不足100人。新纪念馆总建筑面积3 800平方米，于2005年8月19日落成开馆。《烽火不息》展览以大量可歌可泣的人物、事件为内容，用珍贵文物、图、文、表、照以及声、光、电、情景模拟等展出形式，详尽介绍了息烽集中营的历史沿革、革命烈士狱中活动情况，集中展示了中国革命的一段斗争史、胜利史。

11. 毕节烈士陵园

该烈士陵园坐落在依山傍水的毕节城西北凤凰山，占地58 000平方米，面临倒天河，背靠文笔山，山清水秀、鸟语花香，森林覆盖率达95%，既是毕节市城区的风景名胜，更是爱国主义教育基地。烈士陵园始建于1956年，1958年建成。近年来，国家民政部、省民政厅、地区民政局和毕节市委、市政府多次拨款对毕节烈士陵园进行大规模扩建和修缮，使之更加庄严肃穆。

12. 英雄桥革命烈士纪念碑

英雄桥，古称将军桥，又名渭河桥，建于清康熙三十年（1691年），地处黔西县定新乡渭河大鲵保护区，横跨龙洞沟，是黔西县通往金沙县公路的主要桥梁。1936年和1950年，中国工农红军和中国人民解放军均在桥附近与敌激战，一批指战员牺牲于此，故名英雄桥。此处峡谷幽深，附近有黔西古八景之地的“渭滨鱼窦”，建有小型水电站和生活服务设施，是黔西古老的一处旅游景点。1981年，黔西县人民政府将此桥列为县级文物保护单位，1985年修建烈士纪念碑。碑体用水泥浇制，白色马赛克贴面，高8.6米，表示36年和50年之和。正中用鸡血大理石刻“革命烈士永垂不朽”八个大字。碑顶塑有红军和解放军两个英雄形象。碑前筑有左右两个平台，各建一个四角亭阁，亭内各置红军、解放军在此战斗牺牲功绩碑一块。

13. 毕节红军强度鸭池河天险纪念碑

鸭池河处于乌江之上游，是清毕路（321 国道）的咽喉要道，水深流急，两岸峭壁，史称“天险”。1936年2月2日，中国工农红军二、六军团在当地群众的配合下，勇敢机智地从古渡口（今鸭池河铁桥下1千米处）强渡成功，进占黔西。同年2月5日，贺龙等在黔西县城新川祖庙贺龙驻地召开重要会议（史称黔西会议），决定大黔（西）、大（方）、毕（节）地方实施战略转移。为纪念红二、六军团长征时强渡鸭池河，1985年，黔西县人民政府在鸭池河左岸小箐坡头，距当年红军渡河约2千米的321国道盘山公路边修建纪念碑。碑体以混凝土浇制，白色马赛克贴面。第一级3.6米，表示红军渡河的时间；第二级高1.25米，表示建碑时间；中间石刻杜鹃花，表示全县各族人民将本地名花献给红军。碑顶塑像高2.6米，象征红二、六军团；塑一船工力撑木船，载3名红军战士破浪前进。碑前平台边沿用鸡血大理石镶嵌，刻有“红军强渡鸭池河天险”八个大字。红军强度鸭池河天险纪念碑设计朴实、庄重肃穆，是人们缅怀先烈、回顾革命历史和进行革命传统教育的好场所。

## 四、抗日战争遗址

镇远和平村旧址是抗日战争遗址，是全国重点文物保护单位。和平村是抗日战争时期国民政府军政部第二俘虏收容所的别名，主要关押中国南方战场上俘获的日军俘虏。镇远和平村为“国民政府军政部第二日俘收容所”旧址，原为国民政府贵州省第二模范监狱。第二俘虏收容所在镇远期间先后关押日军俘虏600多人。1941年，在郭沫若等人的推动下，由日本反战作家鹿地亘、池田幸子夫妇组织收容所中觉悟了的日军俘虏成立“在华日本人民反战革命同盟和平村训练班”（后改为“在华日本人民反战革命同盟和平村工作队”），到前线开展反战宣传，瓦解日军士气，为中国抗日战争的胜利起到了积极作用。镇远“和平村”（第二日俘所）旧址是全国唯一保存完好的国民政府军政部俘虏收容所，是日本帝国主义侵略中国的历史见证，它对研究中国抗日战争史和世界反法西斯战争史具有十分重要的意义。

## 五、工业遗址遗迹

1. 涪陵 816 地下核工程

涪陵 816 地下核工程位于涪陵白涛街道，军工洞体紧靠乌江，背靠武陵山。山高林密的小山包下，隐匿着工程浩大的地下核工厂，但从外貌看，除笔直高大的排风烟囱外，看不出任何工程的痕迹。1967 年开工建设，于 1984 年停工，前前后后共用人力 6 万多人。816 地下核工程总建筑面积 10.4 万平方米，大型洞室有 18 个，道路、导洞、支洞、隧道及竖井等达到 130 条，所有洞体的轴向线长叠加达 20 余千米，其中，最大洞室高达 79.6 米，侧墙开挖跨度为 25.2 米，拱顶跨度为 31.2 米，面积为 1.3 万平方米。这样“洞中有楼、楼中有洞，洞中有河”的工程设计在 1978 年曾获国家科技大会奖集体奖。整座大山被挖空，洞厅共 9 层高达 79.6 米，总长 24 千米，洞体施工挖出的石方量有 151 万立方米。洞体内厂房进洞深度 400 米左右，顶部覆盖层最厚达 200 米，核心部位厂房的覆盖层厚度均在 150 米以上。816 洞体可以预防 100 万吨当量氢弹空中爆炸冲击和 1 000 磅炸弹直接命中攻击，还能抵抗 8 级地震的破坏。“816 工程”是我国三线建设的重要代表性工程。作为曾经的核工厂实体，“816 工程”以旅游产品的形式对大众开放，无论在国内还是在世界上都是独一无二的。

2. 毕节中国航空发动机厂遗址

中国航空发动机厂遗址位于贵州省大方县羊场坝镇乌鸦洞。这个 20 世纪 40 年代的老工厂的遗址，竟然在这深山老林里会有这样一个规模庞大的工厂。厂区面积达 120 万平方米，分生活区和生产区。从北侧的大门进去，古树参天，数幢西式建筑分列道路两旁。

3. 六盘水仁活洞铅锌矿遗址

仁活洞铅锌矿遗址距中心城东南 28 千米，位于观音山镇人和洞村。现属杉树林铅锌矿采矿区域。遗址面积 0.2 平方千米，大小 60 余个矿洞，分布于人和洞和银矿包两座山上。人和洞在一峭壁下，洞口坐西北向东南，宽1.5 米，高约 2 米，深数百米。少数矿井保存较完整，巷道纵横交错，深邃难测。采矿共开办 11 年，主要采铅锌矿。此矿遗址于矿业史研究具有重要价值。

4. 六盘水穿岩洞铅锌矿遗址

穿岩洞铅锌矿遗址距中心城区东南 10 千米，位于水城县滥坝镇白泥村与凤凰办事处石桥村交界地段。穿岩洞系一天然溶洞，与附近古代铅锌矿群一起，统一命名为穿岩洞铅锌矿遗址。整个遗址占地面积构 1.5 平方千米，包括白沙坡、元宝山、毛烟沙塘、上下浑塘、穿岩洞等地。内有大、小铅锌矿洞近百个，著名的有大燕洞 、黑明湖洞、地宝洞等。其中，大燕洞长 60 余米，宽 20 米，高 10 米，与大夹巷相通。出口处有一圆柱形矿坑，深 30 米，直径 20 米。黑明湖洞洞口高 2 米，宽 2.8 米，洞深难测准，至少在千米以上，地下水较丰富。地宝洞在元宝山东麓，洞口高 1.8 米，宽 2 米，深度在 500 米以上，洞中有洞，大洞小洞相连。大夹巷，为南北向，长 215 米、宽 20 米、深（高）40 米，呈峡谷形，南端接大燕洞，此地挖出过品位很高的铅锌矿。穿岩洞铅锌矿，从清乾隆年间开始，嘉庆、道光年间雷礼禄经营时期最兴旺。

5. 六盘水福集厂铅锌冶炼遗址

福集厂铅锌冶炼遗址距中心城东 30 千米，老鹰山镇石板河村和本桥村，面积 1.2 平方千米。村前村后，漫山遍野皆冶炼铅锌所遗址堆积物，有的厚达 15 米。据清乾隆《毕节县志》载：设于毕节之宝黔局，“每年用白铅（锌）四十万斤，自水城之福集厂拨运供铸。”生活区主要在街上，是福集厂核心，厂官、管事等均居此。清咸丰年间，街上四周筑有城墙，厚 1.7 米、高 4 米、长 1 000 余米。只余中部夯筑之土心，故又称“土城”。城中有一条街道，宽 5 米，长 300 余米，连接东西两道城门，仅此二门可通城内。城内原建有官房、花厅、东西库房、火神庙、龙王庙及其他建筑设施。

6. 六盘水大硝洞古代炼硝遗址

大硝洞古代炼硝遗址位于六盘水市钟山区月照乡小屯村，洞穴为一个巨大的洞厅，全长在 900 米以上，平均宽约为 100 米，平均高 60 米左右。西洞口为进口，宽约 150 米，高 50 米左右。东洞口为出口，宽约 100 米，高 30 米左右。矿渣堆积间，现无规律地残存有熬硝炉 23 个、沉淀池 20 个、蓄水池 2 个，接来自洞顶的引水设施 2 个。在一块巨大的长 12 米、宽 4 米、高 2

米的形如馒头的大钙化堆上人工凿出一个接水池，接水池两边又分别凿出两条宽 5 厘米，深 3 厘米的引水线槽，将接水池中的水直接引入旁边人工砌筑的水池内。其他水池则直接砌筑在洞顶滴水的正下方。从矿渣堆积和综合调查资料分析，每天至少有 300 人作业，是一个规模很大的炼硝工厂。该遗址是全国单个洞穴炼硝遗址中规模最大的遗址。

# 第六章　乌江流域建筑设施景观

由于受到地形地貌的影响，乌江流域山高路险，交通闭塞，其古城、古镇、古村寨保存相对完好。民居、宗祠、寺庙、桥梁、亭塔、墓室、墓碑、衙门等为主的生产生活及公共事业用途的老建筑，成为乌江流域全域旅游发展的重要文化载体，成为传统乡风民俗的重要承载符号。

## 第一节　古代建筑

### 一、古城古镇

1. 涪陵蔺市古镇

涪陵蔺市古镇位于长江南岸涪陵城西边20千米。该镇四面环山三面绕水，镇内有文庙、王爷庙及南华宫、万寿宫、禹王宫等宗教场所，另有鲁班堂、太平池、龙门桥、碉楼等历史遗迹十余处。其中，文庙和龙门桥属市级文物保护场所，修建于明清时期的街巷和现代桥上建筑，风情别致，古今并存。古镇距今已有 300 多年的历史，文化底蕴深厚，商贸繁盛，清朝时被朝廷命名为“君子镇”。境内考古发掘的殷商遗址出土文物，可追溯到新石器时代晚期，表明新时代晚期便有人类活动的踪迹。

2. 酉阳龚滩古镇

龚滩古镇是重庆市第一历史文化名镇、国家4A级旅游景区，位于阿蓬江与乌江交汇处的凤凰山麓，是由乌江连接重庆的黄金口岸。明代万历年间（1573 年）山洪暴发，垮塌的岩石填塞乌江而成滩，导致过往船只不能通行，逐渐形成古镇，又因当年这里的居民龚姓众多，故名龚滩。龚滩古镇建筑格调独具魅力，民族文化源远流长，展示出璀璨今日的历史画卷。2千米长的青幽如玉的石板街，起伏不平，蜿蜒崎岖，盘亘在乌江东岸，悬空托起气势恢宏的土家吊脚楼群。龚滩古镇是乌江百里画廊的灵魂，走进龚滩古镇，便走进历史，梦回千年。

3. 酉阳石泉古苗寨

石泉古苗寨位于酉阳县阿蓬江国家湿地公园核心区苍岭镇大河口村阿蓬江畔，小地名“火烧溪”。石泉古苗寨距阿蓬江约 3 千米，是酉阳县苍岭镇大河口村石氏家族的民宅，已有 500 多年的历史。苗寨坐落在一个呈撮箕口状的山谷中，依山而建，除进出寨子的槽口外，三面都被古树和翠竹包围着。寨子占地 2 万多平方米，有 108 户 500 多寨民，全是石姓。

4. 酉阳酉州古城

“土家建筑博物馆，民族文化清明上河图。”酉州古城全长 1.3 千米。风格各异的土家吊脚楼，矗立在青石板街的两旁，依稀可感受到酉阳 800 年州府的恢宏气势，尽情演绎着酉阳 600 多年的沧桑，古城内林立着各色客栈、酒肆、特色旅游商铺。在这里可以在各种美食的香味中感受“舌尖上的酉阳”，在悠悠茶韵中感受神秘的土司文化，在栩栩如生的民间手工艺品中体验酉阳民俗文化的精髓。

5. 沿河淇滩古镇

淇滩古镇位于县城南部 10 千米处。此镇开发较早，古迹较多，现有保留完好的 6 座四合院、石板街、贺龙钓鱼台、罕见的草书碑、严寅亮等人书写的匾。黔东特区第四区革命委员会旧址就在该镇，为砖木结构房屋，坐西向东，建于晚清时期，正面三门相连，内为四合天井，总面积 810 平方米，正门上部用石灰写有“中国工农红军沿河县第四区革命委员会”。1982 年被列为县级文物保护单位。

6. 松桃寨英村古建筑群

寨英村古建筑群位于贵州省松桃苗族自治县寨英镇寨英村的梵净山山脚。整个古镇占地约 0.11 平方千米，现存四合院式、三合院式、苗族吊脚楼等古民居建筑 85 栋，会馆类建筑 2 处，5 街 6 巷，消防池 8 个，古井 2 口，各种商铺 50 余处，手工作坊 30 处，城门 4 个，卡子门 1 个，城墙 673 米，码头 4 处。其中，城墙，环绕古镇周围，连接四城门，二水门，一卡子门。以粗料石砌成，全长约 673 米，高 3～10 米，基宽 0.5～0.8 米。现东北段、东南段、西南段保存完好，四个城门亦基本完好。现存建筑有民居、商铺、会馆、城墙、码头等，融居住、经商、防御于一体。城墙环护，在险要处设城门四座，在河水缓处建码头四座。居住多为前铺后宅的四合院，内有隔墙、暗道、射击孔等设施。民居大门连楹多做成牛角形。会馆用鹅卵石砌墙群，多做成鱼骨形，具有鲜明的民族特色。

7. 印江朗溪古镇

思王县治所即今天的朗溪古镇，后实行土司政策，改称“朗溪蛮夷长官司”，由田、任二姓世袭正副长官，管理地方政权，有长官司印章和祠堂为证，证明印江少数民族历史。夜郎古国与汉朝征战于此，名字叫兴的夜郎王战死在此，古人为了纪念夜郎王兴，把朗溪后山（龙门山）叫作思王山。唐代武德三年建立思王县。

8. 石阡楼上古寨

楼上古寨位于石阡县城西南的廖贤河畔，距石阡县城 15 千米。距国荣乡政府 9 千米，从石阡县城出发大约需要 45 分钟车程，景区面积约 4.2 平方千米，现有 4 个村民组，住户 150 户，547 人。村民皆为侗族，至今仍保持着独特的民族风俗。目前已初步形成了集旅游度假、休闲娱乐、民俗采风于一体的民族历史文化古寨。寨中拥有一大片古树，主要有紫薇、丹桂、红枫、柏树。据考证，这些古树树龄都在 300 年以上。梓潼宫始建于明代万历年间，供奉圣像四尊。戏楼始建于清朝末年，专演木偶戏。

9. 遵义丙安古镇

丙安古镇是贵州四大古镇之一，位于中国贵州省赤水市，距赤水市区 12 千米，水陆交通便捷，原始生态完整，森林覆盖率达 92.5%。古镇建于赤水河畔陡峭的危岩之上，背倚青山，三面环水。砌石为门，垒石为墙，依山而建木质悬空吊脚楼，经千年风霜，仍稳如磐石。

10. 遵义大同古镇

大同古镇是昔日的水陆码头，依山傍水，热闹非凡。古街历史韵味犹在，可以遐想当初的繁华。石板路两旁的商铺和民居还基本保留着清代至民国初期的建筑风格，不少民居临街以编竹席、制作竹椅为生。

11. 镇远古镇

镇远古镇是贵州省黔东南苗族侗族自治州镇远县名镇，国家级重点文物保护单位，位于舞阳河畔，四周皆山。河水蜿蜒，以“S”形穿城而过，北岸为旧府城，南岸为旧卫城，远观颇似太极图。两城池皆为明代所建，现尚存部分城墙和城门。城内外古建筑、传统民居、历史码头数量颇多。镇远历史悠久，自秦昭王三十年（前 277 年）设县开始至今已有 2 281 年的历史，其元代清代为道、府所在地达 700 多年之久。遗存有楼、阁、殿、宇、寺、庙、祠、馆等古建筑 50 余座，古民宅 33 座，古码头 12 个，古巷道 8 条，古驿道 5 条。其中国家级重点文物保护单位 1 处，省级重点文物保护单位 7 处。

12. 黄平旧州古城

黄平旧州古城地理位置比较偏僻，旧时水运兴盛，商贾云集，来自大江南北的各路商人到这里来做生意，特别以四川、湖北和湖南人居多，日久年长，他们操着祖传的口音，成了当地人，继续做着小生意，形成了旧州古镇上南腔北调的市井之歌。两边是典雅别致的砖木结构房子，外窄内深的房屋构造，造型美观独特的封火隔离墙，构成了旧州古色古香的建筑风格。房屋内天井旁假山怪石、奇花异草，就像一幅美妙绝伦的画卷，西大街封火墙特色建筑，古色古香，临街铺房，结构巧妙，人行街道，宽窄适度。

13. 福泉古城

明代是贵州开发的一个重要时期，兴起了数千座卫城和府、州、县城，还建起数以千计的屯堡，福泉古城正是这时兴起的。城堡耸立在万山丛中，巍然壮观。由于军事防御的需要，城堡多建在地势险要、易守难攻的地方，或负山面水，或夹河而建，讲究山川形胜。贵州喀斯特地貌发育，石料极其丰富，城垣大都用石头构筑，与平原、丘陵地区的土筑城、砖筑城大不相同，有鲜明的地域特征。城垣是一个庞大的建筑群，包括高大的墙体、城门、城楼、串楼、垛口、窝铺，还有月城、护城河、水关等。在群山中修建众多的石城，需要开山凿石，比其他地方要艰难得多。倘若把贵州大大小小的石头城、石头堡连接起来，工程的艰巨恐怕不亚于万里长城。随着时间的推移，在现代化的浪潮中，古城、古堡大多消失，侥幸保存下来的古城墙已寥若晨星。

14. 织金古建筑群

织金古城，山清水秀，溪涧纵横，古迹众多，门类齐全，包括佛寺、道观、文庙、书院、会馆、祠堂、衙署、宝塔、泉井、津梁、古道、民居、店铺、作坊等方方面面，分布在一座座大理石小山上和流经城内的贯城河畔。织金古建筑多为倚崖傍洞或濒水临泉建造的干栏式吊脚楼。大部建于“改土归流”之后，仅从康熙五年（1666 年）至十年（1671 年），就建有武庙、文庙、斗姥阁、隆兴寺、东山寺、财神庙、城隍庙、马王庙、黑神庙、炎帝庙、地藏寺等 10 余座。其后屡有修建，形成现在的“四庵”“四阁”“四祠”“八大庙”。

15. 六盘水水塘

盘县水塘是一个由前所、上伍屯、中伍屯和下伍屯四个村落构成的集镇，现为水塘镇政府机关所在地，北距老县城城关镇 15 千米，西距新县城红果镇 35 千米。水塘历史悠久，明洪武时期，这里就是屯兵之地，为普安卫百户所驻地，称“前所”。明中期至清末，这里是明普安州和清普安直隶厅下一级行政区治所，史称“南里”。此地主体居民为明代来自苏、皖、鄂三地的移民后裔，古代苏皖文化尤其是建筑文化占主体地位。

16. 平坝天龙屯堡古镇

天龙屯堡古镇位于贵州省西部安顺市平坝区、喀斯特地貌大山深处，有天台山、龙眼山两山脉，距贵阳市 72 千米。这里地处西进云南的咽喉之地，聚居着一支与众不同的汉族群体——屯堡人，他们的语音、服饰、民居建筑及娱乐方式与周围村寨截然迥异。这一独特的汉族文化现象被人们称之为“屯堡文化”，其中最有代表性的就在天龙屯堡。在元代这里就是历史上有名的顺元古驿道上的重要驿站，名“饭笼驿”。明初时，朱元璋调北镇南，在这里大量屯兵，如今已被当地儒士改名为“天龙屯堡”。

17. 安顺古屯堡村寨

古屯堡村寨位于安顺市七眼桥镇云鹫山峡谷中的云山屯。屯堡人是 600 年前屯田戍守安顺的江南军队后裔，其村落依山而建，街巷纵横交错，寨中的每一组建筑、碉楼构成小小的四合院。而在碉楼或围墙之上，设有射击孔，融防御、居住为一体。古屯堡村寨外表看似粗犷，内部装饰却极为精美，如垂花门、格扇门窗、柱础等部位，将江南的木雕和石雕艺术发挥得淋漓尽致，颇具观赏价值。

18. 镇宁布依族石头寨

石头寨位于贵州西南镇宁县的扁担山，是扁担山众多布依村寨中的一个，同时也是著名的蜡染之乡，距镇宁县城 12 千米，距黄果树大瀑布 6 千米。其民居乃是用石头建造，墙、廊、柱、瓦、梯全部采用就地开采的石料，就连休憩的桌、椅等也都是石头做成。石屋层层叠叠，沿着山坡自下而上，布局井然有序，别具一格。

19. 贵阳青岩古镇

青岩古镇位于贵阳市南郊，距市区约 29 千米。它是贵州四大古镇之一，是一座建于 600 年前的军事古镇。古镇内设计精巧、工艺精湛的明清古建筑交错密布，寺庙、楼阁画栋雕梁、飞角重檐相间。悠悠古韵，被誉为中国最具魅力的小镇之一。古镇曾有九寺、八庙、三宫、三阁、一院、一楼，还有石牌坊、城墙等古建筑群。原为土城，经数百年历史沧桑，经多次整修扩建，由土城而逐渐发展成街巷纵横错综的石城。

20. 清镇卫城古镇

卫城古镇距省会贵阳 55 千米，距清镇市区 30 千米。卫城原名镇西卫，始建于明崇祯三年（1630 年），一时商贾云集，店铺林立，会馆兴盛，素有“小荆州”之称。走过 300 年的历史之河，黄昌坡上的古城墙早已失去了保护这座由古道、古巷、古井串拙的二宫二寺八大庙和集江南之俊秀西北之凝重的二、三重四合院的功能。1936 年 2 月 1 日，中国工农红军二、六军团开进卫城，黄昌坡上贺龙、萧克鞭指西北，在贺龙广场召开“千人大会”，计定抢渡鸭池河，进军黔大毕，北上抗日，赋予了这座古镇红色的记忆。

## 二、古代建筑

1. 涪陵点易洞

点易洞是中国易学文化传播的重要节点，位于重庆市涪陵区长江北岸黄旗山北山坪南麓的北岩，因我国北宋著名理学家、教育家程颐曾在此地点注《易经》而得名，是“程朱理学”的发祥地。园中还有碧云亭、钩深堂、致远亭、三畏斋、三仙楼、四贤堂、北岩书院、流杯池等遗迹。

2. 武隆文庙

武隆文庙位于武隆区平桥镇，建于清同治十年（1872 年），坐南向北，四合院布局，中轴线排列为戏楼、正殿，侧有厢房，建筑面积 98.61 平方米，1947—1949 年曾是中共武隆区临时委员会驻地，属市级重点文物保护单位。

3. 彭水鹿山书院

鹿山书院现为保家镇中心校，当时为彭水五大书院之一。据彭水县志记载：清光绪十七年（1891 年）由士绅徐壁斋、徐缙臣昆仲倡导捐款兴建，胡德高、肖张氏等人大力乐助其成，光绪三十年（1904 年）改设为鹿山小学堂。与之齐名的还有摩云书院、汉葭书院、丹泉书院和江华书院，都是当时的义学或私塾。清末改作师范传习所，教学兼中学、西学。校内现有古乌杨树、白鹿井，远近闻名。

4. 沿河文昌阁

沿河文昌阁位于甘溪乡田坝村，建于清光绪年间，为砖石结构，占地约14平方米。塔高10丈，有三层，每层均有六角飞檐，塔帽为螺旋结构，塔身呈六角形，上雕刻罗汉、八仙浮雕并用红黄黑三色绘花边。底层塔门竖立一石碑，上刻有捐资建塔者王化新等人的姓名。1982年，县人民政府将文昌阁公布为县级重点文物保护单位。

5. 沿河岵瞻亭

沿河岵瞻亭位于和平镇乌江西岸解放南路旁。民国末年，地方绅士仿贵阳甲秀楼而建，内竖纪念石碑。亭子为仿古砖木结构，坐西向东，高15米，占地200平方米。亭呈正方形，有三层，底层中央为大厅，二、三层是居室，采用雕花窗栏装饰代壁，白绿黄三色宝瓶攒尖，瓦檐为重檐翘角构型。今宝瓶、石碑无存。1991年，县人民政府将岵瞻亭公布为县级重点文物保护单位。

6. 思南府文庙

府文庙共四进，除第四进被毁坏外，其余三进都保存完好。由于依山而建，所以四进也是逐级升高。入正门至第一院落，有半月形水池，称为泮池。在古代，凡中秀才得从石桥上过，名“游泮”。第二进东西两端，分别建有“桂香阁”和“尊经阁”，是祭祀时公布名单处。第三进是一座四合院。两条石龙柱上的石龙宛如从天而降，龙身时隐时现，龙首遥相呼应，栩栩如生。柱础石狮为雌雄二狮，雄狮足蹬绣球，雌狮怀哺幼狮。它们与大成门外的另两根石龙柱，同被称为“文庙四大石雕瑰宝”。

7. 印江依仁书院

依仁书院位于印江民族中学图书馆两侧，是一座坐北向南的明代建筑物，开口式三合院，占地总面积近400平方米。整个院址东西宽20米，南北深19.5米，院内为20世纪八九十年代的构形与装饰。2000年，印江民族中学60周年校庆，又将依仁书院全面修缮，讲堂五间开设展厅。正堂门额“依仁书院”，凸露四柱挂楹联匾，东西房各三间，院坝青石板铺就，踏步5级直登正堂门。院内阶檐成曲尺连通，石磉雕刻精致，油饰彩绘，雅致怡人。尘封了400多年的依仁书院现为永久性展览与收藏民族中学文献资料及对外文化交流的重要场所。

8. 印江严氏宗祠

严氏宗祠位于县城振兴路，建于清光绪年间，为封闭式建筑。四周围墙，中有天井、前厅、厢房等，门窗石刻造型优美，浮雕细腻入微。这里是一个石木雕刻的博物馆。严家在清代还出了个大书法家“严寅亮”，因题写“颐和园”而名震海内外。

9. 印江铜仁文昌阁

铜仁文昌阁位于城西，是一座四方八棱七层，高达 12 丈（40 米）的古塔，印江文化的象征。其前身是“澄清楼”，始建于明代嘉靖十年（1531 年）。嘉靖二十九年（1550 年），改建此楼，更楼为阁，称“梓潼楼”，始供神像于内，香客进香于阁。阁建不久，因故被毁。崇祯二年（1629 年），由当任印江知县史谏重修之，始名文昌阁。明末，文阁毁于兵燹。清康熙二十年（1682 年），知县马士芳再修，再修的阁，高七十尺，四层八面。嗣后，时圮时修。时至清代中叶，原阁不复存在，唯有断碑残瓦等零落于草间。道光十六年（1837 年），陕西人郑士范来宰印邑，应民众之求，重修其阁。

10. 清代安化文庙

清代安化文庙又称德江文庙，是省级文物保护单位，位于县城光明路中段东侧，初建于明代嘉庆年间，为孔子先师庙。清光绪八年（1882 年），安化县衙从思南迁至大堡（今德江县城）占庙为“武官衙署”。文庙坐东向西，占地面积 2 180 平方米，建筑面积 876 平方米，是中原汉文化、儒家文化在黔东北山区的重要的历史见证，是研究具有悠久历史的傩文化和德江土家族民风民俗的重要基地，也是研究德江古、近代社会历史和民族关系的实物资料。1981 年，被列为县级重点文物保护单位。1995 年以来，县文化局在上级文物部门和县政府的支持下，修复了大成殿、金桂台、两廊、配殿。现大成殿、配殿已辟为“德江县傩文化陈列馆”。

11. 思南川主宫

川主宫位于城南安化街，毗邻船厂的一片坡地，明朝正统年间始建，清朝光绪年间重建，后又多次修缮。明嘉靖《思南府志》：“川主祠，在府治南，正统间长官安洛建。”川主宫依山而建，背倚白虎岩，前临乌江，利用地势的天然坡度，建筑自下而上逐次升高，布局上匠心独运，不仅具有传统建筑风格，还具有思南山城建筑的地域特色。

12. 思南凌云椽笔中天塔

思唐古镇乌江东岸的椅子山顶，高立着一座巍峨建筑，如椽笔一支高插云表，这就是中天塔。中天塔古称雁塔，塔身高 20 多米，额题“鼎峙中天”，是思南八景之一。它始建于明朝万历二十一年（1593 年），最初为木质建筑，明清两朝多次毁损，现有建筑为 20 世纪 90 年代原址重建。中天塔为我们探索思南的建筑、历史、宗教、美学、哲学等诸多文化，提供了一个美丽的标本。

13. 石阡万寿宫古建筑群

万寿宫古建筑群是全国最大的宫宇。万寿宫位于石阡县城北端，为明万历初年始建，清康熙年间重修，乾隆年间补修，占地 3 800 平方米。牌楼式宫门雄伟高大，正殿和过殿坐东面西。宫内分戏楼、正殿和花圃 3 个院落。整个建筑为木结构，镶嵌以砖烧造的各种花、鸟、虫、鱼、走兽，图案栩栩如生。戏楼翘角飞檐、上下楣枋刻有双龙戏珠和三国演义故事等数十处高浮雕，其间，花饰绿、木饰红、人饰金。万寿宫是目前全国保存最好最大的宫宇之一，是全国重点文物保护单位。

14. 镇远青龙洞古建筑

青龙洞古建筑群是国家重点文物保护单位，位于中国历史文化名城镇远，占地 21 200 平方米，建筑面积 6 600 平方米，由祝圣桥、中元禅院、紫阳洞、青龙洞、万寿宫、香炉岩等 6 个部分组成，共有 36 栋单体建筑。它是我国古建筑群落中距离城市最近，同时又保持了山水园林本色的一处古建筑群，与甘肃麦积山、山西悬空寺并称中国古代三大“空中古建筑”。史载，距今 600 多年的明洪武年间，这里便已形成与现存建筑群相当的建筑规模，“明郡守黄希英建，工部郎中赵之绪购藏经，构层楼以贮之”。房子都是依悬崖绝壁而立，一进中元禅院，迎面是两堵高高相对的石崖，之间的宽度在 2 米左右，古人巧妙地在崖顶建了一座房子，这两堵悬崖便成了禅院第一进的大门。

15. 镇远民居

镇远民居多集中在巷内。富商的深宅大院，均为四合院结构，既有江南小庭院的风格，又有依山而筑的特点。一座座深宅大院，围在高大的封火墙中，门都斜开着，有富丽的门楼，还悬着烫金的匾额，如傅家大院的“封唐召泽”、杨茂兴大院的“清白家声”等。明清时代，舞阳河面上呈现出千帆汇聚，百舸争流的盛景。那时的舞阳河上港湾歧出，码头相望，两岸茶楼酒肆鳞次栉比，戏楼宫观以及封火墙的翘角飞檐倒映在这一脉清波的水面。清朝末年，法国曾发行一张明信片，图片就是那个年代舞阳河上河运繁忙的真实照片。照片里的船只密密麻麻排列两岸，整条河流被一分为三，一分河水，二分船舶。

16. 瓮安草塘千年古邑

草塘千年古邑是贵州历史上著名的商业重镇，素有黔中明珠、黔北四大名镇、贵州十大乡场的美誉。猴场自古商贸发达、物产丰富。猴场草塘部落历史可上溯殷周，自汉以后为中央王朝收编统治，几千年来各族文化融合共生。近代作为红军长征重要一站，它是全国爱国主义教育基地。此外，还有草塘民间耍龙舞狮习俗源远流长，是“全国民间艺术龙狮之乡”。近年来，瓮安结合猴场的历史文化印记，深入挖掘优秀的商贾文化、土司文化、龙狮文化、人文文化及红色文化，恢复实木双面大戏楼、内阁中书第、黔山第一进士楼、土司衙门、湖广会馆等古建筑。修建修缮了猴场会议陈列馆、牂牁门、建安门、猴场会议会址、毛泽东行居等历史文物，打造了一个以猴场集镇为重点的保护区、猴场红色文化新村为中心的核心区的复古型国家级旅游区“草塘千年古邑旅游区”。

17. 瓮安草塘安抚司署

瓮安自古代以来就是少数民族聚居地，元代推行土司制度，至元十四年（1277 年）播州首领纳地归附，授播州安抚司，十八年（1281 年）升为播州宣慰司。二十一年（1284 年），播州宣慰司降为播州军民安抚司，辖旧州草堂（塘）等 32 处长官司，其中旧州草塘长官司就设在草塘下司，今更名为猴场村。明洪武十七年（1384 年），草塘等处长官司升为草塘安抚司。司署后毁于火，仅存遗址，2007 年 5 月主体恢复后对游客开放。

18. 瓮安古邑大戏楼

古邑大戏楼在瓮安草塘古邑区，占地 2 158 平方米，建筑面积 4 650 平方米，进深 48 米，宽 41 米，高 26 米，26 只重檐翘角的屋顶，八瓣莲花的大戏楼，由 399 棵两人合抱的木柱高高托起，气势宏伟壮观，令人震撼。戏楼内这棵雕刻有上千人物的木雕横梁，由整棵红木雕成，是迄今所知世界上最大的一棵红木屋梁。戏楼内有无数精湛的浮雕、镂雕、木雕、砖雕、石刻、壁画，都是精湛的古典工艺，题材从自然、人文、传说、神话，到山水风光、花鸟虫鱼，无所不包。

19. 瓮安旗山书院

书院大门悬挂着匾额“旗山书院”四个大字。从宋、元、明、清逐步发展演变，书院成了今天的学校。瓮安人民历来重视教育，早在明、清时期，就设有“旗山书院”。清季傅玉书《桑子述闻》载：“旗山书院在县西北。知县韩公瑛、教谕金公晦、训导吴公天椿，倡绅士捐资，于文昌阁前旧址建讲堂三间，肄业房六间、大门一座。今圮，以明伦堂及学庙廊庑为讲业地。”

20. 瓮安黔山进士楼

黔山进士楼是贵州第一座进士楼，也是唯一尚存的进士楼，建于草塘古邑区，是一座5层楼的宏伟建筑，飞檐翘角，十分壮丽。建筑面积2 286平方米，长25.2米，宽25.2米，高26米，梁柱结构为卯榫，错位“品”字形飞檐工艺，24只翘脚，8角4顶，螺旋式藻井，整体建筑高大雄伟，楼内的浮雕、木雕、砖雕、石刻工艺精湛，内容有古代戏曲人物、动物瑞兽、花鸟虫鱼等。进士楼属于徽派建筑，雕刻极为精美。进士楼实际上是瓮安古代书院，也是瓮安的文化发祥地。由于瓮安深厚历史文化的底蕴，加上黔山进士楼书院的培育，瓮安历代文人辈出，其兴盛程度令世人瞩目。据不完全统计，瓮安历朝产生的秀才达800余人，举人110人，进士19人，在贵州一直居各郡县之首。康熙和乾隆年间，还出现了瓮安人王士俊、王梦旭、王梦尧叔侄三人同朝为官，官职皆为翰林的奇迹，史称“一朝三翰林”，是历代官场极为罕见的现象。

21. 旧州仁寿宫

旧州仁寿宫是黄平旧州镇至今保存较为完好的古镇之一，2006年被公布为“全国重点文物保护单位”，仁寿宫在黄平县城西北25千米的旧州镇西中街，宫坐北向南，宽17.6米，深51米，占地897.6平方米。

22. 黄平飞云崖大门牌坊

飞云崖大门牌坊是贵州图案雕塑寓意最多的牌坊。飞云崖大门牌坊上有着众多的图案和雕塑，如双凤朝阳、二龙戏珠、天官赐福、八仙庆寿、松鹤长春等图案和雕塑，象征吉祥、祝福和喜庆。大门牌坊上还有众多寓意深刻的图案。例如，一幅画面的一株枫树上筑有蜂巢，一只猴子欲取下悬挂枝头的官印。蜂、猴与“封侯”同音，寓意“封侯挂印”，祝颂仕途畅达，官运亨通，高晋侯爵，执掌大印。另一画面上有一只喜鹊和一头豹子，取“喜”和“豹”的同音，寓意“喜报频传”。

23. 黄平飞云崖古建筑群

飞云崖寺宇为苗族同胞创建。明正统八年（1443年）指挥使常智募建月潭寺，后曾多次遭受自然损毁，明万历二十七年（1599年）及清咸丰五年（1855年）先后两次毁于战争。经历代增修扩建，遂形成一组别具特色的古建筑群，现存大部分古迹为明清建筑。飞云崖古建筑群及后山天然林，建有两道砖墙围护。外墙东至飞云崖瀑布，南临秀水溪，西抵赛马场、斗鸟场，北为后山天然林。内墙依山傍水而建，将飞云崖古建筑群围在其中。飞云崖古建筑群是一组集文物古迹、风景园林、民族风情于一体的古代民族建筑群。

24. 黄平天柱祠堂

天柱祠堂的建筑结构为外环砖墙以牌楼为面；左右山墙为马头墙，石灰粉内墙壁；牌楼顶部重檐翘角，主、副牌楼连为一体呈五面状；主牌楼高于副牌楼，上嵌姓氏、堂号或郡望名；主、副牌楼泥塑浮雕人物花卉图，并有对联书于柱子上。内为中国传统式穿斗、抬梁、排扇木构建筑，设正殿（又称正厅）、中殿（中堂）、过厅、戏楼、厢房、耳房、天井。其建筑形式富丽堂皇而大雅端庄，或中西合璧且耐人寻思。祠的泥塑、浮雕、木雕、彩绘人物典故、花鸟龙鱼，栩栩如生，布局谐调，寓意深远。正殿的左右山墙或后山墙楷书“孝悌忠信，礼义廉耻”八个大字。

25. 福泉葛镜桥

葛镜桥为全国重点文物保护单位，位于贵州省福泉市城东南 2.5 千米处。麻哈江为明代京滇古驿道必经之地，两岸绝壁千尺，江水汹涌，每当春夏便洪水暴涨，就给过往行人带来诸多不便。明万历年间，郡人葛镜以积善为怀，决心造桥便民，以利往来。起初葛镜两次建桥失败。仙人张三丰外出云游到此处得知葛镜两次造桥未成，于是托梦给葛镜，说要在江岸石壁上写有“砥柱”二字的地方下脚，并要在鸡叫之前，让福泉城每户人家磨一箱豆腐搬到麻哈江边，才能建成。葛镜顿时领悟。最终张三丰利用法术将豆腐点化成石料，帮助葛镜在洪水到来之前成功建桥，为此葛镜桥又被称作“豆腐桥”。葛镜桥长 52 米，宽 5.5 米，高 30 米，横跨在麻哈江两岸绝壁之上。桥在绝壁之上起拱，借江心一礁石下脚，设计绝妙，用料考究工艺精湛，历经 400 多年，坚固如初。著名桥梁专家茅以升在其主编的《中国桥梁技术史》中评价其为：“工程艰巨，雄伟壮观，为西南桥梁之冠。”

26. 黄平重安文昌阁

重安文昌阁位于县城南 20 千米的重安镇南、北街的通巷内。清光绪年间建，阁为面阔五间的木构建筑，跨建于通道两侧 3.85 米高的石砌台基之上，与通巷呈“十”字交叉，平面面积 88.8 平方米。明间为三楼三滴水四角攒尖顶，平面呈矩形。

27. 黄平重安万寿宫

万寿宫建筑按纵轴线布局，层叠而上，四周以风火墙围护，宽 13.3 米，深 53.4 米，占地 710 平方米。面墙嵌砌牌坊，墙内前为戏楼。三面贴墙。楼面阔 3 间，进深 7 米，明间为歇山式戏台，次间为硬山造，楼后两侧，倚墙各建厢楼 3 间，前作雕花栏杆吊脚楼。经 4 级踏踩而上，依次为正殿与观音堂，两者相距 2.85 米。其间，两端各建神龛一座，正殿及观音堂皆为抬梁穿斗混合式，前带双步廊，檐下封饰卷板，廊顶为鹤胫一枝香杆，轩梁、月梁有“寿”字纹样及“凤穿牡丹”等浮雕图案。架梁均露明，驼峰有雕饰。殿、堂宽与墙齐，通进深，前者为 5.5 米，后者为 8.1 米，观音堂后上 10 级为一平台。再经 7 级即为后厅。后厅是硬山顶前带廊式建筑。阔 3 间，通进深 8.4 米。厅前，两侧各有悬山式厢房 1 间，重安万寿宫依地取势，布局紧凑，具有浓郁的地方特色。

28. 贵阳甲秀楼

甲秀楼是全国重点文物保护单位名单，始建于明万历二十六年，也就是 1598 年，至今已有 400 多年历史。明万历年间（1573—1620 年）巡抚江东之于此筑堤联结南岸，并建一楼以培风水，名曰“甲秀”，取“科甲挺秀”之意，有浮玉桥衔接两岸。从古到今该楼经历了六次大规模的修葺。历经 400 年的风吹雨打而仍旧矗立不倒，是贵阳历史的见证，是贵阳文化发展史上的标志。甲秀楼在贵阳市城南的南明河上，以河中一块巨石为基而建。始建于明，后楼毁，天启元年（1621 年）焚毁，总督朱燮元重建，改名“来凤阁”。清代多次重修，清康熙二十八年（1689 年）巡抚田雯重建，并恢复原名。现存建筑是宣统元年（1909 年）重建的。楼上下三层，白石为栏，层层收进，由桥面至楼顶高约 20 米。南明河从楼前流过，汇为涵碧潭。楼侧由石拱“浮玉桥”连接两岸，桥上原有小亭一座叫“涵碧亭”，现已拆除。甲秀楼朱梁碧瓦，四周水光山色，名实相符，堪称甲秀。

29. 贵阳阳明祠

阳明祠位于市东扶风山麓，始建于清嘉庆十九年（1814 年）。此祠是为纪念明代哲学家、教育家王守仁（1472——1528 年）而建的。此后几度重修，现为省、市两级文物保护单位。四合院结构，主体建筑为享堂。阳明祠大殿，堂前有“正气亭”“桂花厅”与两侧游廊相通。享堂正中，塑有王阳明先生汉白玉雕坐像。祠内殿廊相接，林木葱茏，清幽宜人，诗文碑刻甚多，文物荟萃，引人注目。

30. 贵阳文昌阁

文昌阁位于贵阳市城区东隅，始建于明万历三十七年（1609 年），占地 1 200 平方米，以设计巧妙、结构独特而著名，是省级重点文物保护单位。道教庙宇在贵州省贵阳市东门月城上，始建于明代万历三十七年（1609 年），雍正、乾隆、嘉庆、道光时均有维修和扩建。该阁是一座九角三层宝塔形建筑，两边设有配殿，前为联结配殿的斋房，平面布局成四合院形。主楼高约 20 米，面阔 11.47 米，进深 11.58 米，为三层三檐、不等边九角攒尖顶，各层插拱较多，斗呈曲线，翘角不高，窗花和枋板施有彩绘，其建筑风格颇具地方特色。原为供奉文昌帝君之所，现是贵阳文物保护单位。

31. 君子亭

君子亭省级文物保护单位，位于环城东路君子巷中段，属云岩区中东街道办事处辖区，在电台街华家东侧的老城墙遗址脚下，与文昌街的文昌阁成一线。清嘉庆十九年（1814 年）由贵州巡抚许兆椿等人倡议，与扶风山阳明祠初建时同期修建。为人们郊游时之憩息场所，故得以长期保存，但只残留亭子的四柱。清道光十二年（1832 年）重修后，贵州布政使李元度曾刻石立于亭中，碑石而今尚存于亭外。亭前旧时为东城濠，后为荷花池。

32. 贵阳万寿宫

万寿宫位于青岩古镇的西街 3 号，靠近慈云寺。它原本是青岩的移民集资而成的八家祠，到了清朝康熙年，成为江西会馆，后又在嘉庆时期被人改造为道观。万寿宫总占地 1 000 多平方米，有正殿、配殿、西厢、戏楼和生活区。正殿大门上是彩色浮雕，共有九个道家神仙像，其中一个是太上老君，其他是八仙，色彩鲜明，人物栩栩如生。周围有砖雕和其他浮雕。还有戏楼上的木雕，雕刻精美，艺术优雅。戏楼的横梁上能看见浮雕的“鸿门宴”“十面埋伏”等经典历史故事内容。万寿宫的古老质朴也成为一些影视的拍摄场所。

33. 贵阳状元府

状元府是贵州第一个文状元——赵以炯的故居，坐落在青岩古镇状元街 1 号。状元街与北街交接，靠南边那一段叫“下院街”，北街干道上有指示路牌比较容易找到。府第坐南朝北，为两进四合院，均为一正两厢，风格是歇山式，总占地面积 700 平方米左右。现存前殿、正殿、两厢和朝门，朝门内墙上有许多不同“寿”字残迹。建筑以木质结构为主，气派而不张扬，宁静恬淡，一派书香风范。

34. 都匀奎星阁

奎星阁为都匀天际线上最高的古建筑,始建于明洪武二十七年(1394年),清嘉庆庚申年(1800年)改为钟鼓楼,名为“奎星阁”,阁内置铜铸巨钟大鼓。每当清晨日出,自城中望去,山巅流光溢彩,楼阁若隐若现,仿佛琼楼仙阁,瑰丽无比。晨钟荡响,洪亮悠扬,飘越城区上空,声震数十里。清明时期称“东山晓日”,又称“东山晓钟”,为“都匀八景”之冠。奎星阁南北两侧仍保存着2 000余年的古城垣。

35. 都匀石板古街

石板古街位于市区广惠路中段斜坡上,始建于明洪武年间(1368—1398年),长约200米,路面以10 001块青石铺砌而成,街两头各配一对石狮,南面街口建有古式门楼,街道两旁房屋皆以古典风格建造,青瓦红墙,雕花门窗,红楼鳞次栉比,古朴雅致。石板街北侧坡上原为古城城门,石板街路段是明清时期通往广西方向的必经驿道。公元1638年,徐霞客到都匀游览,即由此路段入城。20世纪90年代初期,石板街经维修改建,房屋随着街道蜿蜒上升,整条街古朴典雅,金碧辉煌,成为别具特色的古建筑群。

36. 织金“期颐偕老”坊

“期颐偕老”坊位于城关镇南,建于道光六年(1826年),为旌表熊永祚夫妻百岁齐眉、期颐偕老、五世同堂所建的百岁坊。南北向,四柱三间三楼,白绵石质。高10米许,宽13米许。南面字碑横向楷书阴刻“期颐偕老”,北面横向楷书阴刻“百岁同登”。坊上有对联2副,南面为:“百年夫妇齐眉;五世儿孙绕膝。”“五代乐燕翼之谋,历日三万有六,椿萱并茂;一门荷花章之宠,计程七千加二,纶綍交荣。”调署平远协副将、松桃协副将兼世管佑领文英撰文。北面为“夫妇庆百龄,宠荷龙章荣姓氏;家庭祝双寿,闲携鸠杖看儿孙”,是平远协升任广东南韶总兵孙淇英撰文。

37. 毕节织金文庙

文庙位于城关镇文化路中段南侧,始建于康熙五年(1666年),后屡次重建、维修,同治年间重建。坐北向南,南北长169米,东西宽47.5米,占地面积8 027.5平方米,建筑面积2 586平方米。由牌坊、棂星门、大成门、天子台、大成殿、崇圣祠等建筑组成。现存棂星门、大成殿等建筑。棂星门,四柱三间三楼,中间字碑阴刻“棂星门”3字,左阴刻“金声”,右阴刻“玉振”。首题“至圣先师孔子赞”7字,刻于清同治年间。颜曾思孟四子赞碑,白绵石质。4 碑均为方首，分别楷书阴刻颜子赞、曾子赞、思子赞、孟子赞，刻于清同治年间。

38. 六盘水普安州文庙

普安州文庙位于城关营盘山东麓，始建于明永乐十五年（1417 年），正统八年（1443 年）和万历十六年（1588 年）曾两度修葺，后毁于兵。清康熙七年（1668 年）重修大成殿，亦毁于兵。康熙二十三年（1684 年）复修，以后历经增建补修，规模完备。文庙依山势而建，总占地面积约 3 900 余平方米。主要建筑物沿中轴线自下而上依次为：礼、仪二门；泮池及池上状元桥；棂星门及左右的忠义祠和节孝祠；戟门；大成殿及其两配殿；最后为启圣宫。自棂星门起，各建筑台基和其间院坝呈阶梯状层层升高。建筑群四周用砖墙围护，饰以红色。礼仪二门临街，为砖砌牌楼式。棂星门为四柱三门石牌坊，镂雕工艺较精。戟门为悬山顶抬梁式，三间，前带双步廊，明间为过厅，其外檐斗拱的柱头铺作和补间铺作均为单抄双下昂六铺作计心造。柱头铺作为假昂，补间二朵均为真昂。

## 三、庙宇建筑

1. 印江护国禅寺

护国禅寺位于梵净山西麓的印江自治县永义乡大址村。梵净山西线古寺众多，是传统的朝山路线，早在唐宋时期，印江就有甲山西岩寺、大圣墩铁瓦寺、梵净山护国寺等众多寺庙，到了明清时期，梵净山区佛教兴盛，形成了四大皇庵、四十八脚庵的盛况。中国佛协曾认定：“梵净山，是全国著名的弥勒菩萨道场，是与山西五台山文殊菩萨道场、四川峨眉山普贤菩萨道场、安徽九华山地藏菩萨道场、浙江普陀山观音菩萨道场齐名的中国佛教名山。”

2. 思南王爷庙

王爷庙坐落在自贡市自流井区沙湾的釜溪河畔，背倚龙凤山，是一座造型独特的清中叶建筑。主要采用传统古建筑布局方法，沿中轴线依次是戏台、开井和正殿。现存建筑物在抗日战争时修市区公路被拆除。清《富顺县志》记载，同治年间已将王爷庙及其下的夹子口列为自流井的胜景之一。

3. 思南永祥寺

永祥寺位于安化街中段东侧，原为园通寺，始建于明弘治年间。万历二年（1575 年）重建，后毁于火，于二十二年（1594 年）再建。其坐东向西，中轴对称，由前殿、拜厅、正殿、两厢、三元殿组成，占地面积约 1 200 平方米。现存拜厅、正殿，建筑面积 200 平方米。正殿面阔三间，通面阔 12.5 米，进深三间，通进深 6 米。穿斗、抬托混合结构，歇山青瓦顶。梁架与柱础，手法古老，造型古朴，弥足珍贵。现为县级文物保护单位。

4. 思南中和山华严寺

华严寺是国家级文物保护单位，贵州最早的佛教建筑之一，位于思南县思唐镇中和山上，背倚大岩关。华严寺始建于宋代，距今已有近千年的历史，明清时期规模不断壮大，寺内建有观音大士阁、大雄殿、三元殿、寿福殿、准提殿、玉皇殿、普济亭、藏经楼等。观音阁的藏经楼，在贵州很有名。贵州巡抚郭子璋书额“宝藏”，内有藏经 638 函，计 3 335 卷，是寺僧碧空从金陵远道请来的，可惜明末时期因兵燹残缺，清康熙四年（1666 年）由后人补缀完整。

5. 遵义降龙寺

降龙寺位于贵州省桐梓县城东魁岩之岭的三岔垭，距县城约 3 千米。降龙寺原称“贫垭庙”，始建于 1911 年，1949 年后被毁。20 世纪 70 年代，居士们供奉一些佛像，进行宗教活动。

6. 息烽西山瞿昙寺

西山瞿昙寺位于息烽县西山乡西山村苦草坪组，1984 年公布为县级文物保护单位，西山八大庙之一。清顺治十六年（1659 年）僧瞿昙始建，雍正六年（1728 年）妙空补修，乾隆十六年（1751 年）妙空改修，嘉庆九年（1804 年）年僧道林重修，始成规模较大的建筑群，清光绪年间毁于咸同战火，光绪年间重修，后在 20 世纪 80 年代因年久失修上、中、下殿逐渐垮塌。现仅存下殿厢房的一座木结构建筑，是一座历经风雨的数百年古刹，对研究佛教文化和本地历史有一定的意义。

7. 息烽西山凤池寺

西山凤池寺是市级文物保护单位，位于贵州省息烽县西山乡西山村凤池组。始建于明崇祯年间（1628—1644 年），经两次改建，雍正十年（1732 年）年重修，咸同战乱，庙宇悉毁，现存建筑于光绪年间（1875—1908 年）重建。东面距屋基 45.2 米，南、西、北方向各距屋基 30 米，均是国有林场。有下殿、两厢、正殿，为穿斗式木结构悬山青瓦顶。

8. 瓮安后岩观

后岩观位于村西，元代为宋氏别墅，明代建道观，由真武殿、三清殿和三元阁组成，民国年间毁于火，后由当地教会集资恢复。清顺治八年（1652年）贵州巡抚钱邦芑曾来这里，并在山上题匾额“何必石梁”，顺治十一年（1655年），钱邦芑在他隐退的余庆蒲松他山削发为僧，号大错和尚。此后，他又两次来游后岩，并住过一段时间。《瓮安县志》中载有钱邦芑《寓后岩赠山主宋云》《草塘后岩记》等诗文。钱邦芑寓居后岩时，还为山上的奇峰怪石题了名，如“角端石”“五老峰”“凹岩”“玲珑石”“何异蓬莱”等，但因年代久远，大多风化泯灭。

9. 黄平旧州天主教堂

黄平旧州天主教堂位于旧州镇东大街，主体分为“诵经堂”和“起居堂”两部分，另有伙房等建筑。它是由法国天主教会及旧州当地群众信徒出资修建，是一处集中欧建筑艺术为一体的古代建筑。此外，还有古街、古巷、古井、古驿道、古码头等历史遗迹。旧州古建筑群规模大，数量多，设计独特，工艺精湛，在贵州现存古镇的建筑中，十分珍贵。

10. 黄平月潭寺大佛殿

月潭寺大佛殿原殿已毁，今殿从旧州搬来。原为旧州文庙，建于道光八年（1828 年）。今大佛殿坐西向东。面阔五间，通面阔 23.2 米，进深四间，通进深 13.7 米，抬梁穿斗混合结构封火山墙青瓦顶。隔扇门窗，雕刻精湛。台基高 1.7 米。

11. 贵阳弘福寺

弘福寺建于明末清初，是贵州著名的佛寺之一，也是全国重点开放寺庙之一。清康熙十一年（1672 年）由赤松和尚创建。沿“九曲径”蜿蜒盘旋，经二十四拐，可抵达。寺庙殿宇雄伟，佛像庄严，石塔林立，古木参天。径旁摩崖石刻不绝，其中“虎”字高 6 米余，题名岱山赵德昌书，实为清著名书画家孙清彦（竹雅）代笔。

12. 贵阳黔明寺

黔明寺位于贵州省贵阳市南明河畔阳明路，是贵阳市重要的佛教活动场所。贵州省佛教协会、贵阳市佛教协会均设于寺内。1981 年，黔明寺被列为贵阳市首批市级文物保护单位。1983 年改为贵州省文物保护单位，同年被国务院宗教事务局列为汉族地区佛教全国重点寺院，对外开放。

13. 织金隆兴寺

隆兴寺位于贵州省织金县城关镇城防路南段西侧，始建于康熙六年（1667年），道光十八年（1838年）重修，坐北向南。占地面积约870平方米，建筑面积约620平方米。原由前殿、左右偏殿、后殿组成。现存后殿，面阔三间，通面阔13.1米，进深二间，通进深9米许，抬梁穿斗混合结构歇山青瓦顶。前带廊，深1.9米，穿枋雕刻精湛。

14. 盘县城隍庙

盘县城隍庙是省级文物保护单位，处于城关镇凤山书院山脚李子林，始建年代不详，明嘉靖《普安州志》曾有其方位记述。乾隆十九年（1754年）重修，同治九年（1870年）重修后殿，光绪十一年（1885年）重修正殿。庙原建筑平面布局为中轴线自前至后，依次分布前殿、正殿及其左右配殿、后殿。后殿紧贴正殿，两者仅一沟之隔，整体构成一封闭式四合院，总占地面积达千余平方米。

15. 大威寺偏殿

大威寺在盘县一中校园内，始建于明洪武年间，今大部分建筑已毁，仅残存此偏殿，是殿为单檐悬山式，七架梁，彻上明造，大梁题记尚存，为“乾隆二十九年岁次甲申仲冬十一日”。殿面阔三间，8.8米，通进深7.1米，前带双步廊，廊深1.16米。驼峰均系雕刻。山墙和后檐墙的下部为石砌，上部全系大土砖。前檐自封檐板至檐柱额枋，装置三层镂空雕，图案为卷草连云的骑马雀替。其他雀替均为镂空雕，图案以缠枝为主，变形龙纹为辅，雕刻工艺甚为精湛。廊顶装盘形轩。檐柱之间装“美人靠”，其下为车花直棂栏条。梁架加工细致，并施彩绘。

16. 平坝天台山伍龙寺

伍龙寺雄峙于一峰独秀的天台山上，四周城墙怀抱，是军事功能和宗教功能合一的建筑。伍龙寺是屯堡古寺庙建筑中保存最完整的明清建筑群，始建于明万历十八年（1590年），被建筑专家赞誉为“石头建筑的典范”“深山明珠”。它的结构分内外两部分，外部均用石块砌垒，与山岩由于风化造成的水平线十分接近，浑然一体，表现出粗犷的性格，墙壁上开极少的猫窗，一望即知其军事堡垒的防御功能；内部本构件精雕细琢，特别是大殿前的木雕，一幅一个人物故事，生动逼真，各栋建筑更是灵施巧布，在有限的山岩上，创造出了丰富的建筑空间。天台山万木掩映，石奇藤茂，摩崖石刻众多，历代骚人墨客喜登台题咏，至今崖壁上仍有“灵石参天”等明代字迹，天台山伍龙寺第一重庙门联更是闻名遐迩。

17. 平坝万华禅院

万华禅院位于贵州省平坝区境内的高峰山上，始建于明初洪武年间，是贵州佛教文化的发源地，民国时期西南佛学院曾设于此。禅寺坐落在大山环抱的一块坡地，建筑格局为寺门、牌坊大殿、二殿天井、大雄宝殿和后殿。大气而严谨，凌空而厚实，与弘福寺格局同出一辙。

18. 贵阳慈云寺

慈云寺位于北街 5 号，始建于康熙年间，道光十二年（1832 年）重修，总占地面积近 2 000 平方米，由西街吴姓人家捐修。整个建筑构架保持完好，有很多石柱础为贵阳市石柱础中石雕艺术精品。除戏楼、大雄宝殿为穿斗式硬山顶砖木结构建筑外，其他均为穿斗式悬山顶木结构。寺内木雕石雕工艺精湛，属青岩古镇古建中精品。

19. 贵阳迎祥寺

迎祥寺位于贵阳青岩镇南街，是明末清初贵州的重要寺院之一，寺名为迎接吉祥之意。迎祥寺始建于明天启元年（1621 年），由智安法师修建，前后历时七载，于天启七年（1627 年）竣工。寺院建有阁式山门、大殿、后殿及两侧配殿。1990 年，在社会各界大力支持捐助下，由通修法师主持，再次照明代建筑样式进行维修，并从贵阳黔灵山弘福寺迎入释迦牟尼、阿南尊者、十八罗汉等佛像 21 尊，供奉于大雄宝殿。

20. 贵定城隍庙

贵定城隍庙为穿斗式木结构建筑，硬山顶，青瓦屋面，坐东向西，平面布局为四合院。现存前厅、耳房、厢房及大殿等建筑。山门前设 10 级台阶，前厅进深 3.3 米，通道两边为面阔 9 米的耳房。天井为石板铺墁，面积达 200 余平方米。天井两旁为面阔 14.5 米、进深 3 米的厢房。大殿面阔三间 16.6 米，进深 14.7 米。前廊装有木雕竹节纹护栏，形制古朴。该殿用料粗大，梁架结构完好。

21. 毕节净莲寺

净莲寺坐落在黔西县城东郊的东山半山上，庙地面积 2 500 平方米，是神话传说中的“十柏禅房”，黔西八大景点之一，著名的风景名胜。东山，是狮子山的联脉部分，县城环抱在群山之中，自古流传“九狮闹莲城”的佳话。净莲寺就建在回头狮子口中，好似雄狮嘴里的一颗灿烂的明珠。这里气势雄伟，群峰相峙，流水绕寺，水绿如碧。寺庙周围古树参天，银柏犹存。至今寺前还保留着一棵三百年前的银杏树，现在仍枝叶繁茂，白果满树。站在寺前远眺城景，高大的楼房鳞次栉比，宽阔的水泥路上行人车辆穿梭不息，东侧水西公园楼、台、亭、阁掩映在绿树林中。饱览城郊的自然景色和田园风光，微风吹来令人心旷神怡。

22. 毕节寿佛寺

寿佛寺又名“三楚宫”，位于城关镇支前路中段东侧。始建于清初，乾隆五十六年（1791 年），由城南移建现址。道光二十一年（1841 年）至二十五年（1845 年）重修。坐西向东，由大殿、戏楼、厢房及牌坊组成，占地面积约 900 平方米，建筑面积约 610 平方米。大殿面阔五间，通面阔 21.28 米，进深六间，通进深 16.2 米，抬梁穿斗混合结构硬山青瓦顶。前后带双步廊，深 1.84 米。山墙嵌“重修三楚会馆序”碑，青石方首，高 2.25 米，宽 0.9 米，厚 0.24 米。碑座高 0.3 米，宽 1 米许，厚 0.4 米。额题“庙貌常新”4 字，每字 0.1 米见方。首题“重修三楚会馆序”，碑文记重修事，立于道光二十五年（1845 年）。

23. 毕节织金财神庙

织金财神庙位于黔中腹地织金县城，是座巍峨壮观、气宇恢宏的古代建筑，省级重点文物财神庙。财神庙始建于明末清初，清乾隆四十八年（1783 年）重建，为木结构建筑，三十八脊、四重檐悬山顶式，成宝塔状，18 个翼角底下分别系着 18 个铜铃，微风徐来，叮当作响，庙宇共为四层，底层通面阔 16.76 米，通进深 12.15 米，并排 5 间。二三四层按比例逐渐缩小，均由脊梁正中伸出，成为宝塔形。档山边有脊檐，由侧观之，形成了 3 个垒砌的“人”字形。每个翼下有各式各样的兽形木雕撑拱。所有门窗均为精心镂空雕或浮雕的各类图案或花纹。

24. 毕节小街龙王庙

小街龙王庙位于城关镇城南小街四方井，始建于清初，坐西向东，由山门、大殿、观音阁组成。占地面积约 300 平方米，建筑面积约 260 平方米。大殿面阔三间，通面阔 9.8 米，进深三间，通进深 8 米许，抬梁穿斗混合结构悬山青瓦顶，前后双步廊，前廊深 1.82 米，后廊深 1 米许，隔扇门窗。观音阁，面阔三间，通面阔 7.78 米，进深三间，通进深 6.2 米，穿斗式木结构歇山青瓦顶，隔扇门窗。

25. 六盘水护国寺

六盘水护国寺位于六盘水市盘县水塘镇的丹霞山上，距县城 17 千米。丹霞山海拔 1 888 米，石灰岩地貌，溶洞遍布，气候温和，雨量充沛，阳光充足，宜于林木生长，古有“林海”之称，为天然的动植物园。护国寺中除珍藏有光绪皇帝御赐之物外，还有赵以炯等人的题匾、楹联、书画等。纽约妙觉寺住持洗尘法师捐助寺内计有玉佛、贴金弥勒佛、地藏菩萨、千手观音及法器等多种。另藏历次传戒所用的黄铜“金刚光明宝戒宏范印”及具有千年历史的《贝叶经》《贵州省盘县丹霞山莲花峰千佛戒同戒录》等。护国寺的名胜古迹有丹霞山玉佛寺。护国寺玉佛殿内供坐式玉佛一尊，卧式玉佛一尊，有“玉佛林”之称。这些玉佛为国内及缅甸、美国佛教界所馈赠，神态安详，妙相庄严，堪称佛雕中的精品。

## 四、题刻石碑

1. 酉阳大车湾墓碑石刻

大车湾墓碑石刻位于酉阳县铜西乡大车湾，于清光绪二年（1876 年）冬月修建，是一空墓，俗称“生基”，墓长近 5 米，高、宽近 4 米，条石垒就。墓前立一石碑，其书法笔力苍劲，浮雕甚为壮观。石雕分上、中、下 9 层，共 50 组图案，40 折故事，内容取材于《说唐》《说岳》《西游记》《二十四孝图》及民间传说“八洞神仙”“观音送子”“庄子试妻”“五鼠闹东京”等。此外，还雕有楼台亭阁、树木花草、飞鸟游鱼、麒麟狮子等，技法娴熟细腻，形象惟妙惟肖，令人赞叹不已。

2. 思南赤壁摩崖

赤壁摩崖位于腾龙峡江阁峡谷西岸绝壁之上，岸色赤、白、黑三色相同，上书“赤壁”二字，为知府宛家祥在日月嘉靖三十九年（1560 年）所书，每字约 1.5 平方米，是乌江峡谷不可多得的文物古迹之一。

3. 思南“中和”摩崖

“中和”摩崖是云南左参政、著名理学家、里人李渭刻于万历十一年（1583 年），位于安化街南段西侧中和山崖壁上，离地 1 米。横长形，高 1 米，宽 1.5 米。横向楷书阴刻“中和”2 字，每字 0.3 平方米。

4. 思南小岩关摩崖

小岩关摩崖位于安化街西段西侧，共 4 方。补修道路摩崖 21 字，记万历年间补修道路事。毛万章刻于万历二十八年（1600 年）；修建道路摩崖 35 字，记补修小岩关路腰墙事，刻于乾隆四十五年（1780 年）；“人间天上”摩崖，据考刻于清末；“心镜”摩崖，据考刻于清末。

5. 石阡碗架岩摩崖

碗架岩摩崖位于阡城西的河坝乡白龙山右侧，距阡城约 60 千米。在险峻的崖壁间有一条岩框，长约 1 000 米、宽 1 ~ 8 米，可容纳 500 余人，从小江河畔而上，分设“大卡”“中卡”“牛卡”“石家卡”等。岩壁层叠、黑白竖线相间，从朱书“思门关”开始，岩壁上现已发现的书刻有 40 余处，其中最早一处题为“聚入岩人化为血，石壁损坏诸蛮灭”，为元至顺二年（1333 年）所建。另一处题为“播州宣慰杨应龙叛逆，朝廷起兵征伐，避乱于此，因题白龙古迹”。

6. 遵义美酒河巨幅摩崖石刻

在赤水河中游，沙滩乡境内吴公岩绝壁之上，刻“美酒河”3 个大字。摩崖石刻总面积 4 800 平方米，其中美字高 41.2 米，宽 33.05 米，酒字高 31.62 米，宽 30.42 米，河字高 34.49 米，宽 32.57 米。无论整个摩崖还是单个石刻汉字，均是世界之最。其字体潇洒稳健，雄放有力，1999 年 6 月，被上海大世界吉尼斯总部评为“最大的摩崖石刻汉字”。

7. 息烽写字岩

写字岩位于县城东北约 53 千米的温泉乡三交村核桃坪大塘口南岸。岩高约 20 米，宽 46 米。岩上古迹有岩画、墨书及石刻。岩画主要分布在岩的中下部，可见者 30 余幅，能清楚辨认者仅 3 幅，均在岩左面，距地表约 10 米，土红色，从左至右：第一幅高 18 厘米，宽 18 厘米，为两人并立人像，人前有一虎，似奔跑状；第二幅距第一幅 30 厘米，高 14 厘米，宽 24 厘米，为 3 人并立人像，头顶无发；第三幅距第二幅 80 厘米，位置比前两幅高，画高 14 厘米，宽 10 厘米，为一个头上有四绺发的站立人像。墨书分布在岩中下部，多达上千处，现能清楚辨认者 10 余处，以正楷或草字为多，书写多在明、清时期。其中有诗两首，距地表 6 米。其一日：“此地名为三妹岩，那边江河顺踏开，理（鲤）鱼要把龙门跳，口见又在左边来。”其二日：“三友诗书生总时，谁不想你抒内情。美景一时观不尽，权把笔著离汝形。”左侧题“三友偶述古记”。此外，在岩左部距地表 1.8 米处，有一组清晰的墨书古彝文，内容待考。石刻在岩中部，距地表两米，共 2 方，均将岩石铲平所刻，两石刻并列，相距 6 厘米。左一方宽 60 厘米，高 40 厘米，额刻“南无阿弥陀佛”6 字，正文风化难辨；右一方宽 20 厘米，高 30 厘米，额刻“阿弥陀佛”4 字，正文亦不清。

8. 息烽西望山石刻

西望山石刻位于县城西约 16 千米的西望山各风景点，为明清和民国时期所刻，书法精湛。但因时远年湮，不少书刻珍品，因风化或被破坏而无存，发现者 20 余处，已测者 18 处，多以风景点之名书刻。主要有：“西望山”，位于双扇门下方悬崖上，离地 9 米，阴刻，正楷，竖排，每字约 0.5 平方米，为民国年间桂诗成书；“天柱峰”，位于双扇门西石柱上，距地约 50 米，横排，阴刻，正楷，每字约 0.4 平方米，为民国年间桂诗成书；“天风岭”，位于山顶一巨石上，距地两米，横排，行体，阴刻，每字 0.5 平方米，民国年间任可澄书；“翠淑巅”，位于天风岭右侧，距地两米，横排，行体，阴刻，每字 0.46 平方米，民国年间桂诗成书；“万壑呼松”，位于凤凰池南约 200 米半山，距地两米，横排，楷书，阴刻，每字 0.4 平方米，民国年间毛光翔书；“凤凰池”，位于凤池寺南侧凤凰池边，民国年间徐笃光书；“石楼关”，位于龙脊南 500 米岩上，距地 7 米，横排，正楷，阴刻，每字 0.35 平方米，书写人名已风化不清。其余还有牟汉坪书写的“天门石”，王佐书写的“云梯”，邓匡元书写的“崛起南天”，吴南秋书写的“万杉岭”等，均完好无损。

9. 息烽玄天洞石刻

玄天洞石刻分布于玄天洞口顶部岩上，高约 3 米，宽约 15 米，多为民国及以前各代名人所题，刻字或古朴端庄，或龙腾凤舞，笔力功底深厚，字体楷书居多，行、草、篆书均有，整个布局颇有层次。刻字共 9 组，均为阴刻，字大小不等。从左至右为：右横刻“玄洞口云”4 字，左竖刻“陈振声题，古播张维远刻”，楷书；右横刻“峭壁深幽”4 字，左竖刻“里人王佐题”，楷书；右横刻“探玄索奥”4 字，左竖刻“大坪徐笃光题”，楷书；右横刻“仙源”2 字，左竖刻“徐映辉题”，楷书；右横刻“口口口口”4 字，左刻“口口口题”，草书，字迹已不清；中横刻“玄门洞天”4 字，左竖刻“口口贫后仁题”，右竖刻“民国廿一年五月”，行书；横刻“樊中圣贤”4 字，篆书；中横刻“木皮庵”3 字，左竖刻“古口口题”，右竖刻“铜仁万口钦题”，楷书；横刻“玄机”2 字，行书。刻字基本完好。

10. 息烽鹿窝昆庐寺盟碑

鹿窝昆庐寺盟碑位于鹿窝乡三友村麻窝田村民一田坎前。碑高 1.4 米，宽 0.86 米，右上刻“日”，左上刻“月”，二字各用一圆圈圈上，碑中部偏右刻“万古丛林”四字，碑左下刻“永乐五年正月盟誓”八字，笔力刚劲。明建文四年（1402 年），燕王朱棣夺位，杀害建文帝旧臣，幸存者逃往南京，又从南京逃往南方。逃到贵州的一批于明洪武十四年（1381 年）征云南后留驻云贵的南京人汇合，在此刻下盟誓，以碑为记，以原三十六姓合为赵、谢二姓。1984 年列为县级文物保护单位。

11. 黄平“草庭书院”摩崖

“草庭书院”摩崖位于县城北郊龙洞堡东北侧约 160 米处，岩壁上镌刻有“草庭书院”4 字楷书，笔力劲健，结构谨严，每个字高 60 厘米、宽 31 厘米。据嘉庆《黄平州志古迹》记载，此处原为明代黄平名人周瑛读书处，摩崖为后人追念而刻，至今 400 余年，是县级文物保护单位。

12. 龙里谷脚巫山岩画

龙里谷脚巫山岩画延绵上百米，共 500 余幅，其规模、数量为全省之最。岩画内容为祭祀舞蹈图，原始生殖崇拜图，放逐图，田畴图，及各种形状的牛、马、羊、犬和大鸟。从图像标志出的物像上看，有人物、动物、天体（太阳）、抽象符号四个类别，题材丰富，反映了原始的经济生活、宗教信仰、哲学思想、审美观念等丰富内涵。岩画艺术造诣很高，在国内岩画中也非常罕见。

13. 六盘水碧云洞摩崖石刻群

碧云洞又名“水洞”，是天然喀斯特溶洞，位于盘县城关镇西南 1 000 米处。水洞之名最早源于上崖壁上的“水洞”二字摩崖，书镌时间为明嘉靖三年（1524 年）。此后，嘉靖三十年（1551 年）所编纂的《普安州志》在更订普安州十景时，将十景之一的“南洞（水洞）胜游”更订为“碧云佳兴”，至此得名“碧云洞”。分布在碧云洞内外的崖壁上，现已知最早镌刻年代为明嘉靖三年（1524 年），最晚的为 1937 年的摩崖石刻 26 方（有部分摩崖石刻由于）。有阴刻、圈刻、阳刻等几种刻法，每字最大者为 1.76 米×0.9 米，最小者为 0.06 米×0.04 米。

14. 镇宁黄果树碑林

黄果树碑林又称石笋山（碑林），位于黄果树大瀑布以西 1 000 米处。这里山势雄伟而不失灵秀，是黄果树风景区三大石林片区之一。石峰、石笋、石牙林立，景观奇特，而碑林镶嵌其中，更显得幽雅、神秘。雄奇壮观的黄果树瀑布气势磅礴，一泻千里，令人仰首流连，感慨万千。从古到今，众多的文人墨客在这里挥毫留念。这些千古绝句、传世墨宝汇集着的就有今天的黄果树碑林。如果说黄果树大瀑布是一幅壮丽俊美的自然画卷，那么这片碑林便是铭刻其中的画中之诗。

## 第二节　近代建筑

### 一、近代建筑

1. 武隆仙女山镇

仙女山镇距离武隆城约 20 千米，因镇北部有仙女山国家森林公园而得名。仙女山镇境内拥有仙女山、武隆天生三桥风景区和龙水峡地缝等著名景点，武隆区游客接待中心也位于仙女山镇中心。仙女山镇上有小巴直达仙女山国家森林公园。镇上的武隆区游客接待中心，售卖天生三桥和龙水峡地缝的门票，同时有发往以上景点的大巴。这里是游览这些景点的最佳出发地。 仙女山镇内有很多欧式风格的建筑，色彩鲜艳，造型别致，镇上住宿、餐饮设施一应俱全。

2. 武隆天福官驿

在天生三桥的天龙桥的坑底有一座座青瓦灰墙的古色古香的四合院，院落前挂着的灯笼上写着“天福官驿”四个字。该驿站始建于唐武德二年（619 年），地处“钻天铺”和“白果铺”间之要津，是古代涪州和黔州官方信息传递的重要驿馆，后毁于兵燹。该建筑位于武隆天坑、天生三桥的青龙桥下端，坑底有条谷底大道，宽约 5 米，仿如古时驿道，可通行木制车，骑马。房屋位于道旁，屋顶被天龙桥万丈深渊所笼罩。四周岩石峥嵘，灌木苍翠，有一种阴森之感。

3. 武隆天坑寨子

武隆天坑寨子地处重庆市武隆喀斯特世界遗产核心地，是武隆喀斯特旅游区（5A级旅游区）的重要景区（点）之一，因在两个举世无双的姊妹天坑（中、下石院天坑）中居住和生活着50户土家居民而得名。景区集雄、奇、峻、秀、幽、绝等特色于一体，自然环境优美、壮观，特别是原始的土家族村落、特色建筑、民间艺术、民间习俗保护完好，民族风情尤其浓郁，也是非物质文化遗产（国家级）保护传承基地，是湖南卫视《爸爸去哪儿》第二季的外景拍摄地，也是国内外宾客生态观光、科普探险、全景体验土家风情的旅游胜地。

4. 彭水鞍子苗寨民族风情园

鞍子苗寨民族风情园位于重庆彭水县鞍子镇，包括石磨岩苗寨、神皇岈苗寨、云盘苗寨等，是一个集苗街、苗歌、苗舞、苗民村落、苗文化习俗、苗乡自然山水风光于一体的民族风情旅游景区服务。

5. 彭水周家寨

周家寨位于重庆市彭水县善感乡境内乌江画廊精品段上，与酉阳龚滩古镇、贵州省洪渡镇毗邻，交通便利，距彭水县城40分钟车程，距龚滩古镇10千米。景区面积20平方千米，森林覆盖率达80%以上，有怪石迷宫、水月洞天、天下第一剑、十里平湖等景点，建有10千米登山健身步道、30万平方米钓鱼基地等休闲娱乐场所。境内碧水怀抱，奇峰异景，怪石林立，古树参天，形成了以山水石林为一体的天然画卷。

6. 彭水蚩尤九黎城

蚩尤九黎城位于乌江左岸，地处新老城区连接带，堪称中国第一苗王城。采用两轴、两区、九星布局，主要建筑包括四城门、椎牛场、百苗文化长廊、九黎部落、北斗七星亭、魁星楼、神问台、蚩尤庙、九黎宫、苗王府、点将台、将军柱等，集千余工匠毕生智慧于一城。其中，合鼓宴、傩舞绝技独具一格。

7. 酉阳毛坝群贤居

毛坝群贤居避暑山庄地处乌江水系与沅江水系“分水岭”的圆梁山麓，南距国家5A级桃花源景区35千米，北邻地球上北纬“神秘28度”，是同纬度森林面积最大、生态植被保存最完好的大坂营原始森林。海拔1 200多米，夏季最高温度26℃，全年平均温度15℃，辖区内冬寒夏凉，夏天宜避暑，冬天可赏雪；山庄依山而建，森林覆盖率达80%，古木参天，四季葱郁。境内有神奇秀丽的后河流域半岛风情，国家一级水质细沙河流域风光和秀水温泉。山庄现有微型企业69户，带动全村及周边发展农家乐154户，其中星级农家乐 27 户，接待游客 10 万余人次，实现年收入 1 500 万余元。

8. 沿河吊脚楼

沿河吊脚楼多依山就势而建，呈虎坐形、三合院。讲究朝向，或坐西向东，或坐东向西。正乌江土坨峡首土家山寨鲤鱼池的吊脚楼是土家吊脚楼的典型代表，其窗花运用了浮雕、镂空雕等多种雕刻工艺。雕刻手法细腻，内涵丰富多彩。有的象征地位，有的祈求吉祥，有的表现农耕，有的反映生活，有的教育子孙，有的记录风情。飞禽走兽、花鸟虫鱼、歌舞竞技、神话传说，栩栩如生，蓄意深刻。吊脚楼有很多好处，高悬地面既通风干燥，又能防毒蛇、野兽，楼板下还可放杂物。吊楼具有鲜明的民族特色，优雅的“丝檐”和宽绰的“走栏”使吊脚楼自成一格。这类吊脚楼比“栏干”较成功地摆脱了原始性，具有较高的文化层次，被称为巴楚文化的“活化石”。

9. 印江睡美人土家风情区

穿越县城的印江河清澈、秀丽，两岸步道清幽、洁净，这里是最佳的休闲之地。自古有印江城八景之说：圣墩积雪、双峡飞鸿、虹桥夜月、中洲牧笛、龙津渔火、白水拖兰、金石肝肺、峨岭翠屏。这是一座古老的县城，从唐开元四年（716 年）印江建县以来，近 1 300 年风雨，是土司王朝的治所，是民族地区的政治经济文化中心。这里是土家族的风情乐园，土家人的歌舞不断，可以听一曲土家长号唢呐、看一场土家花灯、喝一碗土家米酒、跳一回土家摆手舞、探一下古老的傩文化、品一杯梵净汞茶。

10. 思南刘家统子

思南刘家统子是古色古香的传统古民居，位于城南，其建筑格局颇具特色。根据地形，建筑布局由龙门、石墙、石砌台阶、正房、照壁、厢房组成，院落狭长，小巧玲珑。统子是一种封闭式的传统建筑，外围为转砌筑的围墙，主人从龙门进出，龙门为木质建筑，上盖青瓦，古色古香。此外，古城同类建筑还有艾家统子、郭家统子等。关上龙门，统子就是一个自给自足的家子。这些统子，为我们形象地诠释了古人对“家”的定义。

11. 思南乌江博物馆

府文庙内设有四个小型的陈列馆，即乌江博物馆、中国土家花灯艺术之乡陈列馆、号军陈列馆和中共思南地下县委革命活动陈列馆。乌江博物馆设于府文庙大成殿内，以图片和实物等形式浓缩了千里乌江的自然人文风貌。图片以空间为序，从贵州威宁石缸洞的乌江源头到重庆涪陵汇流长江处的江尾，不仅涵盖了乌江自上而下的自然风光与资源，还包括乌江新石器时代古人类文化遗址等乌江历史文化，古渡、古纤道、古今码头、各大滩险、摩崖石刻等文物名胜尽收其中；同时，忠实记录了村寨城镇与各个民族的生存变迁，为我们展示了一个神秘而美丽的乌江。

12. 遵义中国酒文化城

茅台国酒文化城是中国茅台酒厂（集团）有限责任公司经过 3 年艰苦努力而建成的。国酒文化城占地 3 000 余平方米，建筑面积 8 000 余平方米，规模浩大，气势恢宏，建有汉、唐、宋、元、明、清及现代 7 个馆。

13. 遵义仁怀茅台酒镇

茅台镇被誉为“中国第一酒镇”，因茅台镇孕育出了国酒茅台酒、茅台前身赖茅酒等一大批深受全国消费者欢迎的白酒品牌而得名，堪称优质酱香型白酒的摇篮。茅台镇之所以盛产白酒，是因为茅台镇具有独特的地理环境和气候条件，为酱香型白酒的酿造创造了良好的条件。

14. 遵义中国酒都酱酒文化纪念馆

纪念馆位于茅台镇。茅台镇历来就是黔北名镇，古有“川盐走贵州，秦商聚茅台”的写照，是中国酱酒圣地，域内白酒业兴盛。1915 年茅台酒在巴拿马万国博览会上荣获金奖，1935 年中国工农红军长征在茅台四渡赤水。茅台镇集古盐文化、长征文化和酒文化于一体，被誉为“中国第一酒镇”“世界酱香型白酒主产区”“中国酒都核心区”。

15. 遵义“天下第一壶”茶文化公园

“天下第一壶”茶文化公园位于贵州省遵义市湄潭县城中心火焰山山顶，于 1999 年开始建造，2006 年完工，为钢筋混凝土结构，总占地面积 6 万多平方米，总建筑面积 5 000 平方米。2006 年，“天下第一壶”获上海大世界吉尼斯总部授予（中国之最）最大实物造型，荣获“贵州十大魅力景区”称号。

16. 息烽底寨

底寨是息烽境内三大坝区之一，位于贵遵高速公路出口。1956 年在底寨河流域车田河一带发现了两件新石器时代的石斧，因而底寨河流域被考古专家称为车田河文化遗址。唐五代（907—960 年）时，蔡兴隆率兵入黔征黑羊箐（今贵阳）设衙于底寨，治理一方。1292 年元世祖置底寨等地蛮夷军民长官司，授土底寨，封蔡兴隆后裔蔡永昌为长官司长官，治所在底寨大寨，这是底寨有建制之始。清末至民国年间，贵州最大的民族资本家华之鸿在底寨置地仕农经商，为他往返四川的盐队提供中转食宿客栈，并在慈心寺内办起了“慈心小学堂”，将馆所作为每年纳凉消夏的住所，这是底寨休闲避暑的最早的乡间馆所。

17. 息烽寨华氏四合院

华氏四合院位于息烽县西山乡柏山香村新寨组的寨子中，是清晚期贵州实业家华之鸿在底寨修的一处院落。该院为木结构小青瓦四合院木结构建筑，有前厅、内院、正厅和两侧的厢房，前厅和厢房是两层建筑，正厅是一层建筑，全部采用铆榫结构，具有中国传统建筑特点，是清晚期院落式建筑的代表，具有一定的艺术价值。

18. 息烽九庄红军坟

九庄红军坟位于九庄镇西门村共和组祖师观山顶，1984 年公布为县级文物保护单位。1935 年 3 月 29 日中央红军长征途中过乌江进入息烽，4 月 2 日红一方面军右路军三、五团驻扎在九庄，遭飞机轰炸，100 余名红军干部战士遇难，1968 年九庄中小学师生在知情人谢文清的指认下，清殓烈士遗骨，合葬于祖师山上。墓为方形，水泥砖砌，墓长宽均为 4 米，高 1.8 米，墓前有 100 余平方米的水泥平台，边缘为青石堡坎。清明节期间，各界人士均到这扫墓，是九庄的爱国教育基地，对研究红军长征历史有较大价值。

19. 施秉谢家院

谢家院距黄土内约 5 千米。这里山清水明，林深木郁，遮天蔽日。在明清时期，曾是商贾云集之地，住户达 80 余户，亭台楼榭，一应俱全。之前这里主要住户为袁、谢两姓。现在看来，在这样一个闭塞的山沟间，竟然有这样一处成为集市的热闹地方，实难想象。飞马石仍伫立在谢家院，马头、飞尾长满了郁郁葱葱的竹木。这里除飞马石外，还有天生桥等景点。

20. 镇远报京侗寨

报京侗寨古称“京档洞”，位于贵州镇远县城东南部 37 千米，是报京乡的中心寨，周围有松柏、极有、白岩、龙奔等十几个侗族村寨。报京东邻三穗县，南连剑河县，海拔 800 米。年平均气温 15.2℃，冬无严寒，夏无酷暑，气候宜人。由于自古交通闭塞，保留了较为古老的生活方式：有独特的侗语、独特的服饰和独特的侗族习俗。

21. 开阳水头寨

水头寨背靠向天龙，面临清龙河、古木参天，风景秀丽。全寨 62 户 210

人，全是罗姓一家及几户上门女婿，布依族。寨中古木屋 32 栋，砖木屋瓦屋 3 栋，平顶新式砖房 3 栋。农家小吃以粽粑、糍粑、黄糕粑、年糕为主，布依甜酒也很有名。王车公路与甘塘公路在这里会合，穿寨路已开通，寨中小路硬化已达 90%以上，房屋周围硬化已达 15 户。

22. 开阳水落亭台

水落亭台位于开阳县龙岗镇境内，景区距县城约 50 千米，距贵阳约 60 千米,规划总面积为 28.72 平方千米,属贵州省级风景名胜区。奇峰异石林立，部分河段如巨斧劈开，形成一线，一河碧水到此凝聚在 1.9 米宽的狭缝中，安静幽凉，溪流无数，飞瀑、悬泉和钙化沉积基础上再次沉积形成的一种二次沉积形态的喀斯特地貌。景区内植被茂密，郁郁葱葱，森林覆盖率 80%以上。主要有千佛岭、紫江天龙、紫江云神、二泉映月、万瀑云台、春云乍卷、水上倒石莲、地缝、七将军山、紫江大佛、紫江神女、九天银河等。

## 二、桥梁

1. 德江马蹄桥

马蹄桥又名铁锁横秋，发源于德江煎茶镇的洗沙塘，于桶井乡望牌注入乌江。相传古时候，这条河叫断路河，总长 56.5 千米，两岸悬崖峭壁，隔河看得清，说话听得见，但要想见面，还得走一天，正因如此，两岸人家很少往来。马蹄河总长 23 千米，两岸植被清幽，河水清澈，峡谷幽深，壁立千仞，天开一线，迂回曲折，集山水俊秀于一体。清代，人们在河的上游修建了一座铁索桥，因而得名。

2. 镇远祝圣桥

祝圣桥被当地人称为“老大桥”，位于贵州省镇远县城东中河山，始建于明朝洪武年间，桥上建有八角亭称魁星楼，有冯玉祥的“还我河山”手迹。

3. 瓮安江界河大桥

江界河大桥位于瓮安县城以北 48 千米处的震天洞峡谷，大桥雄跨绝壁对峙的悬崖之上。大桥于 1987 年动工修建，1995 年建成通车，是国家“八五”时期重点科研项目，曾获国家级科技进步二等奖，中国第一届詹天佑土木工程奖。江界河大桥为大跨度桁式桥梁，桥长 461 米，主孔跨径 330 米，高 263 米，一派巍峨壮观，横空出世，在同类型桥梁中为世界第一。桥上游览，举目眺望，江界河上下十里峡谷风光，尽收眼底；俯视渊壑，绝险无比，撼人心魄，“人定胜天”之感油然而生。

4. 黄平福众桥

福众桥位于旧州镇老里坝大街中段，为五孔连拱石桥，横跨舞阳河，桥长 67.7 米，宽 7.3 米，距水位高 9.2 米。清康熙二十年（1688 年）《黄平州志》载，“桥为明时黄平知州古德恒建”，时名“古梁桥”，后又更名为“会通桥”。乾隆三十七（1772 年）年更名“福众桥”至今。

5. 黄平平播桥

平播桥位于旧州镇东大街，横跨冷水河。明万历时贵州巡抚郭子章平定播乱后建，故名“平播桥”。桥为单孔石拱结构，桥面长 236 米，宽 5.87 米，高 6.9 米，依山作柱，凿石为足。

6. 黄平圣果桥

圣果桥位于“飞云崖”南侧，始建于崇祯年间，乾隆六十年（1795 年）倒塌，嘉庆四年（1799 年）重建。东北西南向，跨秀水溪。单孔石拱桥，长 12.2 米，宽 4.3 米，净跨 6.7 米，矢高 5.15 米。栏板、望柱浮雕花鸟图案。

7. 黄平折桂桥

折桂桥位于县城南百余米处，是黄平至贵阳必经之桥。桥始建于明代，弘治《贵州图经新志》、嘉靖《贵州通志》及康熙《贵州通志》均有记载。清代，地方常在此设宴为应举士子饯行。取“月中折桂”之意，因名“折桂桥”。桥为单孔石拱结构，桥面长 12 米，宽 7.5 米，高 7 米。1933 年修筑湘黔公路，将此桥铺垫为公路桥，沿用至今。

8. 黄平平龙桥

平龙桥原名永安桥、通济桥，因距县城十里（5 千米），故称十里桥。桥横跨苗里河上。初为“石桥三梁”，明洪武年间创建。后毁，“乡人结竹石覆土以济”“寻筑寻圮”。嘉靖二十三年（1554 年），兴隆卫指挥张时举创议重修，人们踊跃捐助，御史张雨檄发币金助之，于嘉靖二十九年（1560 年）建成七孔连拱石桥。后桥之中孔为大水冲坏，万历二十七（1601 年），播州土司杨应龙军为阻官军追击，将桥拆毁。万历二十九年（1603 年），贵州巡抚郭子章重建，更名为“平龙桥”。清乾隆丁未年（1787 年）五月，桥为山洪冲圮，越一月复重修，次年二月竣工。“桥之高广较前有增，仍骊水为七大洞”，又称“平龙丁未桥”。1933 年修筑湘黔公路，将此桥铺垫为公路桥，沿用至今。

9. 黄平三朝桥

三朝桥位于贵州省黄平县境内的重安江上。第一座是清代的铁索桥；第二座是抗战时期我国著名桥梁专家茅以升设计的钢桁桥；第三座是 20 世纪 90 年代建造的钢筋混凝土拱桥。由于在一段相距不足百米的江面上保存有 3 座建造于不同历史时期的桥梁，当地政府已将“三朝桥”辟为旅游景点。

10. 织金蔡氏桥

在织（金）清（镇）公路必经的普翁桥下游，河谷幽深，水流湍急，不远处一峰突起，绝壁千仞。壁前一桥横跨，这就是往昔织金通往省城贵阳古驿道的桥梁之一，名蔡氏桥。此桥始建于清嘉庆二十二年（1817 年），传为当地蔡氏族人所建。桥为石质单孔并联砌置拱桥，桥长 21 米，宽 5.7 米，桥面平坦，拱顶离水面约 15 米，两侧无拦马石坎。桥身两侧正中的“加尖石”上，有浮雕装饰龙头两个，取游龙戏水之意。桥的一端顺岩壁的古道拾级上桥，另一端无石级。在离桥 20 米左右的岩壁上，有摩崖两块。其中一块为“平修古道”4 个楷书阴文大字，每字约 80 平方厘米，书法遒劲飘逸，为清乾隆壬申科举人谌克慎撰题。

11. 毕节兴隆桥

兴隆桥位于城关镇小东门，又称“半边桥”，建于嘉庆十五年（1810 年）。东北西南向，跨凉江河。二孔石拱桥，连接河堤，长 7 米余，宽 2.5 米，净跨 2 米、1 米。桥西北侧饰石龙栏杆，头向东北，高 1 米许。桥西北河床石岩上立四棱碑，南北两面均楷书阴刻“南无阿弥陀佛”6 字，每字 0.12 平方米。碑东面刻建桥记。西面刻捐资者姓名、数额。

12. 毕节童生桥

童生桥位于城关镇沿河路中段，因位于城关镇北永安门东北河口，故又名“永安桥”。相传所拨银两恐不够支出，全州童生捐资助建，名“童生桥”，俗称“下水关”。始建于乾隆十三年（1748 年），次年（1749 年）告竣。1962 年扩建后更名“重兴桥”。东西向，跨贯城河。单孔石拱桥，长 25 米许，宽 7 米许，净跨 19 米许，矢高 12 米许。

13. 毕节日升桥

日升桥位于城关镇沿河路中段西侧，建于康熙五十四年（1715 年），因与下游月华桥共取“日月升华”之义，故名“日升桥”。乾隆十三年（1748 年）建成，连接东西桥头，为贯城河上 5 座桥梁之首，人称“上水关”。光绪十三年（1887 年）整修。东西向，跨贯城河，单孔石拱桥，长 20 米许，宽 5 米许，净跨 14 米，矢高 5 米。

14. 北盘江大桥

北盘江大桥跨越贵州省六盘水市水城县都格镇和云南宣威市普立乡，是杭瑞高速贵州省毕节至都格镇（黔滇界）公路的三座大桥之一。大桥跨越云贵两省交界的北盘江大峡谷，与云南省在建的杭瑞高速普立乡至宣威段相接。大桥由云贵两省合作共建，全长 1 341.4 米，桥面到谷底垂直高度 565 米，相当于 200 层楼高，这也是世界最高的桥梁，比国外最高桥梁巴布亚新几内亚海吉焦峡谷大桥（管道桥）高出近 100 米。

15. 毕节云贵红军桥

1936 年 3 月中旬，贺龙等将领率领的红二、六军团在乌蒙回旋战中从彝良奎香进入威宁的云贵乡和羊街镇，在洛泽河两岸和辅处、兴隆厂等处住了下来。在这里，红军宣传革命真理，打富济贫，对老百姓秋毫无犯，在各族人民群众中播下了革命的火种。当地群众为红军提供给养，冒着生命危险为红军做向导，与红军依依惜别。中华人民共和国成立，洛泽河两岸人民靠一铁索为桥以通来往，十分不便，年年均有失足溺水者。1986 年 6 月，中央电视台事部摄制组在编辑宫军的带领下深入威宁县云贵乡洛泽河两岸采访，并把所摄片子提供给威宁县有关领导。为缅怀当地群众与红军的浓厚情谊，进一步弘扬长征精神、发展地方经济，两岸两省交通部门商定共建“云贵红军桥”。1989 年 11 月，大桥建成，并立碑纪念，使当地老百姓多年的愿望变成现实。“一桥飞架南北，天堑变通途。”

16. 黄平旧州飞机场

旧州飞机场距离县城北 26 千米，坐落在国家风景名胜区上舞阳河边，位于黔东南、黔南、遵义及铜仁的交接处。当时属于贵州大型军用机场，被定为“西南中心机场”。机场东西延伸 10 千米，南北宽 2 千米。机场主副跑道各 2 400 多米，滑行道达 5 400 多米。有停机坪、飞机堡、弹药库、油库、兵营、美国街等。1941 年由美国出资修建，当时耗资旧国币 5 800 万元。征用黄平、余庆、施秉、炉山（现凯里市）、平越（现福泉市）、瓮安、麻江、台江、石阡、镇远等十县民工 10 万多人修建。机场建成后曾驻美军 1 000

多人，有轰炸机、战斗机、运输机等百余架，每天出机数十架次。第二次世界大战期间曾服务于美空军十四团（俗称“飞虎队”）的部分华裔军人 55 年后重归故里，于 2000 年 11 月 2 日抵达广州，开始他们的中国寻根之旅。19 名飞虎队及他们亲友共 53 人在广东省中旅的安排下，开始他们为期 14 天的广州、重庆、武汉、南京等城市的中国大陆寻旧游。此次活动由昔日的飞虎队员黄炯钟先生发起。黄先生 1944 年在美国入伍，随即被派往中国担任美空军 14 团电讯部门的发报员，专为“飞虎队”收发电报并破译日军的电报，并先后驻防过云南、昆明、重庆及贵州黄平等地。

17. 安顺盘江铁索桥

安顺盘江铁索桥位于贵州省关岭、晴隆二县交界的北盘江渡口。两峰夹峙，一水中绝，断崖千尺，壁立如削，是古代由黔入滇的必经之处。东西两岸相距约 80 米，水流急湍。行人可鱼贯而越，较前又胜一筹。两岸古树阴森，碑石兀立，琳宫缥缈，辉煌掩映。前人视为“千寻金锁横银汉，百尺丹楼跨彩凤”的黔中胜迹。

18. 毕节涌珠泉

涌珠泉位于威宁彝族回族苗族自治县境内，修建于清乾隆年间，距今已有近 300 年的历史，是重点保护文物。武警威宁县中队与古井相邻，多年来，该中队把保护古井作为自己义不容辞的责任，时刻像保护自己的眼睛一样保护古井，被驻地人民誉为“古井保护神”。

19. 德江董家水井

董家水井位于德江县城。无论多大干旱，井里的水总是满的，在水井旁边上面有一大石头，其形状像龟蛇，尤其是在皓月当空的夜晚，人们从水井旁走过，看到水中的倒影，更是形象逼真。相传，一天晚上，一个文人路过此地，也在此饮水，偶然发现，那块石头太逼真得跟真的龟蛇一模一样，并留诗一首：“龟蛇映月照吾还，清流细水流不完。若人长饮泉中水，世代儿孙做高官。”当县内一个姓董的人看到此诗后，就立即将自己的居所搬迁到水井旁边定居，从此，就取名“董家水井”。

## 三、名人墓葬

1. 德江煎茶宋代古墓群

煎茶宋代古墓群俗称“草寇坟”或“苗王坟”，位于煎茶镇新场村大院子，为南宋时期石砌古墓，省级重点文物保护单位。六座墓分四处葬于相距约 20 余米的两个山堡上，墓室形状基本相同，均为石方结构单室墓，高约 4 米，长 4.4 米，宽 2.07 米。上封约 1 米厚的红砂土质，外层与地平。一号墓室于中华人民共和国成立前被盗掘。墓室内底部有石池腰坑，坑上置石棺床，后壁有供台，顶端藻井中央有太极图浮雕。二号墓右壁刻“加官”“进禄”四字；左壁刻“宝玉”“满堂”四字。三号墓两壁刻“东海”“南山”四字。

2. 毕节彝族向天墓

彝族向天墓位于威宁县城东北 20 千米的盐仓镇，分布在大坟梁子、小坟梁子周围。另在二塘、龙场、中水、羊街、大街、城关等乡镇也有发现。I 型：以毛石砌椭圆石墙，直径一般在 10 ~ 20 米，如墓依山而建，则依山一侧的石墙的顶部与墙外地表大体齐平，而另一侧石墙则高出地表 2 米左右，石墙内地表略高于墙外地表，中尖有一封土堆，直径 3 ~ 4 米间，高 1 米以内。少数墓在圆墙一侧建有一段弧形石墙或半圆石墙，也有的墓葬不用石头而用泥土筑成椭圆形墙，这类墓葬规模较小，圆墙直径在 10 米左右，还有的墓葬周围砌石墙，中央用泥土填平，形成封土堆。II 型：以盐仓大坟梁子的大坟和小坟梁子的小坟为主，两处山岗因有大坟和小坟而得名。大的向天坟，有椭圆形的大封土堆。现存墓基南北长 45 米，东西宽 29 米，封土堆顶部长 27 米，宽 15 米，高 10 米，周围有大、中、小三台未经加工毛石相砌的三道石墙。北面有阶梯，石墙与封土堆间及石墙距离分别为 2.5 米、4 米、3.5 米，每道石墙均有台阶达于顶端，顶部有一用毛石砌成的凹口，直径 1 ~ 2 米，然石垒起一封土堆向着天上的星。

3. 大方奢香墓

奢香墓位于大方县城北 0.5 千米处云龙山下乌龙坡头的洗马塘畔。明洪武二十九年（1936 年），奢香病逝，年仅 35 岁。明王朝遣使到水西奢香故里，参加祭奠葬礼，加谥奢香为“大明顺德夫人”，并赐以朝衣锦帛。墓葬按正三品的规矩结合彝俗的墓建风格营造。

4. 毕节李世杰陵墓

李世杰墓是省级文物保护单位，位于黔西城南 15 千米的雨朵镇扯泥坝村，是贵州具有代表性的历史名人墓葬之一，占地面积为 2 000 多平方米，分天地人三台共五级。天台为李世杰和夫人高氏合葬墓；地台上置有石马、石羊、石人、石虎、石狮等石雕塑；人台上有华表、御祭碑、祠堂等。

# 第三节　娱乐设施

## 一、综合娱乐设施

1. 涪陵美心红酒小镇

美心红酒小镇位于涪陵城西部蔺市镇大桥村，涪陵区美心统筹城乡发展示范区内，是一座糅合中西文化特征的主题旅游区。其内洋溢着浓郁法国风情的葡萄园、红酒小镇，与雕梁画栋、青砖石瓦的中式古镇隔溪相望。景区包括鸡公山游乐园、梨香溪水上乐园、香溪廊桥、西普陀等众多旅游景点，其中游乐园拥有20多个各型游艺设施，实行通票制，以打造全国最低廉的游乐园。美心集团借鉴重庆洋人街成功经验，将红酒小镇倾力打造成为另一个汇集休闲、娱乐、观光、体验、购物、游乐、度假等旅游元素于一体的全国最低廉的平民风景区，受到了市内外游客的好评，建设至今已具备年接待游客30万人次的规模。

2. 贵阳高尔夫度假中心

贵阳高尔夫度假中心位于贵阳市北大门的修文县扎佐镇境内，距市区约25千米，拥有贵州唯一的18洞72杆国际标准球场，交通四通八达，环境自然优美，空气清新宜人，气候温暖湿润，冬无严寒，夏无酷暑。整个球场坐落于群山环抱之中，融湖、河、山丘于一体，集森林、沙地、奇石于一身，建有果岭球道、中心会所、会员大酒店、九龙喷泉、别墅区、练习场、中西餐厅、东西方文化长廊等设施景观，中心设有钓鱼台、游泳池、网球场、中西餐厅、购物商场、咖啡厅、会议室、KTV歌舞厅和桑拿中心，是国内唯一的高原森林球场和全国最凉爽的康体休闲避暑胜地。

3. 贵阳珍珠岛度假中心

珍珠岛度假中心位于修文县久长镇蚌壳堰水库湖畔，距贵阳市区45千米。这里青山环抱，碧水依依，湖中有岛，岛中有湖，是一个独具魅力的大型自然生态休闲、避暑、度假中心。中心掩映在青松翠柏之间，依山傍水，环境优雅，空气清新，气候凉爽。在这里可以乘船饱览湖光山色、垂钓，还可在水上餐厅品味特色菜肴。

4. 贵州多彩万象旅游城

多彩万象旅游城是由深圳盛鹏达投资集团投资开发的大型文化旅游项目，

列为省、市 100 个旅游景区建设项目。占地面积约 4.32 平方千米（包括部分山体及废弃水库），是集文化娱乐、旅游小镇、豪华酒店群、高档餐饮、休闲度假、商务于一体的世界级大型综合旅游度假区。

5. 贵阳欣港湾休闲综合体

欣港湾休闲综合体是贵州东城明珠综合休闲管理有限公司旗下在贵阳市打造的大型综合休闲娱乐项目，以全新的人文休闲理念和东南亚装修风格，力求打造贵州休闲、娱乐新文化。欣港湾休闲综合体内设多个子项目：休闲度假酒店、大型自助餐饮、恒温游泳池、文艺演出、桑拿洗浴、按摩保健养生、美容美体、SPA 时尚水疗、茶吧、3D 影视厅、7D 影院、KTV 包房、棋牌室、网吧、书吧、艺术欣赏、儿童城堡、韩式地热、休闲氧吧、乒乓球、桌球室、健身房等。

6. 贵阳河滨公园

河滨公园位于贵阳市中心区西南部，前临环城南路，后傍南明河。河上游的对岸，原生长着一棵大柳树，因此，公园的原名叫“杨柳湾”。整个公园按其娱乐功能，大致可分为三个部分：儿童游乐区、科普展览区和安静休息区。儿童游乐区在公园的东北部分，即公园大门的左侧，这里有一架伊尔 14 型小客机停在游乐园内，供儿童参观，另建有各种电动飞船、转椅。20 世纪 90 年代新建大型“旋转木马”，还有一座灯光篮球场。科普区经常举办各种科学技术展览，为贵阳的科普爱好者提供了场所。休息区是园内的主体，最高的山岗上有一座影剧院，与影剧院遥遥相对的是东风亭，河边有旱冰场。公园内还有桃园、花圃和温室，春天桃花盛开，生机勃勃。花圃里培育有迎春花、山茶花、菊花等花卉；温室中栽有月季、文竹、君子兰、夜来香、苏铁和昙共花等盆栽花卉。整个园内花木草坪逾 60 000 平方米，绿化面积逾 660 000 平方米，常举行“菊花展”“兰花展”。

7. 贵阳黔灵山公园

黔灵山公园是国家 4A 级旅游区，位于贵阳市中心区西北，由“黔南第一山”黔灵山而得名。公园建于 1957 年，是一个综合性的游览公园，园内古树参天，泉清石奇，集高原灵气于一身，登上山顶“瞰筑亭”可眺望贵阳全景。以明山、秀水、幽林、古寺、圣泉、灵猴而闻名遐迩，黔灵山公园集山、林、泉、湖、洞、寺、动物于一体，清绝于世，有“贵在城中，美在自然”之称。黔灵山上生长着 1 500 余种树木花卉和 1 000 多种名贵药材。清泉怪石，随处可见，并有成群的猕猴和鸟类栖息于此。

8. 贵阳南郊公园

南郊公园位于贵阳市区西南角，始建于1966年，经多年建设已初具规模，同位于贵阳市中心的河滨公园、市东的森林公园、市区的黔灵公园等共同构成贵阳市市级公园系统。公园以岩溶地貌为主，园内有著名的地下溶洞“白龙洞”。溶洞因洞身蜿蜒曲折、洞壁和岩溶凝结物呈乳白色，如同一条满披银鳞的白龙，故而得名。“白龙洞”全长587米，洞道高低宽窄相差较大，有两个“天窗”，能自然调节洞内空气，在五彩灯光的映照下，石钟欲坠，惟妙惟肖，像条琳琅满目的立体画廊。

9. 贵阳观山湖公园

观山湖公园位于观山大桥南北两侧，北侧以观山水库为中心、南侧以金华湖为中心，四周种满了各种植物，樱花、桃树、梨树、垂柳、白玉兰、桂花、银杏、水杉等应有尽有，在不同的季节都能看到不一样的自然景观。而这里的生态湿地也吸引了许多白鹭、野鸭等鸟禽在此栖息，是一座面积较大的城市公园。

10. 都匀西山公园

西山公园始建于1958年，于2007年被国家旅游局批准评为3A级旅游景区。公园位于剑江河畔，占地近0.5平方千米，是一个以自然景观为主的游览区。园内七座突兀耸立、嶙峋多彩的石峰群，构成了公园的主景，岩峰最高30余米，山石嶙峋，奇异多姿，岩石峰上生长各类树木及藤本植物。树木葱茏，藤萝密挂，树根裸露盘曲，或环抱山石，或穿插于石缝间，如虬龙怪蟒，令人叹为观止。园内峰壑竞秀，错落有致，树木繁茂，曲径通幽，楼台亭阁依山而建，独立成景，岩隙中的树木，盘根错节，是我国罕见的城区喀斯特园林，也是全国唯一一个位于城市中心的喀斯特岩溶地貌公园。因其小巧玲珑而被称为袖珍喀斯特公园，又被称作石头上的公园。

11. 都匀文峰公园

文峰公园于2007年被国家旅游局批准为3A级旅游景区，位于城南龙潭西岸，剑江三面环绕，以清代石塔——文峰塔为主题设计布置而成，是一座开放式休闲公园，为都匀市民休闲娱乐健身场所。

12. 毕节天河公园

天河公园位于毕节市东北部，距毕节市2.5千米与毕节—何官屯公路相连。公园为两座高耸陡峭的岩溶峰丛的三角形谷地，长约900米，宽约500米，依山傍水，景色秀丽。公园内的灶拱山俊秀挺拔，沿盘山栈道拾级而上，绕山腰，穿仙岩洞而至山顶，纵目远眺，但见湖岸群峰环绕，水天一色，高峡平湖。于 20 世纪 90 年代初，逐步开始绿化、美化，并建设以水上娱乐为主的娱乐项目和园林设施，现已向游客开放。

13. 水西公园

水西公园以明代正德年间修建的观音阁为基础，民国初年改建为公园，保存有元明清历史文化。公园位于黔西县城东郊狮山西麓，占地面积 6 万平方米。园区山美水秀，古树苍劲，亭台楼阁，曲径幽深，清风浓郁。悠久的历史沉淀在园内留下了元代彝族女英雄奢节“烈姬冢”、观音阁、残钟亭、观文塔、乾隆御赐尚书坊、吴嵩梁诗碑、观音阁碑记、东山寺诗碑等众多元明清古迹文物。

14. 六盘水桃花公园

桃花公园坐落在六枝特区内，占地 0.194 7 平方千米，有桃花山、笔架山、小石山、桃花湖等景区。凌云阁在主峰桃花山山顶，登高远眺，高楼鳞次栉比，烟囱林立，绿树成荫。胜景亭、观峰亭、九龙亭分布四周，与主峰凌云阁遥遥相望。沿小径小行，有桃花公主、双狮护亭、熊猫戏竹、寿星赐福、青龙吐雾等雕塑，富于民族风格。造型生动逼真，令人喜爱。桃花洞是新旧石器时代文物并存的古人类洞穴遗址，洞口高 9 米，宽 24 米，深 60 米。经试掘，考古价值极大，并已掘出珍贵文物 200 余件，其中穿孔蚌类装饰品为我国旧石器时代晚期艺术上的新发现。并发现巨猿化石，故将此洞命名为“桃花洞人”。省里在此修造贵州省古人类博物馆，游人至此，寻源怀古，增添考古知识。

15. 笔架山公园

笔架山公园位于水城钢铁集团公司厂区中心腹地，距钟山区政府6千米。厂区中部兀起一座高山，项部三座山峰相连，似笔架，故名笔架山。公园依山而建，总面积 12 万平方米，人工植林 0.866 7 平方千米，植物品种达 100 余种。山脚至山腰片区，绿树满布，一座座亭、台、楼、阁掩荫其间，构筑精巧别致，雕梁画栋，于碧中放彩生辉，尤以峰顶亭阁更雄丽。有数条石级游道穿园蜿蜒上山，达笔架诸峰。绿林亭阁之间，建有众多花圃，培植各种珍贵花木。全园有 13 个景区。其中，门厅处有园门牌坊接“迎宾桥”，桥头有座炼钢工人塑像，雄伟朴实。左为儿童乐园，设有各种游乐设施。右前为新建音乐喷泉，沿边有花间小道通“凝翠长廊”。半山有“园中园”，大门上有“鸟飞岭外岭，花赏园中园”楹联。往上为六盘水市唯一的动物园，饲养有狮、虎、熊、鹿、狒狒、黄猴、黑叶猴、孔雀、黑颈鹤、骆驼等。前方有“蓬莱阁”，凭栏可俯览一派青葱，可远眺四山缭绕烟云。山坳有“清风亭”，可拂风休憩。园主峰顶有“一览阁”，峰险阁巍，可观阁观景，一览水城坝子之山水及全城区壮景，看远近千山环抱，观远岭依稀。

## 二、风景名胜

### 1. 彭水望郁山古镇及盐丹文化旅游区

郁山古镇堪称渝东南第一历史文化名镇，是“盐丹文化”的发祥地。这里曾是县、郡、州的治所地，养育了中国第一个女实业家巴寡清，接纳了唐朝太子李承乾、李忠，迎接过大诗人黄庭坚，欢送过大元帅贺龙。漫步街头巷尾，千年前的历史遗存随处可见。饮食文化极为丰富，晶丝苕粉、擀酥饼、鸡豆花等闻名县内外。郁江、中清河、后照河三水相绕，盐水长流。即将开发的盐水养生浴、历史文化探秘、峡谷游览、特色食品等旅游产品，凸显了举世无双的“盐丹文化”旅游魅力。

### 2. 酉阳桃花源

桃花源是离酉阳县城不到500米处的石灰岩溶洞，高、宽约30米。洞前的桃花溪水自洞内流出，溪畔有一个四角木质小亭。传说是当年渔人问津之处，故名“问津亭”。仰视洞口高处，著名历史学家马识途先生题写的“桃花源”三个大字。由伏羲洞、桃花源广场、桃花源国家森林公园、酉州古城、桃花源风情小镇、二酉山世外桃花源文化主题公园等六大部分组成，桃花源集秦晋历史文化、土家民俗文化、自然生态文化、天坑溶洞地下河共生岩溶地质奇观于一体。桃花源风景区与陶渊明笔下描述的“世外桃源”极其吻合，是“远离尘世喧嚣、步入秦晋田园、探寻科学奥秘、回归绿色天堂”的绝佳之地。

### 3. 印江团龙旅游景区

团龙汇聚了土家民俗风情。土家族世居武陵山区，团龙土家族聚居于武陵主峰梵净山中，完整地保留了土家吊脚楼、风雨桥等土家民居，完整地保留了过赶年、傩堂戏、花灯、女儿会、山歌对唱、摆手舞等土家民俗活动，因而被誉为“天然土家民俗博物馆”。

4. 遵义务川仡佬之源景区

务川仡佬之源景区位于大坪镇洪渡河畔，距县城约 8 千米，规划总面积 30 平方千米。主要由一园（洪渡河仡佬文化主题公园）、三区、（仡佬风情小镇开发区、文化产业集聚区、旅游产业发展区）、五版块（龙潭古寨、九天母石、大坪古镇、石埡子湖、濮国遗都）组成。

5. 遵义余庆廻龙溪风景区

龙溪风景区自1995年就成为省级风景名胜区,岩脚古镇更有“百泉古镇”之称。景区内，山峰奇秀，水质碧绿，有“一溪源两院，八仙定九狮，九狮拜一象”的民间传说。廻龙溪风景区自 1995 年就成为省级风景名胜区，岩脚古镇更有“百泉古镇”之称。回龙溪上游的木贡村，被称为“长寿村”。21世纪初，有关部门调查发现，村民平均寿命在 85 岁以上，其中 90 岁以上的有 38 名。化验显示，两股温泉的水温一直保持 29.3℃的恒温，富含偏硅酸、重碳酸、富碘钙等 24 种微量元素。特殊的地理优势和气候环境及丰富的少数民族的人文文化，使岩脚古镇久负盛名。

6. 毕节大方古彝文化产业园

毕节大方古彝文化产业园——慕俄格古城是国家 4A 级旅游景区，地处大方县城东北郊,总占地 4.5 平方千米。区域内有全国重点文物保护单位奢香墓，及奢香墓保护管理机构奢香博物馆（现属国家三级博物馆）；有省级文物保护单位慕俄格城堡遗址；有 30 集电视连续剧《奢香夫人》影视拍摄基地——按古代彝族九重衙院规模和风格恢复重建的“贵州宣慰府”；有县级文物保护单位庆云楼、斗姥阁古建筑群；有未定级不可移动文物点猪大坡古驿道，三官桥井、杨家关井、官水井等古井；有千年水塘罗氏塘、洗马塘；有独具特色的彝族风情街。

7. 盘县哒啦仙谷

哒啦仙谷位于风景优美、气候宜人的贵州省凉都六盘水盘县，是贵州省重点打造的 100 个高效农业园区和 100 个重点旅游景区之一，是贵州省仅有的几家“双百园区”之一，也是六盘水市第一家“双百园区”。2014 年，园区荣获“2014 中国美丽田园”称号，并入选全国休闲农业和乡村旅游示范点、贵州省十佳农业旅游景区。哒啦仙谷农业园占地 8 平方千米，项目所在的盘州市地区为贵州最大的煤炭产业基地，由贵州农熠农业开发有限公司进行开发，项目定位为“农超对接与休闲度假并重的产业创新样板”，提出“心无疆

（即打破人与人内心的隔离，牵手互助）”“意斑斓（创造一个丰富多彩的和谐世界）”，两者正好与项目所在地的民族团结政策及多彩贵州的文化旅游主题相切合。

8. 六盘水六枝牂牁江风景名胜区

六枝牂牁江风景名胜区位于贵州省六枝特区西部，距离六枝特区中心区67千米，距六盘水市中心50千米。六枝牂牁江源于司马迁《史记》：“夜郎者，临牂牁江，江广百余步，足以行船。”该景区不仅拥有含牂牁江景区、回龙溪景区、洒耳景区三个景区，还有牂牁寨、祭王寨、大补王寨、小补王寨、阿女寨、木城村，老王山、九层山、子王坟、月亮洞，摩岩石刻，母系社会的女阴图腾，古驿道、石驿站、古井、古城墙，郎岱古镇、茅口古镇等112个景点。1995年被批为贵州省风景名胜区。

9. 安顺龙宫风景区

龙宫总体面积达60平方千米，分为中心、漩塘、油菜湖、仙人箐等四大景区。有着全国最长、最美丽的水溶洞，还有着多类型的喀斯特景观，被游客赞誉为“大自然的大奇迹”。1988年，龙宫以贵州龙宫风景名胜区的名义，被国务院批准列入第二批国家级风景名胜区名单。2007年5月8日，安顺市龙宫景区经国家旅游局正式批准为国家5A旅游景区。

## 三、博物馆

1. 贵州省博物馆

贵州省博物馆位于贵阳国际会展中心对面，馆藏包括旧石器时代的人类化石、夜郎青铜文化代表作的战国无胡戈及戈范、铜柄铁剑及剑茎内模、贵州西部汉墓出土的漆耳杯等大批珍贵文物，是了解贵州历史文化的好去处。在馆内不仅可以看到贵州龙化石、海龙化石、鱼龙化石、海百合化石等史前文物标本，还可见到省内出土的铜车马、立虎辫耳大铜釜、石寨山铜鼓、杨餐墓铜鼓、铜柄铁剑、鎏金铜鍪、一字格剑、明代金冠、彩釉陶俑仪队等古代珍贵文物。而民族文物则是展示重点，除刺绣、蜡染、挑花、织锦、银饰等1 000余件外，典型藏品有苗族婚姻记事符木、苗族刻绘动物图案酒角、苗族青缎镶花边饰银铃银坠女夹衣，彝族土司八卦龙袍、彝文《六祖纪略》手抄本和水族墓葬石刻“铜鼓”，颇具观赏价值。

2. 贵州省民族博物馆

贵州省民族博物馆位于贵阳地标建筑之一的民族文化宫大楼里，馆内主要陈列了贵州17个世居少数民族的传统服饰、银饰、生产用具、生活用品以及民族文献古籍等展品，向人们展示了贵州各民族的文化与历史。在这里可以欣赏到贵州省内各个少数民族的图文介绍，以及具有各民族特色的服装、饰品、面具、乐器、手工制品、农作器具、家具炊具等物品，以及相关的摄影作品和农民画等常设的展品。博物馆还经常举办丰富的专题展览，包括各民族的服饰专题、摄影精品展、画展等，来到这里可以更深地了解苗族、布依族、侗族、土家族、彝族、仡佬族、水族等贵州世居少数民族的方方面面。

3. 贵阳光华钱币博物馆

光华钱币博物馆在全国的私人博物馆中名列前茅。整个博物馆面积约2 000平方米，共有4个展厅，展品丰富，而且每个时代的钱币基本上都是精品，质量非常高。一号展厅陈列了中国先秦至五代十国的钱币藏品；二号厅陈列了宋至清代的钱币藏品；三号厅陈列了清末民国时期的机制币藏品；四号厅陈列了元、明、清的古钞及民国样钞藏品，其中“元代至元宝钞”“明代大明宝钞”“清代户部官票五十两”这三张纸币属于中国纸币十大珍稀品种。

4. 贵州石文化艺术宫

贵州石文化艺术宫位于小河区黄河路交叉路通环岛下层，是一座圆形透空沉降式大型建筑，占地面积为5 400平方米。宫内陈列了贵州古生物化石、矿物晶簇、雅石及石雕等艺术精品，连同艺术回廊的中外著名雕塑、世界风情浮雕壁画、贵州民族民俗浮雕组成国内外一流的石文化艺术殿堂。

5. 贵州古生物化石博物馆

贵州古生物化石博物馆是在贵州石文化艺术宫的基础上建立的。2001年7月，贵州石文化艺术宫正式对外开放，以其独特的环境在贵阳乃至全国古生物化石界享有盛誉，是全国收藏古生物化石和贵州奇石数量多、品位高的综合性展馆，2002年被命名为“贵州省科普教育基地”。2010年4月经贵州省文物局批准，成功申报贵州古生物化石博物馆，并于同年7月向市民免费开放，使之成为贵州省内唯一的省文物局批准的公益性古生物化石博物馆。

6. 都匀中国茶文化博览园

都匀中国茶文化博览园位于都匀经济开发区都凯大道，规划面积0.084 7平方千米，投入资金3.5亿元，依据1915年巴拿马万国食品博览会中国馆建筑结构，按 1:1.8 的比例仿制，以都匀毛尖在这次博览会上荣获金奖为引子，浓缩了中国茶的发展历史、人文典故。2015 年 9 月 23 日举办都匀毛尖茶荣获 1915 年巴拿马太平洋万国博览会金奖 100 周年大会，并正式对外开放。2016 年 9 月 23 日，成功举办 2016 都匀（国际）茶人会，现每日的游客均超过千人。

7. 奢香博物馆

奢香博物馆展示的是聚居在贵州黔西北，以大方为政治、经济、文化中心的古代水西彝族历史文化的辉煌。彝族是一个有着悠久历史和古老文明的民族。彝族默部德施氏迁入贵州后，长期在鸭池河以西的大片地区进行开发和繁衍生息。在蜀汉时，有过妥阿哲为罗甸王，建都大方；在明朝初期，有过奢香夫人摄贵州宣慰使，开辟龙场九驿等兴盛时期。经过漫长的社会发展历程，水西彝族在实践中创造了具有自己特色的灿烂文化。

8. 安顺兴伟石博园

安顺兴伟石博园坐落于安顺经济开发区，占地面积近 30 000 多平方米，是国内规模最大的观赏石博园之一。这里汇聚了数以万计的来自全国各地大小各异、形态各异的观赏石及生物化石珍宝，千奇百怪的园林景观石、典雅华贵的黄蜡石、晶莹剔透的青绿孔雀石及贵州红水河石、盘江石、普定马场石，还有来广西的来宾石、安徽的灵璧石、江浙的太湖石、昆山石等精品藏石。广纳大量根雕、木雕精品，绝大部分是红豆杉、海南黄花梨、香樟木、小叶紫檀、沉香木、金丝楠木、楠木等雕刻而成的大型根雕、木雕精品。另外，不断从全国各地精选了上万件奇石、名石，形成了集观赏性、科学性、学术性、商业性于一体的全国奇石网络、信息、博览、贸易中心。2012 年 2 月，石博园成功创建国家 4A 级景区。

9. 安顺兴伟古生物化石博物馆

兴伟古生物化石博物馆总建筑面积 10 000 多平方米，总投资 8 000 多万元，是目前国内最大的古生物化石博物馆。馆内收藏着数千件古生物化石奇石。在兴伟古生物化石博物馆内配套建有兴伟石文化艺术馆、安顺兴伟地质科学博物馆，是安顺市青少年爱国主义教育示范基地。博物馆古生物化石主要来自贵州省的关岭、兴义等地。博物馆建成后，这些珍贵的具有上亿年历史、文化厚重的古生物化石才得以汇集起来，得到妥善的保护。馆内古生物化石主要有鱼龙、贵州龙、海百合等几大类，鱼龙最长 8 米。鱼龙化石和海百合化石具有重要的科考价值和观赏价值。

# 第七章　乌江流域人文活动资源

乌江流域拥有丰富的人文资源。民歌、地方戏曲是区域文化最集中的展示方式，能够直接体现人们的传统生活生产方式，能够反映人们传统的精神元素。观赏民歌、地方戏和民间娱乐活动是最接地气的民俗旅游体验方式。

## 第一节　民歌地方戏

### 一、民歌

1. 酉阳民歌

酉阳民歌经国务院批准列入第二批国家级非物质文化遗产名录。酉阳民歌是重庆市酉阳土家族苗族自治县土家、苗、汉等各族人民在漫长的生产生活实践活动中创造出来的丰富多彩的歌曲形式。酉阳民风古朴，文化底蕴深厚，民歌是各族群众喜闻乐见的艺术形式，在节日喜庆、婚丧祭祀等活动中都明显地表现出来。酉阳地处古代五溪之首的酉溪地带，属九溪十八峒的原始部落。从歌词上看，酉阳民歌情深意切，深入浅出，短小精悍，生动活泼，形象鲜明，音韵自然朗朗上口，风格朴素刚健清新，具有丰富的艺术感染力和想象力，听后十分亲切。

2. 黄平两岔渔歌

两岔渔歌位于旧州古城郊西北莲花寺旁，舞阳河与红梅河交汇处。河中游鱼细石，历历可数，是垂钓捕捞的最佳去处。初春时节，沿河堤两岸行走，清风翠竹、红花绿柳扑面而来，令人心旷神怡。每到夜晚，老人孩童皆来赏游，青年男女都来谈情，更有渔人下河捕捞，一时间只见点点渔火，摇曳闪烁，情歌渔歌唱和，此起彼伏，交相映衬，构成一幅和谐幽远的意境，使人顿时忘却尘世的疲惫和纷扰，获得无限美的愉悦。

3. 六盘水布依族盘歌

布依族盘歌经国务院批准列入第二批国家级非物质文化遗产名录。布依族盘歌是布依族的传统民歌，是用原生态布依语创作并传唱的民间文学作品。布依族盘歌流传于贵州省北盘江流域的布依村寨中，尤其以六盘水市盘县羊场布依族白族苗族乡境内的布依族盘歌最具代表性。布依族盘歌主要有古歌、酒歌、情歌、祭祀歌、礼教歌等，内容涉及劳作、时政、仪式、爱情、生活环境、历史传说等诸多方面，分别在婚丧嫁娶、迎来送往、生产劳动、休闲娱乐、谈情说爱等场合以各种曲调演唱，还涉及政治、经济、文化、社会、伦理道德、宗教等众多领域，对布依人特有的心理特征和情感倾向都有生动描述，是布依族人民记载民族历史、文化的重要载体。布依族没有自己的文字，只能用歌声来承载文明，用歌声来传承文化，而盘歌便是布依族记载历史、表达情感、教育子女、评判社会、再现生活的重要工具之一。

## 二、地方戏

1. 松桃傩戏

松桃傩戏是第一批国家级非物质文化遗产。傩戏起源于远古时代，在民间有的称“还愿”（即傩堂戏），被誉为戏剧的“活化石”，在铜仁乃至全国部分地区广为流传，比较完整地保留了下来。铜仁被美誉为“中国傩戏之乡”。傩戏是傩堂戏的主体部分，有正戏和插戏之分，共有 80 多支，其中正戏 16 支。除傩戏之外，一般还要进行傩技（土家人称绝活）表演，项目由主家与坛班约定。在举行傩事活动前，土家族老师都要精心布置一个傩坛（傩堂），所以傩堂戏又称傩坛戏。傩坛布置精致，集编扎、剪纸、染印、绘画、书法、建筑等艺术于一体。

2. 德江傩堂戏

德江自古为土家族等少数民族聚居之地，特殊的地理位置和历史沿革，使德江傩堂戏不仅源远流长，而且保存十分原始和完整，被专家学者誉为“中国戏剧活化石”。德江傩堂戏又称傩戏和傩坛戏，土家人叫“杠神”。它是一种佩戴面具表演的宗教祭祀戏剧，也是一种古老的民族民间风俗文化活动。它源于古时的傩仪，是古傩的一种。汉代以后，逐渐发展成为具有浓厚娱人色彩的礼仪祀典。德江傩堂戏具有历史学、民俗学、宗教学、戏剧学等多学科学术研究价值。

3. 思南花灯戏

思南土家花灯音乐有浓郁的民族风情和地方特色。曲调分灯调、正调、杂调、小调4大类，传统的有24大类曲牌。土家花灯曲调繁多，风格各异，各地有不同特色。土家花灯音乐的传统伴奏乐器不多，但曲牌丰富。传统的乐器有马锣、大锣、二胡、月琴、三弦、折以鼓等。锣鼓诙谐活泼，它使用的锣不仅比一般的锣大，而且比一般的锣厚，声音坚实洪亮，远播力强，泼辣热烈，抨击时能发出“卜音”，给人以乐观、坚实之感，所用的马锣刚脆，声音尖而美，有跳跃之感。常用的锣鼓曲牌有“单打五”“双打五”“凤点头”“鹰拍翅”“牛擦痒”“马咬牛”“长路眼”“金线吊葫芦”和“四面进”等。

4. 贵定苗族芦笙长鼓舞

苗族芦笙长鼓舞是生活在云雾山中的苗族同胞用于欢庆丰收，庆贺太平，祈福纳财，欢呼胜利的艺术表现形式，其追求的是要达到一种群体狂欢的生活和艺术效果。表演时，以苗家自制的长约2米左右，重约10千克的青铜大号吹奏为先导，然后用力敲打重达100来斤（50千克）的木制牛皮长鼓，苗家小伙则在表演场地周围各自吹响手中的芦笙，瞬间，身着节日盛装的苗家少女像一群群离巢的百鸟，欢呼着涌向场地中央，手拉着手，肩并着肩，前后左右用脚踏式的舞步跳动。表演苗族芦笙长鼓舞时，要用腰部和脚部的力量，在极为规范的舞步串连上，讲究的是群体力量的释放和谐合。整个表演，动作简朴，大方有力，鼓点激越，号声浑圆，芦笙悠扬，舞姿奔放，可谓是金戈铁马，大河奔腾。人文、历史、艺术界专家学者均称赞其为云雾山中的西部劲舞，是中华民族舞蹈艺术宝库体现“狂欢”的活化石。

5. 平坝屯堡地戏

平坝屯堡地戏被列入国家非物质文化遗产名录。脸子是地戏的重要道具，地戏是明朝军队征战云南、贵州时留下的文化遗产，被称为“中国戏剧活化石”。面具用白杨木雕刻，大小与人的面目差不多，造型分为五色相，即老将、文将、武将、少将、女将。老将雕刻讲究年龄气质，文将讲究气质儒雅，武将讲究面相威武，少将讲究英俊潇洒，女将讲究秀色妩媚。屯堡地戏是平坝屯堡文化的重要组成部分。地戏是由军傩发展而来的，因其古老的原生状貌，被著名戏剧家、文学家曹禺称为“戏剧活化石”。地戏多采用说、唱、结合的形式，穿戴古代服装、脸子和锦鸡羽毛，手拿兵器道具。

6. 镇宁铜鼓十二调

布依铜鼓是布依族古老的打击乐器之一，属于珍贵的民族文化遗产。它是用青铜铸造而成的，常与唢呐、皮鼓、大镲、铙钹、锣木棍混合敲击吹奏，基本保留了古代乐器的演奏风格，具有布依族的民族特色。

## 三、娱乐演艺

1. 武隆印象

“印象·武隆”实景歌会现场真人真情献唱，以濒临消失的“号子”为主要内容，让观众在 70 分钟的演出中亲身体验自然遗产地壮美的自然景观和巴蜀大地独特的风土人情。剧场选址在重庆市武隆区桃园大峡谷，距仙女山镇约 9 千米。峡谷呈“U”形，高低落差 180 米，远山神秘、近山雄奇，沟壑清幽。剧场的选择不仅保护了生态，也为演出提供了绝佳的表现空间。剧场共设计安装观众座位约 2 700 个，舞台延伸至看台，看台又融入舞台，让演员与观众零距离接触。“印象·武隆”实景歌会在幽静的山谷里重新唱响久违的“号子”。

2. 酉阳梦幻桃源实景演出

梦幻桃源实景演出是“渝东南最大的山水实景剧场，酉阳新的城市坐标”。剧场位于酉阳桃花源景区北 300 米处，占地面积约 3 666.67 平方米，总建筑面积为 18 186.53 平方米，可容纳 2 800 名观众同时观看。在此地上演的大型歌舞剧《梦幻桃源》，集桃花源文化、土苗文化、非遗绝技等节目形式于一体，是舞台上的《桃花源记》，酉阳的又一张文化名片。

3. 贵定苗族长衫龙舞

贵定苗族长衫龙舞流传迄今已有上千年的历史，是新铺乡花苗同胞在传统民族节日里和盛大庆典仪式上祈福驱邪、图腾崇拜的艺术表现形式。它是一种展示苗族男子阳刚之气的民族舞蹈。表演时，不受场地和人数的限制，少则两人舞，多则上百人组合，在走、跳、跨、旋的动作中，试图展现一种粗犷、豪放的力量之美。高潮时，百十把芦笙同奏一曲，群山共鸣，舞步刚健，震天动地，其场面极为壮观，极富感染力。苗族长衫龙舞，其表演内涵是对中华民族图腾吉祥物“龙”的崇拜，“龙”的歌颂，“龙”的赞美。不管表演规模有多大，其整个表演过程力求芦笙吹奏和舞步移动中的和谐统一，在展示“龙斗角”“龙吐水”“龙出海”“龙腾云”“龙飞腾”形象动作时，虽夸张但始终不变形，充分展示出了神话中“龙”的形象，“龙”的动态，“龙”的力量。2003 年 10 月 19 日，新铺苗族“长衫龙”原生态舞蹈作为贵州省少数民族唯一的代表，参加了北京第六届国际旅游文化节，被誉为“东方探戈”。

## 第二节　民俗节庆活动

乌江流域民族众多，各个民族都拥有自身独特的民俗节庆活动。民族节庆是本民族文化最集中的展示方式。民族节庆活动通常与季节更迭、丰收祈求、英雄崇敬、说爱谈情、习俗传统等密切相关，是民族生产生活方式的集中体现，也是民族传统文化的生动展示。

### 一、民俗节庆

1. 松桃六月六情人节

每年松桃九龙六月六，周边村寨的村民都会自发地相聚在九龙（又名大古树），站在庙沟的两旁对山歌，以此来寻找心目中的“情人”。对歌是情人节的主要内容，也是苗族同胞表达爱情、选择情侣的一种方式。每年节日当天，小伙子们吹奏芦笙、唢呐、笛子等乐器奔向歌场。姑娘们穿着绣满名花、彩蝶，镶着宽大花边的衣服，佩带闪光耀眼的银饰，相伴来到歌场。以村寨为单位的集体对歌，各自找对手比赛，形式多样，经过激烈角逐，将产生一名“歌王”。因此，每年的农历“六月六”苗族同胞会将举行一场宏伟的盛典。

2. 石阡仡佬族敬雀节

仡佬敬雀节是石阡仡佬族世代流传下来的一种综合性民俗活动。敬雀节是仡佬先民开荒辟地建立家园时，敬奉雀神的崇拜活动。敬雀节始于唐代，据尧上仡佬民族中《邓氏家谱》记载，按 15 辈人推算，敬雀节至少有 300 多年的历史。“敬雀节”以“敬雀”为核心，包括敬雀保存的生态环境居民建筑和动态民俗文化的内容。“敬雀节”有丰富的文化价值，独特的民族性、地域性及多样的社会功能。

3. 贵定“四月八”

每年农历四月八日，是苗族的盛大节日，当地的苗族都要举行各种活动欢度这个节日。相传很久以前，苗族的民族英雄领导苗族等少数民族反抗反动派的统治，进行了艰苦卓绝的斗争，不幸于农历四月初八壮烈牺牲。此后，每年四月初八，苗族人都带上花米饭，吹上芦笙，聚会缅怀英雄。欢度“四月八”，其中一个活动就是制作花米饭和吃花米饭。

4. 贵定苗族“坐花场”

“坐花场”是贵定县云雾山区的苗族世代相传的习俗。花场分为青年花场和中老年花场。中老年花场是已生育子女的青年妇女和中老年妇女的花场，一般主要是在花场里缝制衣服、背牌等，从正月初一坐到十五左右。青年花场是未婚女青年挑花制背牌的场地，亦是青年小伙子与姑娘选择终身伴侣的一种场所，一般从正月初一开始坐到月底。在“坐花场”期间，姑娘们每天都穿着盛装，带着小凳子、糯米粑、绣花针线等来到花场，围着火塘，一边挑花刺绣，一边摆谈说笑，等待男青年来“玩花场”。

5. 贵定苗族“跳月”

苗族“跳月”有悠久的历史，是花苗较大型节日文娱活动，花苗跳月是由 4 个男青年（过去也有老年和中年的）或 2 个男青年在前吹芦笙起舞，姑娘们则跟在背后踏着芦笙节奏跳舞。参加人数可多可少，可以中途参加，也可以中途退出，芦笙吹得越好，舞跳得越好，后面跟着跳舞的姑娘就越多。在“跳月”过程中，小伙子一边吹一边跳，不时把目光投在靓丽的姑娘身上，或舞姿示意，或暗送秋波，挑选心爱的女郎。“跳月”场上相互有所暗示，互有爱慕之心的青年男女，一散场后，或成双成对，或三五成群，这里一堆，那里一伙，促膝谈心，互通情况，倾心交谈，如情投意合，互换信物，日后彼此经常往来，感情加深，终成眷属。

6. 贵定苗族斗牛

斗牛是贵定县苗族人民喜爱的传统节日活动，每年都要举行。金秋十月，云雾周边县、市、镇的苗族群众都要举行庆丰收斗牛活动。这是力的较量，是技术的较量，是争霸的较量。

7. 六盘水嘎苗族跳花节

每年的农历正月初十，这一天是六枝特区梭嘎乡苗族同胞一年一度的跳花节。梭嘎苗寨是亚洲第一座露天生态博物馆，至今还保留着许多传统的民族习俗、民族歌舞、民族服饰、民族工艺、民族建筑等，内容丰富多彩，风情古朴浓郁，是研究中国民族文化的活标本。跳花节已沿袭数年，开展的芦笙歌舞表演、赛歌会、斗牛等活动极富民族特色。跳花节是未婚青年们谈情说爱的好日子，同时也展示了苗族同胞蒸蒸日上的文化生活，体现了该民族的热情好客。

## 二、民间习俗

### 1. 松桃后硐茶灯

松桃大路乡后硐茶灯，是该村群众喜爱的传统民间剧种，是集美术、舞蹈、服饰于一体的综合性的舞台艺术。茶灯源于当时的茶山文化，是一种集灯、歌、舞、戏、锣鼓等多种艺术表现形式为一体的民间艺术，一般是双人表演，表演者都为男性，分丑角与旦角。因有“女不跳茶灯”之俗，旦角通常由男角扮演。演员除丑角和旦角外，还有帮腔人员，人数不等，还有部分人握举着一盏戏灯，站在表演区周围，既照明，又在遇到主演员需要帮腔时共同帮唱和搭白。有太平灯、寿元灯、架桥灯、送子灯、玩耍灯等多个种类，唱跳表演种类分为“迎灯拜主”“开财门”“跳灯唱戏”“化财送灯”四个部分。

### 2. 遵义丹砂文化

丹砂即硫化汞又称“朱砂”“辰砂”，为古代方士炼丹的主要原料，也可制作颜料、药剂。贵州务川是一个建县 1 400 多年的以仡佬族为主体民族的自治县。千百年来，以采掘丹砂为业的仡佬先民为务川沉积了厚重的文化底蕴，悠久的历史为务川遗留下丰富的人文景观和自然景观。

### 3. 息烽傩戏文化

息烽傩戏文化种类多样，有庆坛、过关、打保福和阳戏等，主要通过武坛演出体现。所谓武坛是区别于文坛而以武角占主要内容进行演出的仪式，一般来说武坛主要为人了愿，达到请仙敬主、驱邪纳福的目的；文坛主要为亡人超度。息烽现在有坛班 80 余个，大部分会文坛，全部会武坛，坛班最少会庆坛、过关、打保福中的一样。庆坛坛班较多，每个乡镇都有，大都各不相同，分上坛、下坛、兜兜坛、子孙坛、野猪坛、五显坛等。阳戏主要分布在流长乡四坪村大岩头、麻窝、竹林、水尾村大寨、营中村下寨、李家湾和宋家寨村客户寨和西山乡西山村以及鹿窝乡田坝等地。2009 年被列入贵州省非物质文化遗产省级名录。

4. 施秉刻道

施秉刻道是国家级非物质文化遗产。苗族“刻道”即“刻木”，汉语译为“苗族开亲歌”，主要流传于贵州省施秉县杨柳塘镇飞云大峡谷的一个山坡洼地里。“刻道”是居住在中国境内的苗族群体中，至今唯一保留的刻木记事符号。它是迄今为止，苗族最早的记事实物和该支系最古老的文字工具。据清乾隆《镇远府志》记载，苗族“俗无文字，交质用竹木刻数寸，名为‘刻木’”。《贵州志略》亦有苗族“刻木示信，犹存古风”的记载。《苗族开亲歌》产生于苗族母系氏族过渡到父系氏族之后的一段历史时期，虽然有关于民族迁徙、图腾崇拜等方面的内容，但与那些反映创世、开天辟地、人类起源等的古歌古词神话不同。它所反映的主要是舅权制下的婚姻状况，被民族学家和民俗学家称为“苗族最古老的婚姻‘活化石’”，在苗族发展史的研究上具有非常重要的价值。

《刻道》是苗族古歌中历史最长、规模最大、流传最广的酒歌，有一万多行的歌词。它是苗族先民们在长期的生产、生活实践中创造、积累和演变而形成的，其间吸收了其他民族优秀的民歌精华，形成了苗族诗歌独具的特色和风格。古歌对环境的描写，对人物语言、行动、心理和性格的刻画绘声绘色、栩栩如生，具有浓郁民族气息的苗族婚姻叙事长诗，更是一部规模宏大、历史悠久的苗族古籍。它不仅取得了很高的文学艺术成就，对苗族的起源和迁徙、图腾崇拜、数学知识、语言学等方面研究也具有重要的价值。

5. 黄平苗族

黄平苗族现在的“歌棒”刻木记事、记录，布匹、丝线、牛马等具体数目，是古代苗族先民用于刻木记事的实物，也是古代苗文的象形文字。黄平苗族历史悠久，风情浓郁，节日众多，歌舞多姿多彩，工艺精湛，已被联合国有关组织列为世界 10 个少数民族文化“返璞归真，重返大自然”最高档次的旅游胜地和世界 18 个少数民族文化保护圈之一。

6. 水城农民画

水城农民画以其自由、夸张、色彩艳丽的艺术形式和古朴、幽香的民族气息以及大胆、泼辣的艺术手法，集民间蜡染、刺绣、贴花、剪纸等民间艺术为一体，成为传统艺术中的一朵奇葩。2008 年水城县被文化部命名为“中国民间文化艺术之乡”。

# 第三节　村镇民俗

乌江流域存在的民俗具有较强的可观赏、可开发的属性，通常能够给外来游客留下深刻的印象，成为重要的文化旅游资源。

## 一、民俗村镇

1. 思南郝家湾

郝家湾位于思南县板桥苗族土家族乡郝家湾村，是一个以“郝”姓为主、居住 150 余户人家的自然村寨，距今已近 600 年历史。始建于明景泰年间的郝家湾村，选址板桥军垦、定居生活，依地形以姓取名郝家湾。清道光年初，后裔郝朝相从镇远府“文林郎”衣锦还乡，以风水堪舆的理想兴建自己的宅邸，并组织族人，按照“八卦阵”布局以及风水学规范精心建设村寨，进而形成了至今仍保存完好的郝家湾古文化景观。

2. 石阡民族文化村

石阡民族文化村位于黔东名山之一的佛顶山东麓，石阡县坪山乡境内，是地处石阡、镇远、施秉三县接壤的三角地带，有“一地跨三县”之说，距石阡县城约 30 千米。主要居住着 2 000 多名仡佬群众，是仡佬民族文化十分浓厚的村落。村四周是蓊郁碧翠的原始森林，山青鸟鸣，幽静雅致。溪河从村旁淌过，溪水清凉，常见锦鳞欢游，水鸟嬉戏。由于山水秀丽，民居古老，民风古朴，还有独具特点的吊脚楼、花格子窗户、荷花池塘、石板巷子、双鱼亭、靓丽的街景、屹立在街头文化广场中央的图腾雕塑——葫芦鹰，还有珠红色的风雨桥。

3. 印江蔡伦古法造纸村

在村庄的沿河两岸，有传统造纸工具器皿，有古老水车、水槽、烤料窑、100 多个老作坊。从事造纸生产的百多户人家，年产白皮纸约 300 吨。这个传统的造纸工艺流程复杂，有“造纸不轻松，七十二道工，道道需用功，外加口吹风”的说法。游客可以欣赏这个古造纸工艺。蔡伦是湖南人，蔡家坳村寨蔡氏百姓多从蔡伦老家迁徙至此，带来了蔡伦的古法造纸文化，流传至今。这里的百姓为纪念蔡伦祖师，家中供蔡伦纸牌神位，并在每年农历三月十九日蔡伦生日这天举办纪念蔡伦活动。

4. 遵义务川自治县龙潭村

在仡佬族的母亲河——洪渡河，由前寨、中寨、后寨三个自然村寨组成的龙潭村，至今仍然保持着传统的农业生产和生活方式。龙潭村古名“火炭垭”，早在秦汉时期即已有人聚居于此开采朱砂，流风所布，千年积淀，造就了仡佬族独具特色的丹砂文化，龙潭也因之成为中国丹砂文化的中心。明清时期，寨内修筑大量建筑，一度繁盛，申姓仡佬族在此繁衍生息 700 余年，形成了具有显著特征的仡佬族聚落发展的文化脉络。龙潭村，已成为全国仡佬族同胞寻根问祖的圣地，是游客体验仡佬文化和丹砂文化的中心，是感受黔北、渝南民族文化风情的旅游目的地。

5. 遵义民俗博物馆

遵义民俗博物馆毗邻遵义会议纪念馆，位于红军街上。遵义民俗博物馆的建成与遵义会议纪念馆融为一体，相得益彰。博物馆面积 1 000 多平方米，有 9 个展厅，内设有开国元勋人物馆；古朴典雅、精雕细琢的明清家具文化馆；汉宋的陶瓷文化馆；古生物化石馆；石雕文化馆；傩戏文化馆；中国一绝、独创立体双钩书法馆等。藏品有古生物化石、明清瓷器、宋元石雕、黔北雕花门窗、明清家具、傩戏面具等。它的主人就是遵义的民营企业家、收藏家吴军。其中有用一棵 3 平方米，重达 3 吨的阴沉木树根，雕刻的 95 条“九五”之尊的酸枝木龙床、古生物化石、黔北傩戏等旷古奇珍。

6. 遵义洛龙大塘仡佬民族文化村

遵义洛龙镇大塘村是黔、渝两省（市）的交通咽喉，与武隆区黄莺乡毗邻，距道真县城 67 千米，距武隆城 32 千米，距武隆黑天平索道旅游景区仅 3 千米，距国家级风景名胜区仙女山 45 千米，是贵州对接重庆的重要窗口。全村仡佬族苗族人口占 90%以上，道武公路横贯全村，交通便利，信息灵通。境内民族风情浓郁，生态良好，自然资源十分丰富，森林覆盖率 80%以上，平均海拔 1 500 米，夏季凉风习习，冬季白雪皑皑，与海拔只有 200 米的武隆城形成了气温反差，是发展乡村旅游的好地方。大塘土鸡更是远近闻名的美食。

7. 黄平民族博物馆

黄平民族博物馆设在飞云崖月谭寺养云阁内，于 1984 年筹建，1987 年 12 月 31 日正式开放。现有配套房屋 10 余栋，总面积 656 平方米，藏品有贵州境内苗、布依、侗、彝、水、瑶、回、革、仫佬、壮等少数民族的文物 1 200 余种，包括文字、图片、音响等资料。珍藏品中，各民族的节日盛装尤具特色，苗族盛装有 20 余种，各式银帽、项链、耳环、手镯等装饰品制作精美。民族乐器种类繁多，其他如各式不同风格的刺绣、挑花、蜡染、纺织等工艺品、祭品、玩具和节日生活用具等均有收藏。

8. 黄平县旧州且兰古镇

旧州且兰古镇位于贵州省黔东南苗族侗族自治州黄平县西北部，是贵州省九大历史文化名镇和二十个重点保护与建设的民族村镇之一。全镇总面积 223 平方千米，平均海拔 684 米。城镇距县城 25 千米，距州府凯里市 78 千米，距省会贵阳市 198 千米。境内有黄平至余庆、瓮安、福泉公路穿城而过，交通发达。全镇管辖 30 个村，1 个社区，397 个村居民小组，有 1.4 万余户，5.2 万余人，其中少数民族占 62%（苗族占 52%）。

9. 贵阳王岗村

王岗村位于乌当区新堡乡，距贵阳 30 余千米，是一个典型的布依族特色村寨，依山傍水、干栏式建筑群保存比较完整，2009 年列入省政府公布的首批历史文化名村。这里古树成林，河水清澈，水车悠转，铜鼓声声传递着布依人热情好客的特点。其“庖汤宴”就是最好的例证，这道传统布依美食以“三盘四碟八大碗”而远近闻名，也使这里享有“庖汤第一村”的美誉。

10. 清镇茶马古镇

茶马古镇是一个综合文化气息浓郁、体验内容丰富、自然环境优美、接待设施完善的旅游精品地和集散地，项目占地 0.754 7 平方千米，预计总投资约 26.6 亿元，拟建茶马文化公园、温泉度假精品酒店、特色商业街及相应娱乐配套设施、科教文化馆、中医会馆及茶马书院等。项目内黑泥哨的古驿道、古牌坊为国家级文物保护单位之一。该项目是 2016 年贵阳市八个风情小镇之一，同时也是 2017 年贵州省重点建设项目。

11. 贵定音寨民族风情休闲观光旅游景区

音寨民族风情休闲观光旅游景区位于县城西南面，距县城 15 千米。丽水秀山，鱼肥水美，风景秀丽，如诗如画，集丰富多彩、特色各异的自然景观、布依风情、观光农业、军工文化和餐饮文化于一体，构成黔中一道靓丽秀美的风景线。音寨布依族村寨是贵州省人民政府公布的首批 13 个省级民族自然保护村镇之一，是全省乡村旅游示范村寨，已被国家旅游局命名为全国农业旅游示范点，贵定洛北河省级风景名胜区内重要景区。

12. 贵州民族民俗博物馆

贵州民族民俗博物馆建于风景优美的白云公园内，该馆共设置了苗、侗、布依等多个民族民俗展馆区，另设独具民族特色的美食城和娱乐中心，集文化性、参与性、娱乐性于一体。建筑设施强调突出古老传统的民族民俗特色，完整地展示了贵州少数民族渊源淳厚的历史文化。展馆目前的展出主题为“贵州非物质文化展”，绝大部分展品为贵州著名收藏家曾宪阳先生提供的贵州少数民族古老的传统服饰及生产、生活用品。博物馆主楼建筑内为文化展示和手工技艺展示，副楼和院落引进具有贵州本土特色的旅游产品商家入驻经营，使整个博物馆区域成为一个“贵州文化的缩影”。

13. 都匀榔木水寨

榔木水寨地处都匀市城区东南部，奉合乡东北部，距乡政府所在地 2 千米，距都匀城区 40 千米。都三公路穿境而过，交通便利。全寨总户数 84 户，总人口 392 人，水族人口占 98%，是典型的水族聚居村寨，也是都匀水族聚居地区的第一寨，被誉为水族的内套，即“龙头老大”。每年一度的水族“端节”要从这里开始，全寨有劳动力 170 人，就地外出打工约 100 人，全寨现有耕地 0.121 6 平方千米。由于历史和自然的原因，榔木水寨的农民收入主要以传统种植业、养殖业和自发劳务输出为主。

14. 毕节大屯土司庄园

大屯土司庄园位于市区东北 80 千米处，规模宏大，是全国仅存较为完整的彝族土司庄园之一。该庄园坐东向西，依山势而建，四周砖砌围墙，沿围墙设有 6 座土筑碉堡。整个建筑分左中右三路主体构筑，设有回廊相互贯通。部分建筑是仿日本唐招堤寺所建的，具有独特的民族风格和浓郁的地方特色。

15. 毕节八堡“六寨苗”

“六寨苗”地跨大方县八堡、兴隆两个乡镇，离县城约 60 千米，由 6 个自然村寨组成。至今已有 300 多年历史的“六寨苗”很具传奇色彩，其历史可追溯至晚清时期。1915 年，“六寨苗”100 多名苗族青年也积极投身“讨袁护国”运动；1936 年，红军二、六军团在“六寨苗”地区组建了“六寨苗游击队”。

16. 六盘水海坪村彝族文化小镇

在玉舍镇境内乌蒙山支脉的大山里有一片开阔地，彝族同胞把这里叫作“海坪”。“海坪”是彝语，意思是很大的一片开阔地。在这片开阔地上有一个彝族村寨，彝族同胞在这里生息繁衍了数十代，海坪村现在居住着 2 000 多彝族同胞，他们仍然保持着浓郁的民族风俗习惯。海坪彝族文化小镇正是依托海坪村优美雅致的山林环境、火一样的热情和魅力的彝族文化，以“文化、旅游、生态、健康”为核心理念，以展示当地彝族特色文化为主题，打造集商贸、旅游、文化体验、休闲度假于一体的复合型文化旅游小镇的形象，成为真正意义上的“休闲度假之都，民俗体验之城”。主要建设了风情一条街、“千户彝寨”、观光索道、穿越时光小火车、彝族歌舞团大剧院、斗牛场、赛马场、土司庄园、火把广场、太阳历广场、祭火广场、市政文化广场、九重宫殿等。

17. 六盘水六枝牛角布依风情旅游景区

六枝牛角布依风情旅游景区位于六枝特区东部，距举世闻名的黄果树瀑布仅 12 千米。这是一片美丽神奇的土地，大自然的鬼斧神工，造就了这里无数的奇山秀水，形成了瀑布成群、溶洞成串、星罗棋布的自然景观。这里还洋溢着古夜郎遗风的牂牁歌舞，布依族的风情习俗、民间工艺、民族建筑、民族节日，使这片土地扑朔迷离，魅力无穷。现在还建设有落别乡牛角布依风情体验区，山泉湿地公园、万亩车厘子基地、底耳民族文化村、万亩生态茶园，六盘水落别龙井生态温泉旅游度假区等项目。

18. 月亮河夜郎布依文化生态园

月亮河夜郎布依文化生态园位于六盘水市六枝特区陇脚布依族的月亮河畔龙山区域，距六枝中心城区 34 千米，距水（城）黄（果树）高等级公路 15 千米，距黄果树风景名胜区 47 千米，总面积 1.64 平方千米，平均海拔 1 200 米，年平均气温 15.3℃，冬无严寒，夏无酷暑。文化生态园由周边的 8 个布依族村寨组成，整个园区分为 15 个景区 43 个景点。园区内布依传统文化积淀丰富，保存完整，自然景观原始古朴，布依村寨星罗棋布，田园风光层层叠叠。2006 年被纳入全省十个“乡村旅游示范点”之一，被省布依学会定名为“中国布依第一村”。生态园是一座集布依文化展示、布依节庆、布依乡村旅游和生态观光旅游于一体的文化旅游休闲景区。

19. 陆家寨

陆家寨是布依族村寨，以古朴建筑、纺织、靛染、刺绣、小桥流水、榕树人家为主要特色，至今仍保留有一个圆形石砌的跳花台。村寨周围长有 50 余株古榕树，树龄在 600 年以上。其中最大的一株胸径为 10.5 米，树冠覆盖面积 1 641 平方米，形如巨伞，高 20 余米，根茎发达，盘根错节，树上生树，茎上缠藤，如巨蟒在树下盘卧；另一对夫妻榕，根连着根，叶茂根发，风风雨雨厮守几百年，是青年男女“私订终身，白头到老”的见证，也是村民拜祭山神，祈祷风调雨顺，农闲纳凉，青年男女“赶表”的地方。围绕布依村寨，有上万亩水田，金秋时节，稻花飘香，吸引了大批客人光顾美景如画的田园风光。

20. 平坝场边苗族风情点

场边苗族风情点位于滇黔的老路旁，是苗族群众自然聚居村寨。风情点以展示苗族特有的民族风俗为主，村寨内有苗族特有的水轮、篝火和苗族舞蹈表演场，特别是每年一度农历四月初八的“阿崂苗族四月八节”，这里更是人山人海，四面八方的苗族同胞齐聚于此举行盛大的庆祝活动，斗鸟、斗牛、苗族婚庆习俗等独特表演吸引着众多观众。寨内小河碧水轻柔、绿柳成荫、街道整洁，食宿设施俱全，是消夏去暑的理想之地。

21. 云峰八寨景区

云峰八寨景区位于安顺市区以南的 18 千米处，由云山屯、本寨、雷屯、小山寨等 8 个屯堡村寨组成。它是明初征南大军屯驻的核心区。在方圆 11 平方千米的青山绿水间，8 个村寨分布有序，疏密得当，既可各自为战又能彼此为援，堪称军事防御体系的杰作。每个寨子都建有寨墙、碉楼，石头外墙包裹着江南民居风格的四合院鳞次栉比，巷巷相通、户户相连，既宜人居又利巷战，被学者誉为“冷兵器时代的最后堡垒”。8 寨中的云山屯、本寨，较完整地保存了典型的屯堡建筑和民风民俗，被列为全国重点文物保护单位。云山屯被建设部、国家文物局命名为“中国历史文化名村”。

22. 云山屯

安顺市东郊的云山屯，就是明代屯堡人生活方式的展示。因为旧貌破坏不多，许多古迹如屯门、屯墙、箭楼、碉堡、石柜台、古民居、古街巷等，都较为完好地保存了下来。而且屯堡人还保留着卷舌的外来发音方式，以及长袍大袖、丝绸系腰、绣花翘头布鞋的明代妇女服饰。以云山屯为中心辐射平坝、长顺、镇宁、普定的屯堡文化圈，他们的地戏、花灯、山歌等民间文艺，地戏脸子的雕刻工艺及其成品，独具一格的服饰，别开生面的生活习俗，都是独特的文化景观。

23. 长角苗风情区

长角苗风情区位于六枝特区北部，距六枝特区城区仅 42 千米，与风景名胜区织金洞相距仅 60 千米。长角苗景区居住着长角苗 1 000 余人，长角苗系箐苗，因头上用 1.5 尺到 2 尺（1 尺≈0.333 米）的木制长角和 3 ~ 6 千克的黑发套与白毛线绑扎成人字形硕大头饰而得名。景区内有中国与挪威共同合作修建的亚洲第一座民族文化生态博物馆。长角苗寨依山而建，土墙茅房，原始古朴，是领略长角苗奇风异俗、研究人类民族学和国际间合作的露天生态博物馆群发展的科考旅游胜地。

24. 水城罗咪期生态旅游度假区

罗咪期生态旅游度假区位于水城县南部，距六盘水市中心区 13 千米。该度假区集生态旅游、休闲度假、康体娱乐、疗养避暑、会议会展等综合服务于一体。一年四季，景色各异目不暇接，美不胜收，是休闲、度假的好去处。该度假区有林面积 1.666 7 平方千米，以华山松、杜鹃为主，天然草甸 0.333 3 平方千米，水源丰富。度假区内有国家保护的珍贵树种有水表树、珙桐、杜仲、云南花楸等；野生动物有红、白腹锦鸡、穿山甲、松鼠、獐等。旅游资源丰富，主在有人工森林、天然杜鹃、溪谷、峰峦山崖、人工湖、天然草甸。气候条件较好，年平均气温 12.3℃，属天然的大空调气候。

25. 贵定杨家寨

杨家寨景区位于洛北河漂流景区下游 4 千米，独木河景区上游 2 千米，距县城 12 千米。景区由象鼻搅水、伏牛山、白龙文笔、白龙宝砚、白龙华瀑、铁壁画廊、玉箸峰等高质量自然景观以及原生态的布依族村寨组成，山、水、林、洞、瀑、潭、壁、谷等岩溶地貌齐全、异彩纷呈。布依村寨民风古朴，堪称奇特的喀斯特地质地貌与布依风情的完美结合。

26. 毕节“撮泰吉”彝族村寨

威宁彝族回族苗族自治县板底乡裸戛村，流传着一种原始古朴的傩戏“撮泰吉”。裸戛村地处海拔 2 800 多米的芦虹山区，是一个只有 60 余户的缙族村寨。这里山高谷深，气候寒冷，当地人民主要以洋芋、荞麦、苞谷为生，生活条件十分艰苦。“撮泰吉”已在板底乡流传了几百年，现在只有裸戛村还能演出。

27. 威宁马街

威宁马街是彝族聚居的自然村寨，隶属于贵州威宁县云贵乡，距县城 85 千米。古寨坐落在海拔 2 400 米的高原丘陵地带，山势平缓，当地称“凉山”。山坡上有红松、水杉等高大乔木，四季苍翠；灌木丛中有杜鹃、山茶花；凹地绿草如茵，水草丰茂，牛羊肥壮。地处高海拔地区，日照长，早晚温差大，天气晴朗，空气清新，充满黔西北高原风光。

## 二、幽静乡村

### 1. 石阡五德桃源

石阡五德桃源位于石阡县境东南部，距县城 35 千米，地处连接古思州、石阡府及乌江水系与沅江水系的驿道之上。这里既是古时石阡府、镇远府、思南府、铜仁府、松桃府设置“五府厅”的治所之地，也是石阡历史上闻名遐迩的古老茶乡、苔茶发源地，更是石阡当今的桃源圣境、水果之乡，亦是人们参悟茶道、探秘长寿、体悟人生境界的绝佳圣地。

### 2. 开阳青龙十里画廊

沿着南江大峡谷景区正门北面的老贵开路一路前行，就到了大峡谷底部南江上游的青龙河。这里水流平缓清澈，两侧分布着多个民族村寨，俗称青龙河十里画廊。十里画廊两旁有很多布依族村寨，主要有马头寨寨和水头寨。马头寨里有不少布依族老房子，到了每年六月六布依族风情节还会举办隆重的纪念活动。从马头寨向前继续行驶 2 千米，路左的坪寨里有保存完好的阳戏戏楼，夏天河里会开起大片的荷花。坪寨向前 1 千米是水头寨，可以看到古旧的寨门、民居和由旧日私塾改成的布依族农具博物馆。

### 3. 开阳马苑桃花

马苑桃花在旧州城南 2 千米，距擂鼓台 0.5 千米，是通往“鼓台仙景”的必经之地，为旧时达官贵人养马游玩之所。此地狭长平坦，透过青山绿竹，处处可见小桥流水，惹人喜爱。一条小溪绕数十农家和田野欢唱而过，小溪夹岸片片桃林，疏密相间。阳春三月，桃花盛开，满眼粉红，犹如天上汇聚的云霞、天女撒落的花瓣。远处偶尔传来一两声鸡鸣狗吠，倍觉静谧宜人，让人仿佛置身世外桃源。只有身临其境，方知马苑桃花不愧是调养身心的好去处。

# 参考文献


[1] 厉新建，张凌云，崔莉. 全域旅游：建设世界一流旅游目的地的理念创新——以北京为例[J]. 人文地理，2013（3）：130-134.

[2] 余青，吴必虎. 生态博物馆：一种民族文化持续旅游发展模式[J]. 人文地理，2001，16（6）：40-43.

[3] 徐嵩龄. 中国文化与自然遗产的管理体制改革[J]. 管理世界，2003（6）：63-73.

[4] 刘德谦. 关于乡村旅游、农业旅游与民俗旅游的几点辨析[J]. 旅游学刊，2006，21（3）：12.

[5] 李金早. 全域旅游的价值和途径[J]. 领导决策信息，2017（5）：16-17.

[6] 保继刚. 喀斯特石林旅游开发空间竞争研究[J]. 经济地理，1994（3）：93-96.

[7] 张辉，岳燕祥. 全域旅游的理性思考[J]. 旅游学刊，2016，31（9）：13-14.

[8] 杨振之. 全域旅游的内涵及其发展阶段[J]. 旅游学刊，2016，31（12）：1-2.

[9] 曾祥辉，郑耀星. 全域旅游视角下永定县旅游发展探讨[J]. 福建农林大学学报（哲学社会科学版），2015，18（1）：86-91.

[10] 孟秋莉，邓爱民. 全域旅游视阈下乡村旅游产品体系构建[J]. 社会科学家，2016（10）：85-89.

[11] 李志飞. 全域旅游时代的变与不变[J]. 旅游学刊，2016，31（9）：26-28.

[12] 刘家明. 创建全域旅游的背景、误区与抓手[J]. 旅游学刊，2016，31（12）：7-9.

[13] 左文君，明庆忠，李圆圆. 全域旅游特征、发展动力和实现路径研究[J]. 乐山师范学院学报，2016，31（11）：91-96.

[14] 周永博，沈敏，吴建. 迈向优质旅游：全域旅游供需错配及其治理——苏州吴江案例研究[J]. 旅游学刊，2018（6）：41-53.

[15] 葛继宏. 全域旅游治理的路径探索——以杭州淳安县为例[J]. 浙江社会科学，2017（3）：144-149+162.

[16] 穆克瑞，范贤权，王维. 坚持点线面结合 推进全域景区化——琼海全域旅游建设的经验及做法[J]. 今日海南，2016（3）：23-25.

[17] 吕俊芳. 辽宁沿海经济带“全域旅游”发展研究[J]. 经济研究参考，2013（29）：52-56.
[18] 刘玉春，贾璐璐. 全域旅游助推县域经济发展——以安徽省旌德县为例[J]. 经济研究参考，2015（37）：97-101.
[19] 陈国忠. 着力推进新市镇建设全面提升新农村建设水平[J]. 上海农村经济，2012（8）：19-22.
[20] 樊文斌. “全域旅游”视角下大连旅游专项规划探析[J]. 规划师，2015（2）：107-113.
[21] 李红. 全域旅游视阈下县域旅游发展探究——以安徽省霍山县为例[J]. 泰州职业技术学院学报，2016，16（1）：50-53.
[22] 曾瑜皙，杨晓霞. 渝东南民族地区旅游扶贫的战略路径选择[J]. 重庆文理学院学报，2014，33（3）：91-98.
[23] 刘军林，尹影. 高铁交通体验对中小城市旅游空间结构的影响——以涪陵为例[J]. 经济地理，2016，36（5）：190-194.
[24] 李析力. 重庆涪陵区乡村旅游精准扶贫模式比较研究[D]. 南宁：广西大学，2017.
[25] 周兵，黄显敏，任政亮. 民族地区旅游产业精准扶贫研究——以重庆市酉阳县为例[J]. 中南民族大学学报（人文社会科学版），2018，38（1）：85-89.
[26] 舒小林. 新时期民族地区旅游引领产业群精准扶贫机制与政策研究[J]. 西南民族大学学报（人文社科版），2016，37（8）：130-136.
[27] 王超，罗兰. 贵州少数民族地区特色旅游产业精准扶贫路径研究[J]. 贵州师范大学学报（自然科学版），2018（1）：8-18.
[28] 李雪丽，陶婷芳. 民族地区旅游业精准扶贫的两个关键问题及对策研究[J]. 贵州民族研究，2017（11）：47-50.
[29] 李莉，陈雪钧. 重庆市民族地区旅游精准扶贫路径创新研究[J]. 重庆科技学院学报（社会科学版），2018，250（3）：44-49.
[30] 尹剑锋. 贵州省民族文化乡村旅游开发与精准扶贫研究[J]. 山西农业大学学报（社会科学版），2018，17（11）：35-43.
[31] 朱宝莉，刘晓鹰. 精准扶贫视域下的民族地区全域旅游：经验和思考——以贵州黎平为例[J]. 社会科学家，2018（2）：106-111.
[32] 张涛. 供给侧改革视角下民族地区产业精准扶贫的路径探索[J]. 西南民族大学学报：人文社会科学版，2019（1）：97-104.
[33] 赵兵，郑志明，王智勇. 乡村旅游视角下的新农村综合体规划方法——以德阳市新华村综合体规划为例[J]. 规划师，2015（2）：138-142.

[34] 杨曦. 贵州省思南县居民参与旅游业的行为研究[J]. 重庆师范大学学报（自然科学版），2012，29（5）：95-100.

[35] 庞娟，何元庆，孙金岭. 民族地区居民旅游发展态度及资源保护行为影响因素研究[J]. 贵州财经大学学报，2018（3）：106-114.

[36] 张宏超. 贵州思南乌江喀斯特国家地质公园石林景区规划研究[D]. 武汉：中国地质大学，2011.

[37] 柳婷，刘超，曾克峰，等. 贵州思南乌江喀斯特国家地质公园可持续发展评价研究——基于生态足迹指数研究[J]. 国土资源科技管理，2013，30（1）：46-51.

[38] 税伟，陈毅萍，王雅文. 中国喀斯特天坑研究起源、进展与展望[J]. 地理学报，2015，70（3）：431-446.

[39] 李锦宏，金彦平. 喀斯特山区乡村旅游开发模式研究——以贵州省为例[J]. 农业经济，2008（5）：20-23.

[40] 赖坤，冯学钢. 我国峡谷生态旅游开发模式与战略初探[J]. 人文地理，2004，19（2）：56-59.

[41] 杨明德. 喀斯特峡谷景观资源的旅游评价[J]. 贵州师范大学学报（自然科学版），2000（4）.

[42] 董勇. 贵州乌江下游喀斯特旅游资源的特色及其价值评价[D]. 南宁：广西师范学院，2012.

[43] 邵航，田至美. 中国峡谷旅游的产品类型与开发模式[J]. 资源与产业，2007.

[44] 魏洪丘. 论乌江流域的旅游文化开发价值[J]. 重庆社会科学，2005（11）.

[45] 吴楚材，郑群明，钟林生. 森林游憩区空气负离子水平的研究[J]. 林业科学，2001，37（5）：75-81.

[46] 肖强，肖洋，欧阳志云，等. 重庆市森林生态系统服务功能价值评估[J]. 生态学报，2014，34（1）：216-223.

[47] 王轶浩，薛兰兰，徐兵，等. 重庆黔江区森林生态系统服务功能价值评估[J]. 三峡生态环境监测，2016，1（3）：52-58.

[48] 薛沛沛，周强，王正春，等. 彭水县乌江沿岸森林生态系统服务功能及其价值评估[J]. 浙江农业科学，2016，1（2）：258-261.

[49] 余新晓，鲁绍伟，靳芳，等. 中国森林生态系统服务功能价值评估[J]. 生态学报，2005，25（8）：2096-2102.

[50] 薛兰兰，袁兴中，王轶浩，等. 重庆湿地生态系统服务功能值评价与分析[J]. 四川林业科技，2015，36（5）：7-10.

[51] 佚名. 重庆市武隆县自然生态资产价值评估研究[C]// 中国人口·资源与环

境2014年专刊——2014中国可持续发展论坛，2014.
[52] 殷茵，李爱民. 森林生态系统服务功能及其价值[J]. 江西科学，2016，34（6）：822-826.
[53] 赵金龙，王泺鑫，韩海荣，等. 森林生态系统服务功能价值评估研究进展与趋势[J]. 生态学杂志，2013，32（8）：2229-2237.
[54] 刘晓，郭颖，徐海，等. 贵州省森林生态系统服务功能的价值评估[J]. 贵州农业科学，2014（12）：60-65.
[55] 田华林，李玉敏，张季，等. 黔南州森林生态系统服务功能价值评估[J]. 浙江农业科学，2013，1（11）：1509-1513.
[56] 陈戈，夏正楷，俞晖. 森林公园的概念、类型与功能[J]. 林业资源管理，2001（3）：41-45.
[57] 傅才武，陈庚. 当代中国文化遗产的保护与开发模式[J]. 湖北大学学报（哲学社会科学版），2010，37（4）：93-98.
[58] 张建忠，孙根年. 遗址公园：文化遗产体验旅游开发的新业态——以西安三大遗址公园为例[J]. 人文地理，2012（1）.
[59] 刘艳红. 遗址旅游解说系统的构建[J]. 西北师范大学学报（自然科学版），2009，45（1）：112-116.
[60] 赵汀. 世界地质遗迹保护和地质公园建设的现状和展望[J]. 地质论评，2005，51（3）：301-308.
[61] 李晓琴，刘开榜，覃建雄. 地质公园生态旅游开发模式研究[J]. 西南民族大学学报（人文社会科学版），2005，26（7）：269-271.
[62] 李小波. 三峡文物考古成果的旅游转化途径与三峡遗产廊道的时空构建[J]. 旅游科学，2006（1）.
[63] 王新文，刘克成，王晓敏. 基于保护的考古遗址公园旅游产品设计初探[J]. 西北大学学报（自然科学版），2012，42（4）：658-662.
[64] 王京传. 考古旅游：互动视野下的考古与旅游[J]. 旅游学刊，2009（8）.
[65] 张广海，李苗苗. 中国考古遗址公园保护利用研究综述[J]. 中国园林，2016（5）：113-116.
[66] 谭宏. 历史考古视域下的非物质文化遗产保护对乡村旅游开发的促进意义探究[J]. 农业考古，2010（4）.
[67] 郑威，余秀忠. 生态博物馆旅游与文化遗产保护[J]. 改革与战略，2007，23（9）：116-118.
[68] 周坚，刘伯英. 三线工业遗产保护与小城镇发展融合研究——以贵州省为例[J]. 改革与战略，2016（3）：104-107.

[69] 蒲培勇. 三线建设工业遗产研究刍议[J]. 吉林建筑大学学报，2017，34（4）：47-52.

[70] 佚名. 论工业遗产的城市服务化利用——以贵阳市小河区“三线”工业遗产为例[C]// 共享与品质——2018 中国城市规划年会论文集，2018.

[71] 舒小林. 大旅游理念下贵州旅游业发展研究[J]. 技术经济与管理研究，2013（7）：110-116.

[72] 刘珊珊，郭旭，孙龙建. 遵义市旅游产业现状及发展战略选择[J]. 贵州商学院学报，2016（4）.

[73] 周术槐，刘宗敏. 贵州红色文化的价值及其开发利用[J]. 贵阳学院学报（社会科学版），2012，7（5）：5-9.

[74] 禹玉环. 遵义红色旅游创新开发策略探讨[J]. 遵义师范学院学报，2016，18（3）：48-52.

[75] 陶少华. 重庆民族地区红色旅游创新发展研究[J]. 贵州民族研究，2014（4）.

[76] 罗永常. 民族村寨社区参与旅游开发的利益保障机制[J]. 旅游学刊，2006，21（10）.

[77] 罗永常. 民族村寨旅游发展问题与对策研究[J]. 贵州民族研究，2003，23（2）：102-107.

[78] 马彦琳. 环境旅游与文化旅游紧密结合——贵州省乡村旅游发展的前景和方向[J]. 旅游学刊，2005，20（1）.

[79] 金颖若. 试论贵州民族文化村寨旅游[J]. 贵州民族研究，2002（1）：61-65.

[80] 王旭. 贵州民俗文化旅游可持续发展研究[J]. 贵州民族研究，2005，25（6）：83-87.

[81] 唐剑，江宗德. 贵州民族文化的保护开发与民族文化旅游业可持续发展研究[J]. 特区经济，2010（4）.

[82] 陈祥碧，唐剑. 长江上游少数民族地区旅游扶贫实施现状及问题研究——以重庆石柱土家族自治县为例[J]. 贵州民族研究，2016（4）：147-152.

[83] 梅其君，张莉. 贵州民族村寨的现代技术传播与文化变迁[M]. 北京：知识产权出版社，2017.

[84] 孟立军. 贵州民族文化传承的课堂民族志研究[M]. 北京：中国社会科学出版社，2017.

[85] 杨明，王仕佐，杨薇. 贵州旅游开发与实践[M]. 贵阳：贵州大学出版社，2014.

[86] 余继平，洪业应. 乌江流域特色文化产业创新发展研究[M]. 北京：经济日报出版社，2016.

[87] 王剑. 乌江流域少数民族传统节日文化传承与保护体系研究[M]. 北京：人民出版社，2015.

[88] 罗中玺，田永国. 乌江流域历史文化研究：以黔东北地区为个案[M]. 杭州：浙江大学出版社，2011.

[89] 禹玉环. 遵义市红色文化遗产保护与开发利用问题研究[M]. 成都：西南交通大学出版社，2016.

[90] 徐塞声. 重庆市红色旅游指南[M]. 北京：中共党史出版社，2019.

[91] 蓝东兴. 西南少数民族口述传播史研究[M]. 重庆：重庆大学出版社，2013.

[92] 袁昌曲. 重庆市少数民族饮食文化[M]. 重庆：西南大学出版社，2015.

[93] 贵州省民族宗教事务委员会，贵州省科技教育领导小组办公室. 贵州世居少数民族传统节庆文化[M]. 贵阳：贵州人民出版社，2015.

[94] 何琼. 贵州少数民族传统戏剧文化及当代转换研究[M]. 北京：中国社会科学出版社，2016.

[95] 梁文清. 贵州少数民族民俗文化研究[M]. 武汉：华中科技大学出版社，2018.

[96] 吴红梅. 贵州少数民族文学艺术研究[M]. 武汉：华中科技大学出版社，2018.

[97] 蓝东兴. 贵州少数民族口述传播史研究[M]. 北京：民族出版社，2010.

[98] 王洪叶. 贵州红色文化资源与地域发展研究[M]. 成都：西南交通大学出版社，2015.